钱穆先生著作系列

宋明理学概述

钱　穆 ◎ 著

大字本

九州出版社
JIUZHOUPRESS

图书在版编目（CIP）数据

宋明理学概述 / 钱穆著. -- 北京 ：九州出版社，
2020.10
ISBN 978-7-5108-9002-4

Ⅰ．①宋… Ⅱ．①钱… Ⅲ．①理学－研究－中国－宋
代②理学－研究－中国－明代 Ⅳ．①B244.05
②B248.05

中国版本图书馆CIP数据核字(2020)第187973号

宋明理学概述

作　　者	钱穆　著	
出版发行	九州出版社	
地　　址	北京市西城区阜外大街甲 35 号（100037）	
发行电话	（010）68992190/3/5/6	
网　　址	www.jiuzhoupress.com	
电子信箱	jiuzhou@jiuzhoupress.com	
印　　刷	三河市九洲财鑫印刷有限公司	
开　　本	710 毫米 ×1000 毫米　16 开	
印　　张	23.75	
字　　数	219 千字	
版　　次	2020 年 12 月第 1 版	
印　　次	2020 年 12 月第 1 次印刷	
书　　号	ISBN 978-7-5108-9002-4	
定　　价	45.00 元	

钱穆先生

新校本说明

　　钱穆先生著作简体新校本，经钱胡美琦女士授权出版，以钱宾四先生全集编辑委员会所编《钱宾四先生全集》繁体版为本，进行重排新校，订正其中体例、格式、标号、文字等方面存在的疏误，内容保持《全集》版本原貌。

　　《宋明理学概述》自一九五二年十月属稿，越年而成。于一九五三年六月在台湾初版。一九七六年八月，钱穆先生重加校阅，特于明代王学部分，案语阐释略有改定。交由台湾学生书局于一九七七年四月重排印行。

九州出版社

目　录

序

　　犹忆幼年入小学，无锡顾子重先生授国文。一日薄暮，先生举酒微酌，诸学童环集案头。余最稚，方十二岁。先生忽抚余顶，告诸童曰："此儿文气浩畅，将来可学韩文公，汝辈弗及也。"诸童竞问："韩文公何如人？"顾先生曰："韩文公，唐代人，文起八代之衰，为唐宋八大家鼻祖。"余懵无知，然自是时忆韩文公其人。越两载，入中学，遂窥韩文，旁及柳、欧诸家，因是而得见姚惜抱《古文辞类纂》及曾涤生《经史百家杂钞》。民国元年，余十八岁，以家贫辍学，亦为乡里小学师。既失师友，孤陋自负，以为天下学术，无逾乎姚、曾二氏也。同校秦君仲立，年近五十，亦嗜姚、曾书，与余为忘年交。一日，忽问余："吾乡浦二田先生，有《古文眉诠》，亦巨著，顾治古文者独称姚、曾，不及浦。同是选钞古文，其高下得失何在？"余请问，秦君曰："我固不知，故举以问君耳。"嗣是遂知留心于文章分类选纂之义法。因念非读诸家全集，终不足以窥姚、曾取舍之标的，遂决意先读唐宋八家。韩、柳方毕，继及欧、王。读《临川集》论议诸卷，大好之，而凡余所喜，姚、曾选录皆弗及。遂悟姚、曾古文义法，并非学术止境。韩文公所谓"因文见道"者，其道别有在。于是转治晦翁、阳明。因其文，渐入其说，遂看《传习录》《近思录》及黄、全两《学案》。又因是上溯，治五经，治先秦诸子，遂又下迨清儒之考订训诂。宋明之语录，清代之考据，为姚、曾古文者率加鄙薄；余初亦鄙薄之，久乃深好之。所读书益多，遂知治史学。顾余自念，数十年孤陋穷饿，于古今学术略有所窥，其得力最深者莫如宋明儒。虽居乡僻，未尝敢一日废学。虽经乱离困厄，未尝敢一日颓其志。虽或名利当前，未尝敢动其心。虽或毁誉横生，未尝敢馁其气。虽学不足以自成立，未尝或忘先儒之矩矱，时切其向慕。虽垂老无以自靖献，未尝不于国家民族世道人心，自任以匹夫之有其责。虽数十年光阴浪掷，已如白驹之过隙，而幼年童真，犹往来于我心，知天良之未泯。自问薄有一得，莫匪宋明儒之所赐。顾三十以后，虽亦粗有撰述，终于宋明理学，未敢轻有所论著。偶及者，惟民国十七年写《国学概论》，十九年写《王守仁》一小册，两书而已。平居于两《学案》最所潜心，而常念所见未切，所悟未深，轻率妄谈，不仅获罪于前儒，亦且贻害于当代。故虽私奉以为潜修之准绳，而未敢形之笔墨，为著作之题材也。民国三十三年春，在成都华西坝，患胃溃疡甚剧，楼居数月，足不履平地，时时偃卧楼廊，读《朱子语类》一百三十卷，未敢遗忽一字，历春至夏始竟。自觉于宋明理学，又薄有长进。是年夏，避暑灌县灵岩山，向寺僧借《指月录》，山居两月，竟体细玩，于是遂通禅学；因之于宋明儒所论，续有窥悟。病中半岁，尽屏人事，心气平澹，聪明凝聚，自幸晚年，重获新知。民国三十七年冬，在江南大学，赤氛方炽，滨居太湖，注《庄子》，感触时变，益多会心。一九四九年再度流亡，去岁写《中国思想史》，今年续成此书。此皆十年来大病大乱中所得。虽自问智虑短浅，修养工疏，而寝馈宋明理学，前后已逾三十载。聊示学者以门径，虽或诠释未当，衡评失理，当可见谅于古人，见谅于来者。一九五二年十月，创始属草，越年，书既竟，因拉杂述其所感以为序。

一九五三年二月十日钱穆识于九龙新亚书院

例　言

一、宋明理学家，全祖望《宋元学案》，黄宗羲《明儒学案》两书，都称其别号，如周称濂溪，二程称明道、伊川之类。其熟稔者较易知，其疏僻者则称其号往往不知其姓名。本书一律改称姓名。其援引旧说，则概依原文，不复改易。

二、本书取材，十之八九根据两《学案》。兹为便利读者之寻检，于本书目录下，分别附注两《学案》卷数，以资对勘。

三、本书取材，间有逸出两《学案》外者，皆凭平日笔记。流寓中手边无书，不易一一详列其出处，概予节略，不复添注。

四、本书虽多援据两《学案》，而取舍详略，排比条贯，别有会心。大抵两《学案》以材料为主，而本书则以各家思想之体系为重。作意不同，翦裁自别。

五、理学家主张各别，派系纷歧，本书力求客观叙述，各还其本来之面目，各显其特殊之精彩。精粗互见，得失并陈，既详其相互间之辨难，亦采摘后人之评核。间复私附己意，总求就各家思想之本身，批窾导隙，以助读者之研讨。门户党伐，入主出奴，是所力避。

六、求明一代之思想，必当溯源竟流，于全部思想史中迹其师承，踵其衍变，始可以明此一代思想之意义与价值。往年曾著《中国思想史》，虽篇幅有限，而纲宗粗立。读者治此书，必与上书并观，始不为此一代之思想之所囿，亦可明此一代思想之所辟。

七、前著《中国思想史》，宋明理学主要诸家，均已序列。本书遇与前著重出诸家，取材详略，力避重复。阐发要点，亦求互显。大体虽同，节目各异。读者必就此诸家，合观两书，始较近于诸家之全貌。

八、旧著《近三百年学术史》，适与本书年代相衔接。读者治此书竟，再阅《近三百年学术史》，于中国近代一千年之学术思想，大体已具，可资识途。

九、知人论世，为治史之首要条件。《近三百年学术史》有附表一通，于诸学者生卒年月，仕宦出处，师友交游，著作先后，爬罗抉剔，一一备载。观此一表，必可对书中叙述，更多启发。作者曾著"宋、元、明三代学者生卒出处著述通表"一编，大体亦如前表，而繁委过之。积稿已历年岁，尚未成书。当俟将来续补，单独刊行，作本书之补编。

十、本书较之《中国思想史》，篇幅已增，但视《近三百年学术史》，则犹见尚陋。流亡穷窘，聊示学者以途辙，无当著作之规模。大雅君子，幸希垂谅。其有纰缪，乐闻教正。

目　次

一　宋学之兴起

中国历史，应该以战国至秦为一大变，战国结束了古代，秦汉开创了中世。应该以唐末五代至宋为又一大变，唐末五代结束了中世，宋开创了近代。晚清末年至今又为一大变，这一大变的历史意义，无疑是结束了近代，而开创了中国以后之新生。我们若要明白近代的中国，先须明白宋。宋代的学术，又为要求明白宋代一至要之项目与关键。

南北朝隋唐，是佛学的全盛期。武则天以后，禅宗崛兴。直到唐末五代，佛学几乎全归入禅宗。五代时永明禅师，他在长期黑暗与战乱中，写成一百卷的《宗镜录》。他是唐末五代惟一大师，他的书，也成为唐末五代惟一巨著。然而佛学盛运，到他时代也近衰落了。他的书，极像战国末年的《吕氏春秋》。《吕氏春秋》，想包罗和会战国诸子各家各派的学说，永明禅师的《宗镜录》，也想包罗和会佛学各宗派之歧见。一时期的学术思想，到了包罗和会的时期，似乎便在宣告这一时期学术思想之衰歇。

除却佛学，所剩只是晚唐以来进士轻薄的诗，以及如南唐二主之词，这一类颓废无力的小文艺。在此形势下，时代需要有新的宋学之出现。但新的宋学之出现，还是迟迟其来。需要虽急迫，而产生则艰难。所谓新宋学，须到胡瑗、孙复才像样。所以说宋世学术之盛，安定胡泰山孙为之先河，这已在宋兴八十年的时期了。

二　胡瑗与孙复

宋学最先姿态，是偏重在教育的一种师道运动。这一运动，应该远溯到唐代之韩愈。韩愈开始辟佛卫道，他特写一文名"师说"。他说："师者，所以传道、授业、解惑也。"此三项中，自然尤以传道为主要。韩愈之所谓"道"，则是尧、舜、禹、汤、文、武、周公传之孔子，孔子传之孟子，孟子之后而不得其传焉的道。换言之，韩愈所指，乃是中国历史文化传统之"人文道"，而非印度东来的佛教出世道。韩愈是当时的古文家，但他说："好古之文，好古之道也。"韩愈提倡古文，所以树异于当时进士的诗赋。韩愈提倡的道，则以树异于当时崇尚的佛教。这一争辨，并不尽是文字的、理论的，而更要者则是人格的、教育的。韩愈特著《师说》，已见到这一点，而当时并没有大影响，影响直要待宋学之兴起。

宋学兴起，既重在教育与师道，于是连带重要的则为书院和学校。书院在晚唐五代时已有，而大盛亦在宋代。

因此我们叙述宋学兴起，最先应注意的，是当时几位大师的人格修养及其教育精神。胡瑗、孙复则恰是两种人格的典型。后人说："安定沉潜，泰山高明，安定笃实，泰山刚健，各得其性禀之所近。"但他们两人的一段苦学经过，则更值称道。

胡瑗字翼之，泰州如皋人，学者称安定先生。他自幼家贫，无以自给，往泰山与孙复、石介同学，攻苦食淡，终夜不寝，一坐十年不归。得家书，见上有"平安"二字，即投之涧中，不复展，深怕干扰了他苦学的决心。他们当时的苦学处，为今泰山南麓栖真观，这是一个道士庙，观旁至今有投书涧，即因瑗名。当时社会无学校，无师资，他们在道士观十年的苦学，遂为此后宋学打开一出路。

胡瑗可说是宋代第一教育家。从栖真观学成归来，即以经术教授吴中。范仲淹知苏州，聘他为苏州府学教授，后又为湖州教授，前后共二十年。他所定的"苏湖教法"，后来遂为中央政府所采纳，并聘他去管勾太学。他毕生先后门人达一千七百余，即此一端，真可当得起近代中国史上第一个伟大的教育家。他创始了相似于近代的分科教学法，设立"经义""治事"两斋。经义则选择其心性疏通，有器局，可任大事者，使之讲明六经。治事则人各治一事，又兼摄一事，如治民以安生，讲武以御寇，堰水以利田，算历以明数。各使以类群居讲习，亦时时召之使各论所学，而亲定其是非。或自出一义，令人人以对，而再加以可否。或即当时政事，俾学者讨论折衷。大抵经义重通才，重学理；治事重专家，重实习。他的教育法，重在各就性近，自己研修，而济之以师友之辅助，即以相互讨论为指导。后来宋神宗问他学生刘彝，胡瑗与王安石孰优？刘彝对：

> 臣师胡瑗，以道德仁义教东南诸生时，王安石方在场屋中，修进士业。臣闻圣人之道，有体有用。国家累朝取士，不以体用为本，而尚声律浮华之词，是以风俗偷薄。臣师当宝元明道之间，尤病其失，遂以明体达用之学授诸生。夙夜勤瘁，二十余年。故今学者明夫圣人体用，以为政教之本，皆臣师之功，非安石比也。

刘彝这一对，可说已很扼要地道出了胡瑗讲学的精神，也可说是当时宋学兴起的精神。胡瑗的经义斋，便是要人"明体"；治事斋，则要人"达用"。晚唐五代以来，进士轻薄，只知以声律浮华之词，在场屋中猎取富贵，那不算是"用"。稍高的便逃向道院佛寺，求长生出世，讲虚无寂灭，那不算是"体"。宗教所讲，与政治所用，截然成两事。赵普告宋太宗："陛下以尧舜之道治世，以浮屠之教修心。"修心是做人主要条件，试问：既以浮屠之教修心，又如何能以尧舜之道治世？可见上一语还是门面话，下一语则当时几乎群认为是天经地义，无可否定了。胡瑗在栖真观十年，正从当时这样的政治习惯，社会风气，宗教信仰种种问题上沉下心苦思苦学，才始得为此后宋学开新方向，为当时教育奠新基础。我们只看刘彝的一番话，便可想象其大概。

胡瑗是教育家，而孙复则可说是大师，他在当时代表着师道的尊严。孙复字明复，晋州平阳人，学者称孙泰山。时徂徕石介有盛名，为人负气尚性，因慕复，特屈节来执弟子礼。朝臣孔道辅往见，介执杖履侍左右。复坐则介立而侍，复升降拜则介扶持之。复往回拜道辅，介侍立扶持如旧。时称"鲁人由是始识师弟子之礼"，莫不嗟叹高此两人之所为。当时有退位宰相李迪，见复以五十老人，独居一室，特地要把自己侄女嫁他。复先尚力拒，后说："宰相女不以妻公侯贵戚，而嫁一山谷衰老藜藿不充之人。这事也足以风世，我不该力辞了。"我们即据这两件事，也可想见孙复之为人，及其受当时之尊崇。

三　徐积与石介

胡瑗、孙复两大弟子，徐积与石介，也如其师门，各有不同的风格。后人说："安定，冬日之日也；泰山，夏日之日也。"故徐仲车，宛有安定风格，而泰山大弟石守道，以振顽懦，则岩岩气象，倍有力焉。即此可见两家渊源之不紊。

徐积字仲车，山阳人，当时称节孝先生。他三岁而孤，事母至孝。既冠，徒步从胡瑗。时瑗门下逾千人，处之以别室。遣婢视其饮食浣濯，盛寒惟衲裘，以米投浆瓮，日中食数块而已。瑗使同门馈之食，积不受。将还，始受一饭，曰："先生之命，不可终违。"他常说：

> 人当先养其气，气完则精神全，为文则刚而敏，治事则有果断，所谓先立乎大者。

他又说：

> 思不出其位，正以戒在位者。若学者则无所不思，无所不言。以其无责，可以行其志。若云思不出其位，是自弃于浅陋之学。

又说：

> 杨子称孟子之不动心，曰"贫贱富贵不能动其心"，大非也。夫古之山林长往之士，岂不能以贫贱富贵不动其心，世之匹夫之勇，岂非死生不动其心？孟子充养之至，万物皆备于我，万变悉昭于胸中，故虽以齐国卿相之重位，亦不动心思之经营而可治。

他又说：

> 情非不正，圣人非无情。欲求圣人之道，必于其变。

他这几节话，可说已透露了后来宋学所谈修养问题的要旨。当知宋学所重，外面看来，好像偏倾在私人的修养，其实他们目光所注，则在全人群，全社会。所以徐积说要"无所不思，无所不言"，因此要养气。不动心不是要无情，而是要担当得人事万变的重任。积又有《荀子辨》，只有接受孟子性善主张，才能为修养与教育奠深厚的基础。这些全可当后来宋学之大辂椎轮看。

石介字守道，奉符人，当时称徂徕先生。他是当时一怪人。他著《怪说》三篇，上篇排佛老，下篇斥杨亿。杨亿是宋初浮文小艺之代表者，他沿袭着晚唐五代进士轻薄的传统。文艺轻薄与老佛出世，虽成两流，而常会汇归于一趋。太宗时，裁定《景德传灯录》，颁行之者即杨亿。从前韩愈辟佛，即提倡古文，石介最崇拜愈，他著有《尊韩篇》。又著《辨惑篇》，说："天地间必然无有者三，无神仙，无黄金术，无佛。"孙复也有《儒辱篇》，排佛老，谓不能排佛老，乃儒者之辱。可见他们主要的攻击对象在佛老。故介又有《中国论》，这犹如近人主张"本位文化"，于是才提出中国固有的道统。道统的提出，必在学术思想宗派分歧时。唐代佛家宗派分歧，于是天台、华严、禅宗才各有其道统。韩愈则想复兴中国旧道统，孙复受其影响，故说："自汉至唐，不叛不离，惟董仲舒、扬雄、王通、韩愈，介承之。"把中国道统定为孔、孟、扬雄、王通、韩愈而至他同时的柳开、士建中与孙复。柳开初名肩愈，字绍先。后改名开，字仲涂。这表示他有志替学术界打先锋，辟新道路。介赠张绩诗有云："有慕韩愈节，有肩柳开志。"所以他自号守道，这表示强立不返之决心。他与士建中诗亦云："攘臂欲操万丈戈，力与熙道 建 攻浮伪。"用现代话说，他想要组织当时卫道的十字军。 中字 孙复著有《春秋尊王发微》一书，他们师弟，可说一位在"尊王"，一位在"攘夷"。这是当时的启蒙运动，似乎较之胡瑗、徐积，粗豪有余，而精微不足。全祖望曾说："安定似较泰山为更醇。"又说："徂徕先生严气正性，允为泰山第一高座，独其析理有未精。"大抵孙、石代表宋学初兴期之北方派，胡、徐代表宋学初兴期之南方派。后来南派为宋学正宗所尊，然北派在当时一种推倒一切的革命功绩，也不可没。

四　范仲淹

宋学初兴，注重教育精神与师道尊严的风气，很快就转移到政治运动上。范仲淹是初期宋学中第一个政治家。仲淹字希文，苏州吴县人，卒谥文正。他是一穷苦的孤儿，其母携之改嫁，曾苦读于长白山_{在山东境}一僧寺中。后又转至睢阳应天府书院，此书院为五代时戚同文所创。戚同文亦是一孤儿，因感天下丧乱，思见混一，故取名同文。有一军人赵直，敬其为人，捐资为他兴建学舍，聚徒讲学，这对此下宋学兴起有绝大的贡献。后晏殊延请仲淹为睢阳书院之掌教。仲淹自宿学中，督课诸生皆定时刻。常夜中潜至斋舍伺察，见先寝者便诘之，若遇妄对，则取书问之，罚其不能应者。出题课诸生，必先自为之，欲知其难易。他自为秀才时，即以天下为己任，自称欲"先天下之忧而忧，后天下之乐而乐"。后居官贵显，不忘讲学，推俸以食四方之游士。感论国事，时至流涕。一时士大夫矫厉尚风节，自仲淹启之。他又始终注意于教育与学校，他知苏州时，胡瑗便受他礼聘。他为参知政事_{副宰相}，便主张全国兴办学校，来代替当时的科举。他又从教育事业外，注意到社会事业。他置负郭常稔田千亩，号义田，以养济族人。日有食，岁有衣，嫁娶婚葬皆有赡，择族之长而贤者主其计。这一运动，对后来影响也不小。

五　欧阳修

范仲淹以后，第二个政治人物要推欧阳修。修字永叔，吉州庐陵人，卒谥文忠。他也是一孤儿，自幼便慕效韩愈为古文，但对辟佛一层，却与愈见解不同。他著《本论》，谓佛法为中国患，其本在于王政阙，礼义废。他主张从政治社会问题上来转移民间的信仰。他说："尧、舜、三代之为政，大要在井田、礼乐与立学校。"他的意见，先须政府能注意社会的经济_{井田}和教育_{礼乐与学校}，才始是辟佛的基础。他《本论》共三篇，上篇晚年删去，载《外集》，多言理财治兵。他可说是正式由学术问题转移眼光到政治问题上来的第一人。罗大经《扪虱新语》谓："退之《原道》辟佛老，欲'人其人，火其书，庐其居'，于是儒者咸宗其语。及欧阳公作《本论》，谓'莫若修其本以胜之'，此论一出，而《原道》之语几废。"可见《本论》意见在当时的影响。

所以修虽是一文章家，而他的抱负则偏重在政治。他曾说：

> 文学止于润身，政事可以及物。

他对政治，亦有极开明的见地。他说：

> 昔三代之为政，皆圣人之事业，及其久也亦有
> 弊。故三代之术，皆变其质文而相救。就使佛为圣
> 人，及其弊也，犹将救之，况其非圣者乎？

他认为久必生弊，贵能善变而施以救，虽三代圣王犹不
免，所以他论政并不主复古与守常，亦不非汉唐。岂特不
以为非，直谓唐太宗之治，几乎三王。叶水心《习学记言》因
此他在学术上的兴趣，便转入于史学。著有《新五代史》
与《新唐书》，他也是宋学初兴第一位史学家。《五代史》
模仿《春秋》，着意在褒贬。石介虽确然自负以圣人之道，
犹曰："五代大坏，瀛王冯道救之。"长乐老人之见斥，始
于修之《五代史》。其《新唐书》诸志，于唐代制度利弊，
剖析尤精卓。

他本着史学家观点来衡量学术，常注重人事，不取玄
谈。他说：

> 圣人急于人事，天人之际罕言焉。圣人，人
> 也，知人而已。天地鬼神不可知，故推其迹。人可
> 知者，故直言其情。以人之情而见天地鬼神之迹，
> 无以异也。然则修吾人事而已。人事修，则与天地
> 鬼神合矣。

他认为人事当直探其内里之真情，天地鬼神则仅能推测其
外表之迹象。而所据以为推测者，还是本之于人情。他又
不喜谈心性，因谈心性，则近是哲学玄谈了。他说：

性非学者之所急。六经之所载，皆人事之切于世者。《论语》载七十二子问于孔子，问忠孝、问仁义、问礼乐、问修身、问为政、问朋友、问鬼神，未尝有问性者。(《答李诩第二书》)

他论礼乐也说：

儒者之于礼乐，不徒诵其文，必能通其用。不独学于古，必可施于今。

于是他遂不喜《中庸》，他说：

《中庸》曰："自诚明，谓之性，自明诚，谓之教。"孔子必须学，则《中庸》所谓自诚而明，不学而知者，谁可以当之？

又曰：

勉而思之，犹有不及，则《中庸》所谓"不勉而中，不思而得"者，又谁可以当之？

他对经学，又提出了许多大胆的怀疑。疑三传《春秋论》上中下，疑《易传》《易童子问》，疑《河图洛书》，他那些大胆的怀疑，并为他自己所提拔爱护的学者所反对。《河图洛书》该是最可怀疑了，但苏轼、曾巩都反对。苏轼云："著于《易》，见于《论语》，不可诬也。"曾巩云："以非所习见，果于以为不然，是以天地万物之变，为可尽于耳目之所及也。"但他仍极自信，他说：

余尝哀夫学者，知守经以笃信，而不知伪说之伪经也。自孔子没，至今二千岁，有一欧阳修者为是说，又二千岁，焉知无一人也与修同其说也。又二千岁，将复有一人焉。然则同者至于三，则后之人不待千岁而有也。六经非一世之书，将与天地无终极而存，以无终极视数千岁，顷刻耳。是则余之有待于后者远矣。(《廖氏文集序》)

那是何等自信的精神？但自修至今不到一千年，他所疑，终于为大家所信服。这些都是他史学精神之表见，在宋学初兴中，可谓别开生面。但后人却一致推崇他文学，尊之比韩愈，这也因他在文学上的造诣和成就太过卓越了，因此把他史学上的贡献转而掩盖了。

六　李觏

修之后有李觏，字泰伯，江西南城人，学者称为盱江先生。他未曾在政治上得意，仅以教授自资，但他也是一位注意政治的人物。著有《常语》，提出他"尊王贱霸"的意见。他说：

> 西伯霸而粹，桓文霸而驳者也。三代王而粹，汉唐王而驳者也。

如是则西伯虽粹，终是霸；汉唐虽驳，终是王。王霸之分，分在其政治地位上，不分在道义措施上。因此他说：

> 天下无孟子可也，不可无六经。无王道可也，不可无天子。

孟子看重的是王道，梁惠王、齐宣王虽僭王，若能行王道，一样可以为天子。觏所看重的，则是天子之尊位。齐、梁是诸侯，纵使行王道，也还是一霸。这一种说法，实即孙复《春秋尊王发微》之遗旨。同是针对着唐末五代中央政府地位之低落，地方军阀之分崩割据，所以要竭力主持中央政府之尊严，这也有他们针对时弊的用心。觏门人孙立节，尝作《春秋传》，孙复见而叹曰："吾力所未及者尽发之。"可见这两家议论意旨之相通。

觏因尊王贱霸之辨而极重于礼治。他说：

或问：圣人之道固不容杂，何吾子之不一也？
曰："天地之中，一物邪，抑万物也。养人者不一
物，阙一则病矣。圣人之道，譬诸朝廷。朝廷者岂
一种人哉？处之有礼，故能一也。女子在内、男子
在外，贵者在上、贱者在下，亲者在先、疏者在后，
府史胥徒、工贾牧圉，各有攸居而不相乱，所以谓
之一也。他人之不一则阛阓耳，终日纷纷而无有定
次。世俗患其杂则拘于一，是欲以一物养天下也。"

觏本此意见著《礼论》。他说：

礼之初，顺人之性欲而为之节文者也。

乐、刑、政三者，礼之大用，此礼之三支也。
在礼之中，有温厚而广爱者曰仁，有断决而从宜者
曰义，有疏远而能谋者曰智，有固守而不变者曰信，
此礼之四名也。

他如此般把礼来统括了一切。他又说：

圣人根诸性，贤人学礼而后能。圣人率其仁义
智信之性，会而为礼，礼成而后仁义智信可见。礼
者，圣人之法制也。性畜于内，法行于外，虽有其
性，不以为法，则暧昧而不章。

又曰：

法制之作，其本在太古之时。民无所识，饥寒

乱患罔有救止，天生圣人而授之以仁义智信之性，仁则忧之，智则谋之，义以节之，信以守之，四者备而法制立。

又曰：

> 有诸内者必出于外，有诸外者必本于内。孰谓礼乐刑政之大，不发于心而伪饰云乎？

于是继此而有他的《周礼致太平论》。《周礼》，早为当时学者之所重。胡瑗有《洪范口义》，详引《周官》以推演《洪范》之八政。石介亦云："《周礼》明王制，《春秋》明王道，执二大典以兴尧、舜、三代之法，如运诸掌。"而详细着眼在经济制度上来阐述的则推觏。他说：

> 《易系辞》曰："何以聚人曰财，理财正辞禁民为非曰义。"财者，君之所理也，君不理则蓄贾专行，而制民命矣。上之泽于是不流，而人无聊矣。

大抵觏之学，还是沿袭欧阳修。但修能怀疑《周礼》，这是其高明处。觏之见解，则近似于荀卿，而他在政治问题上能特地着眼到经济制度之重要，则是其大贡献。

七　王安石

觏之后又有王安石，安石字介甫，临川人，封荆国公。欧阳、李、王都是江西人，我们可称此三人为江西派。他们都注重在政治制度上，而觏与安石更注意到经济制度之重要。但觏论学近荀卿，而安石则尊孟子。他蚤负盛誉，曾著《淮南杂说》，见者以为孟子复生。知鄞县，三日一治县事，起堤堰，决陂塘，为水陆之利，贷谷于民，立息以偿，俾新陈相易，邑人便之。后相神宗，力主行新法。这是范仲淹以后，第二个要奋起改革当时政治的人物。

他在思想上，亦是有重要关系的杰出人。他对"王霸"之辨，有一套新颖而深刻的见解。他说：

> 仁义礼信，天下之达道，而王霸之所同。王之与霸，其所以用者同，而其所以名者异，盖以其心异而已矣。其心异则其事异，其事异则其功异，则其名亦不得不异。王者之心，非有求于天下也，所以为仁义礼信者，以为吾所当为而已矣。故王者之治，知为之于此，不知求之于彼。霸者则不然，其心未尝仁，而患天下恶其不仁，于是示之以仁。其

于义礼信亦若是。是故霸者之心为利，而假王者之
道以示其所欲。（《王霸论》）

这一分辨，撇开了政治，直论其心术，于是辨王霸成为辨
义利。他把心术政术绾合到一起，修身正心与治国平天下
一以贯之，这一说，遂为以后学者所遵循。这是他在宋儒
思想进展上一大贡献。本此乃有他的《大人论》。他说：

孟子曰："充实而有光辉之谓大，大而化之之
谓圣，圣而不可知之谓神。"此三者，皆圣人之名。
由其道而言谓之神，由其德而言谓之圣，由其事业
而言谓之大人。道存乎虚无寂寞不可见之间，苟存
乎人，则所谓德也。是以人之道虽神，不得以神自
名，名乎德而已。夫神虽至矣，不圣则不显。圣虽
显矣，不大则不形。称其事业以大人，则其道之为
神，德之为圣可知。故神之所为，当在乎盛德大
业。德则所谓圣，业则所谓大也。世以为德业之卑
不足以为道，道之至，在于神耳，于是弃德业而不
为。夫为君子者，皆弃德业而不为，则万物何以得
主乎？故曰：神非圣不显，圣非大不形。此天地之
大，古人之全体也。（《大人论》）

在孟子，明明分开"大"与"圣"与"神"之三阶段，他
乃会合释之，只有德业始见神，而德必于业见。于是撇开
神而专重圣，又把圣着重在事业上。天下只有圣人，更无
神。也只有成大事业的圣，没有不成事业的圣。惟其有大

事业，始为真道德，始为真神圣。这又是一种极新辟的意见！佛家有"法报应三身"说，依于"法身"始有"报身"与"应身"，是谓由真转俗。他的说法，则由大而始见其为圣与神，由事业而始见其德性与神圣，则是由俗显真。和佛家理论，正成颠倒相反。他这一番见解，实在比欧阳修《本论》更转进一层。欧、王两家，都学韩愈，但他们在辟佛理论上，实是愈转愈深了。

安石思想的另一贡献，则为他的性情论。心性之学，隋唐以来，几乎成为释家的擅场。韩愈辟佛，而对心性理论所涉实不深。本于儒学而来谈心性的，最先是李翱《复性书》。翱说：

> 人之所以为圣人者，性也；人之所以惑其性者，情也。（《上篇》）

又曰：

> 人之昏久矣，将复其性必有渐，弗思弗虑，情则不生。情既不生，乃为正思。

这是一种"性善情恶"论。果主性善情恶，必成为阳儒阴释。欧阳修偏重于人事，故主探本人情。但人情果恶，则其势必趋于厌世。修乃一史学家，不喜对此问题作更深一层的探讨。安石则偏近于为哲学家，故能对此问题独标新义。他说：

> 喜怒哀乐未发于外而存于心，性也。喜怒哀乐发于外而见于行，情也。性者情之本，情者性之用，

性情一也。若夫善恶，则犹中与不中也。

这里他以未发存中为性，已发见行为情，而善恶之辨只在中不中。他提出《中庸》上"未发、已发"一问题，遂为此后宋明六百年理学家集中讨论争辨的一项大题目。而他自己意见，也大体与同时周敦颐，稍后程颐之说都相通。

安石又对如何研读经籍，有一番深辟通明的见解。他说：

> 世之不见全经久矣，读经而已，则不足以知经。故某自百家诸子之书，至于《难经》《素问》《本草》诸小说，无所不读。农夫女工，无所不问。然后于经为能知其大体而无疑。盖后世学者，与先王之时异矣，不如是，不足以尽圣人故也。致其知而后读，有所去取，故异学不能乱。惟其不能乱，故有所去取者，凡以明吾道而已。（《答曾子固书》）

此处所重，在致我之知以尽圣，然后于经籍能有所去取。此见解，竟可谓是宋人开创新儒学的一条大原则。

这一风气，远溯还自欧阳修。叶适有言："以经为正，而不汩于章读笺诂，此欧阳氏读书法。"安石遂著《诗》、《书》、《周礼》《三经新义》，时人称其"不凭注疏，欲修圣人之经"。当时列于学官，悬为功令，至南宋而始废。朱熹对于诸经与四书的新注释，也可谓由安石启其端。

所以安石虽是宋学初期的人物，但他实已探到此后宋学之骊珠。程颢说：

> 介甫谈道，正如对塔说相轮，某则直入塔中，
> 辛勤登攀。虽然未见相轮，能如公之言，然却实在
> 塔中，去相轮渐近。

这因安石此后置身政治漩涡中，想实践他从大人事业来证实到圣人神人的地位，不免在德性修养精微处忽略了。而后人遂也只认他是一文学家，与韩欧并列，至于他的政治措施，则永远成为后代争论毁誉之焦点，而他在学术思想史上的成绩，则大部给人遗忘了。

八　刘敞

与欧王同时为友者有刘敞。敞字仲原，新喻人，学者称公是先生。若说修所长在史学，则安石应列于子学，因他不拘拘古经籍，而求自创为一家言。而刘敞则是朴实头地的一位经学家。

宋学初兴，因其排释归儒，自当重经学。但当时风气，最先受重视者，只《周易》与《春秋》，旁及《洪范》全是粗枝大叶。对经学精微，颇未研磨入细。敞著《公是先生弟子记》及《七经小传》，始确然成为经生言。兹录其与欧、王二家之驳论。

永叔曰："以人性为善，道不可废，以人性为恶，道不可废。然则学者虽无言性可也。"欧阳不喜言性，而敞非之，其言曰：

仁义，性也。礼乐，情也。非人情无所作礼乐，非人性无所明仁义。性者仁义之本，本在性而勿言，是欲导其流而塞其源，食其实而伐其根也。

永叔问曰："人之性必善，然则孔子谓上智下愚不移，可乎？"刘子曰："智愚非善恶也。虽有下愚之人，不害于为善，善者亲亲尊尊而已矣。"

安石著《原性》，以太极五行比性情，其言曰：

> 太极者，五行之所由生，而五行非太极也。性
> 者，五常之太极，而五常不可以谓之性。情生乎性，
> 有情然后善恶形，而性不可以善恶言也。

敞又非之，曰：

> 太极者，气之先而无物之物也。人之性亦无物
> 之物乎？圣人之言人性，固以有之为言，岂无之为
> 言乎？

欧、王两家直抒己见，敞则根据经传，坚主"性善"之正
义。他又说：

> 非情无性，非性无善，性之与情，犹神之与
> 形乎？

又曰：

> 有命必有性，性者命之分。有形必有情，情者
> 形之动。

又曰：

> 莫善乎性，人之学，求尽其性也。学而不能尽
> 其性者有之矣，未有不学而能尽其性者也。性犹弓
> 也，学犹力也。虽有千钧之弓，引之弗满，弗能贯。
> 岂弓力有不足哉？所以用之者不足也。

这些全是精湛话。原本经术，能独得于古圣前贤之遗旨，
在宋儒中首必推及敞。所以他要说"可惜欧九不读书"，
而欧阳也不以为忤了。

九　司马光

历数宋儒中政治上大人物，首推范仲淹，其次是王安石，第三便数到司马光。光字君实，陕州夏县人，封温国公。他亦以史学名，但他的史学与欧阳修不同。欧阳能注意在运用最高标准来臧否人物，褒贬善恶如其《新五代史》，又能注意到一代之典章制度，礼乐文物如其《新唐书》诸志。光则多着眼人事经验，以及随宜因应如其《资治通鉴》，他可谓是史学中之经验主义者。安石姿性近哲学，乃是一理想主义者。安石之蔽，在其崇古而薄今，泥于远代，忽于现实。安石亦可说是一经学家，光则是一史学家。史学家往往着重在近代，所以他并不鄙薄汉唐。然亦不能像欧阳修，他似乎不甚注意在制度上，于是遂只成为当时安石新政之反对派。我们也可说：安石激进而光持重。他的政治立场，除却反对别人的，似乎没有自己的。

惟其他的史学多注重在人物上，所以他常说：

> 治乱之机，在于用人，邪正一分，则消长之势自定。每论事，必以人物为先。(《遵尧录》)

若论光自己为人，则是珠光玉洁。

　　范纯甫言："公初官时，年尚少，家人每见其卧斋中，忽蹶起，着公服，执手版，危坐久，率以为常。竟莫识其意。纯甫尝从容问之，答曰：'吾时忽念天下事。'人以天下安危为念，岂可不敬？"
（《冷斋记》）

所以神宗要说他方直而迂阔。时人谓：

　　温公之学，始于不妄语，而成于脚踏实地。
（《刘漫堂麻城学记》）

他的议论思想，也只以平实见长。辨王霸，刘敞同于王安石，而光则同于李觏。又著《疑孟》，大概孟子意境，为光所不喜，无怪要与安石不相合。光又极推崇扬雄，著《潜虚》，即效雄之《太玄》。元儒吴澄讥之为在不著不察之列。这已经在宋学发展到极精微后人的意见了。我们若说刘敞是经师，则司马光是一君子。

一〇　苏轼、苏辙

　　王安石、司马光同时，有苏轼、辙兄弟。轼字子瞻，学者称东坡先生。辙字子由，学者称颍滨先生。四川眉山人。父洵，字明允，初游京师，为欧阳修所游扬。当时群推王安石为孟子，洵为荀子，两家学术异同已见。轼、辙本其家学，益自扩大。他们会合着庄、老、佛学和战国策士乃及贾谊、陆贽，长于就事论事，而卒无所指归；长于和会融通，而卒无所宗主。他们推崇老、释，但非隐沦；喜言经世，又不尊儒术。他们都长于史学，但只可说是一种策论派的史学吧！他们姿性各异，轼恣放，辙澹泊。皆擅文章，学术路径亦相似。他们在学术上，严格言之，似无准绳，而在当时及后世之影响则甚大。好像仅恃聪明，凭常识。仅可称之曰俗学，而却是俗学中之无上高明者。他们并不发怪论，但亦不板着面孔作庄论。他们决不发高论，但亦不喜卑之毋甚高论的庸论。他们像并不想要自成一学派，而实际则确已自成一学派。求之于古，可称无先例；求之于后，亦很难寻嗣响。他们是当时的策士此得之于其父苏洵之遗教，但这是在统一时代而又是儒学极盛期的策士，所以和战国策士甚不同。他们是道士此乃轼辙兄弟本身天姿之所近，但又热心政治，乃是一种忠诚激发的道士尤其苏轼为然，又与隐沦枯槁者不同。他们是儒门中之苏、张，又是庙堂中之庄、老。非纵横，非清谈，非禅学；而亦纵横，亦清谈，亦禅学。实在不可以一格绳，而自成为一格。这是宋学中所开一朵异样的鲜花，当时称之曰蜀学。他们和司马光朔学河北学派，二程洛学河南学派，鼎足而三。他们也自然和欧、王江西学派不同。他们的言论思想，如珠玑杂呈，缨络纷披，但无系统，无组织。他们极为后来宋学正宗朱熹所严斥，但却为吕祖谦、陈亮一派婺学与永康学派所追踪。在中国学术史里可说是异军特起。但不到宋代，也不会有这样的异军特起的。

一一　综论北宋初期诸儒

上述北宋初期诸儒，其中有教育家，有大师，有政治家，有文学家，有诗人，有史学家，有经学家，有卫道的志士，有社会活动家，有策士，有道士，有居士，有各式各样的人物。五光十色，而又元气淋漓。这是宋学初兴的气象。但他们中间，有一共同趋向之目标，即为重整中国旧传统，再建立人文社会政治教育之理论中心，把私人生活和群众生活再纽合上一条线。换言之，即是重兴儒学来代替佛教作为人生之指导。这可说是远从南北朝隋唐以来学术思想史上一大变动。至其对于唐末五代一段黑暗消沉，学绝道丧的长时期之振奋与挽救，那还是小事。我们必须注意到这一时期那些人物之多方面的努力与探究，才能了解此后宋学之真渊源与真精神。此下我们将继续述及宋学的正宗，即后代所谓理学或道学先生们。这些人，其实还是从初期宋学中转来。不了解宋学的初期，也将不了解他们。而他们和初期宋学间，就各人年代先后论，不免稍有些前后的参差。但就学术风气上大体来划分，则他们中间，实像有一界线之存在。

一二　中期宋学

　　中期宋学之发展，显和初期不同。初期宋学，是在一大目标下形成多方面活动，中期则绚烂之极归于平淡，较之初期，精微有余，博大转逊。初期风气，颇多导源于韩愈，因遂注意于文章。北方如柳开、石介，南方如欧阳修、王安石，更属显见。惟其注意文章，故能发泄情趣。人生必然与文艺结不解缘，而中期则绝少对文章有兴趣。周敦颐先已有"虚车"之讥。韩愈说："文以载道。"文不载道如虚车。但二程兄弟，讲学多用语录体，直如禅宗祖师们，虽是洁净朴实，但摈弃文学，便减少了活的人生情味，不能不说是一大损失。初期都热心政治，南方如范仲淹、欧阳修、王安石，北方如司马光，都在当时政治舞台上有轰轰烈烈的表现。即如北方孙复、石介，也决非隐士一流。介作《庆历圣德诗》，分别贤奸，直言无忌，掀起了政治上绝大波澜。他死后，几乎剖墓斫棺。中期诸家，虽并不刻意隐沦自晦，但对政治情味是淡了。他们都只当几任小官，尽心称职，不鸣高，不蹈虚。初期诸家如伊尹，中期诸家如柳下惠，他们的政治意态实不同。论其教育事业，初期是在书院与学校中，尤其如胡瑗，是一模范的教育家。中期讲学，则只是师友后进，自由相聚，只能算是私人讨论，并没有正式的教育规模。文章、政治、教育，三大项目之活动，中期都较前期为逊色。即论学术著作，初期诸儒，都有等身卷帙。尤其如欧阳修、王安石、司马光，对于经史文学，都有大著作，堪与古今大儒，颉颃相比。中期诸儒，在此方面亦不如。只邵雍、程颐、张载可算有正式的著作，但分量上少了，性质亦单纯，不如初期诸家，阔大浩博。其他则更差了。然中期诸儒，实在也有他们的大贡献。后世所谓道学家、理学先生，是专指中期诸儒的学术与风格而言的。我们甚至可以说，初期诸儒多方面的大活动，要到中期才有结晶，有归宿。画龙点睛，点在中期。初期画成了一条龙，要待中期诸儒替他们点睛。点上睛，那条龙始全身有活气。下面逐一叙说中期诸家之造诣。

一三　周敦颐

中期宋学，首先第一人，该数到周敦颐。他和王安石同时较早，论其年世，应入初期。但论其学脉精神，则应推为中期宋学之始创者。

敦颐字茂叔，湖南道州人，学者称濂溪先生。他生在学术空气较微薄的地区。自小也是一孤儿，他当过几任小官，辗转江西、湖南、四川、广东诸省。晚年隐居江西之庐山。他的学问渊源，师友讲论，已无法详考。但后人说：

> 孔孟而后，汉儒止有传经之学，性道微言之绝久矣。元公崛起，二程嗣之，又复横渠诸大儒辈出，圣学大昌。故安定胡瑗、徂徕石介，卓乎有儒者之矩范，然仅可谓有开之必先。若论阐发心性义理之精微，端数元公之破暗也。（黄百家语）

这是不错的。敦颐的大贡献，正在他开始阐发了心性义理之精微。就中国思想史而言，古代孔孟儒家一切理论根据，端在心性精微处。严格言之，这方面真可谓两汉以来无传人。佛教长处，在其分析心性，直透单微。现在要排释归儒，主要论点，自该在心性上能剖辨，能发明，能有所建立。韩愈《原性》《原道》诸篇，陈义尚粗。李翱《复性书》，则阳儒阴释，逃不出佛家圈套。初期宋儒，同样没有能深入。直要到敦颐，才始入虎穴，得虎子；拔赵帜，立汉帜。确切发挥到儒家心性学之精微处。若要辟佛兴儒，从人事实际措施上，应该如欧阳修《本论》。但人事措施，也有本原，本原即在人之心性上。因此，即从人事措施言，仍还要从欧阳修转出周敦颐。若纯从思想理论言，也只有从心性学之直凑单微处来和佛学较量，才是把握到这一场战争最后胜负的关键。

说到敦颐学问思想之来源，连朱熹也说："莫知其师传之所自。"以熹之博学多闻，又距敦颐年代不远，尚说如此；后人推测，自更难凭。据说，敦颐有《读英真君丹诀诗》，为其题郫都观三诗中之一。诗云：

始观丹诀信希夷，盖得阴阳造化机。

子自母生能致主，精神合后更知微。

敦颐做过合州判官，那诗殆是他少年作。《云笈七签》中有阴真君传，即是此英真君。敦颐少年，无疑曾喜欢道家言，受宋初陈抟祖师的影响。后来他做《易通书》，后人说他传《太极图》于穆修，修得之于种放与陈抟。此说始于朱震，承袭于胡宏，都在朱熹前，所说若可信。但敦颐去汴京，只十五岁，翌年，穆修即死。时敦颐尚是未成年，说不上学问之传受。

又有人说，敦颐曾师润州鹤林寺僧寿涯，以其学授二程晁说之说，但敦颐去润州年已四十六，在学问上早该有成就。时范仲淹知润州，胡瑗、李觏学者群集。与敦颐同去者，尚有胡宿、许渤。依当时的风气和情形看，敦颐也不会在那里拜一僧人为师。又有人说："敦颐与东林总游，久之无所入，总教之静坐，月余，忽有得，以诗呈云云。"（《性学指要》）考敦颐定居庐阜，已年五十六，明年即死了。那时他著作都已成，更说不上由东林总得来。但我们综观以上诸说，敦颐喜欢和方外交游总可信。黄庭坚曾说：

濂溪先生胸怀洒落，如光风霁月。

后来朱熹也说：

濂溪在当时，人见其政事精绝，则以为宦业过人。见其有山林之志，则以为襟怀洒落，有仙风道气。无有知其学者。

又作像赞，曰：

道丧千载，圣道言湮。不有先觉，孰开后人？

书不尽言，图不尽意。风月无边，庭草交翠。

这真道出了敦颐的人格和精神。

在当时，儒学复兴的风气，已甚嚣尘上。如大教育家胡瑗，大政治家范仲淹，敦颐都曾接触过，那时学术界趋向，敦颐岂有不知？而且他还是儒学复兴运动中一重要人。但他是一高淡人，好像满不在乎，和尚也好，道士也好，都和他们往来。静坐也好，炼丹长生也好，他都有一番兴趣注意到。这样的风度，在当时不免惹人注目，无怪别人要把此等事渲染传述。连他两位青年学生程颢、程颐，也似乎对他有些不谅解，所以要说："茂叔是穷禅客。"敦颐著述，只有一部《易通书》，但程氏兄弟却教人读《易》当先观王弼、胡瑗与王安石胡瑗著有《传》十卷，又《口义》十卷，乃其门人倪天隐所纂。王安石著有《易义》二十卷，没有称引到敦颐的书。程颐著《易传》，时称"予闻之胡翼之先生"，又称"予闻之胡先生"，又称"安定胡公云云"，却从无一语及敦颐。似乎敦颐和方外踪迹甚密，二程兄弟也怀疑。同时学者喜欢和方外来往者实不多，只王安石、苏轼，那已在敦颐后。因此轼好友黄庭坚独能欣赏敦颐之为人，说他："胸怀洒落，如光风霁月。"当知蜀学与洛学，最相水火。洛学有所谓道学气，蜀学苏、黄一辈人，最所不耐受，甚至嬉笑揶揄，致成间隙。从这一点看，后人所奉为正统宋学，道学家理学先生的首出大师周敦颐，却颇无道学气，态度甚宽和。较之稍前壁垒森严如孙复，剑拔弩张如石介，相悬如霄壤。而后人误解此意，援据他和方外交游的许多传说和故事，来证明宋学渊源于方外。这是不善读书论世，因此妄诬了古人，混淆了学脉。我们不得不特加以辨白。

敦颐是一个能用思想人，因此他才对多方面有兴趣，肯注意。即在反对方面，他亦不忽略。他著作极少，只有一部《易通书》与一篇《太极图说》。《易通书》只有短短四十章，卷帙并不大。但论其思想系统，则博大精深，不仅提出了当时思想界所必然要提出的问题，而且也试图把来解决。有名的《太极图说》，前半属宇宙论，后半属人生论，兹先略述其大旨。

他说：

> 无极而太极。

此"极"字该是"原始"义。宇宙无所始，无所始即是最先的开始。于是说明了宇宙没有一个至善万能的上帝在创造，因此我们也不能追寻天地原始，来奉为我们至高无上的标准。极字亦可作中正与标准解，如建中立极是也。如是亦可说，宇宙之无标准，即是其最高标准，此即庄老自然义。

他又说：

> 太极动而生阳，动极而静，静而生阴。静极复动，一动一静，互为其根。

这是说宇宙只是一个动，也可说只是一个静。因就人之思想言，有动必有静，动静同时而有。很难说先动了才有静，抑是先静了才有动。故说"动静互为其根"。动的就是阳，静的就是阴，由此一阴一阳演生出金、木、水、火、土五行，再由五行演生出万物。由于此阴阳五行种种配合方式之不同，而万物赋性也不同。只有人，阴阳五行配合得最恰当，最匀称，因此人才为万物中之最秀而最灵。人类中又出有圣人，更灵秀了，才明白得宇宙人物之由来，才为人类定下中正仁义之道，而特把静来作人类自有之标准。

故曰：

> 圣人定之以中正仁义，而主静立人极焉。

这是《太极图说》之大义。这里最可注意者，他把宇宙与人分作两截讲。宇宙无标准，换言之，是自然的。因此人类须自定一标准，即"立人极"。而人极该主静，故说"主静立人极"。但宇宙既是动静互为其根的，人为何要偏主静？他在此，自下一注脚，他说：

> 无欲故静。

从宇宙讲，一动一静是天理，人自然也只能依照此天理。但人之一切动，该依照中正仁义之标准而动。如是则一切动不离此标准，岂不是虽动犹静吗？人惟到达无欲的境界，才能不离此标准。但圣人这标准，又从何建立呢？这因阴阳五行之性，配合到恰当匀称处，始是中正仁义。人类依照此中正仁义的标准，便是依照了宇宙自然的标准。此之谓：

> 圣人与天地合其德，日月合其明，四时合其序，
> 鬼神合其吉凶。

《太极图说》的根据在《易经》，《通书》则又会通之于《中庸》。他说：

> 诚者，圣人之本。

诚，如云真实如是。宇宙只是一个真实如是，圣人也只是一个真实如是。真实如是贯通动静，永远是一个真实如是。故曰：

> 诚无为，几善恶。

"几"是什么呢？他说：

> 动而未形有无之间者，几也。

人之一切动，先动在心。心早已动了，而未形诸事为，还看不出此一动之有与无，但那时早分善恶了。所以工夫要在"几"上用。故曰：

> 君子慎动。圣人之道，仁义中正而已矣。守之贵，行之利，廓之配天地。圣可学乎？曰："可。"有要乎？曰："有。"请问，曰："一为要。一者无欲也。无欲则静虚动直。静虚则明，明则通。动直则公，公则溥。明通公溥，庶矣乎！"

可见一切工夫，全贵在心上用。先要此心无欲，要使此心没有一毫预先私下的要求与趋向。那是静时之虚。心上不先有某种私要求与私趋向，便能明白照见事理。这样便使自己和外面通了气。一旦外面事变来，自会应。这一种应，针对着外面事变而应，没有丝毫预先存藏着的某种私要求与私趋向在隔断，在遮掩，在歪曲。故曰"动直"。这全是物我之间应该如是的公理，谁来也应如此，故曰"公"与"溥"。这都是讲的人生修养，也是讲的心修养。

《太极图说》与《通书》相附为用，故朱熹说："其为说实相表里。"《易经》与《中庸》，宋明学术界，公认为是两部重要的经典，但最先把此两书发挥出完整的系统，细密的条理者是周敦颐。这怎能不叫后人尊奉他为宋学破暗的首出巨儒呢？

敦颐的理论，并不重在纯思辨的说明上，而更重在如何见之行为与实践，所以他才极细密地指示出一套修养方法来。这一种修养，也不是专为解决自己问题，专做一自了汉。所以他说：

> 圣希天，贤希圣，士希贤。伊尹、颜渊，大贤
> 也。志伊尹之所志，学颜子之所学。

颜子之学，似乎也偏重在心，但伊尹之志，则所志在人群。这是敦颐所以为儒学之正宗，而非方外逃世可相比拟处。

一四　邵雍

初期宋学，对宇宙问题未注意，对修养问题，也未精密地讨论。周敦颐开始把此两问题注意到，讨论到。同时稍后有邵雍，也是能谈宇宙问题的。二程和邵雍是好朋友：

> 伊川程颐见康节邵雍，指食桌而问曰："此桌安在地上，不知天地安在何处？"康节为之极论其理，以至六合之外。伊川叹曰："生平惟见周茂叔论至此。"

宋儒都想排释老，尊儒学，但释老都有他们一套宇宙论。要复兴儒学，不能不探讨到宇宙问题上。而邵雍的宇宙论，又和周敦颐不同。

邵雍字尧夫，学者称康节先生。其先范阳人，宋初居衡漳，雍幼随父迁共城。其先是一刻苦力学人。他

> 幼即自雄其才，力慕高远，居苏门山百源之上，布裘蔬食，躬爨，坚苦刻砺，冬不炉，夏不扇，日不再食，夜不就席者有年。

继之是一豪放不羁人。因之

> 叹曰："昔人尚友千古，吾独未及四方。"于是

逾河、汾，涉淮、汉，周流齐、鲁、宋、郑之墟而
始还。

又后成为一虚心折节人。

时李之才摄共城令，叩门劳苦之，曰："好学
笃志如何？"曰："简策之外，未有适也。"挺之
曰："君非迹简策者，其如物理之学何？"他日又
曰："不有性命之学乎？"先生再拜，愿受业。挺
之学图数之学于穆伯长修，伯长刚躁，多怒骂，挺
之事之甚谨。先生之事挺之，亦犹挺之之事伯长，
虽野店，饭必襕衣与裳连曰襕。始唐代，为士服，表恭谨，
坐必拜。

学成则为一旷达和怡人。

蓬荜瓮牖，不蔽风雨，而怡然有以自乐。富
弼、司马光、吕公著退居洛中，为市园宅，所居寝
息处，名安乐窝，自号安乐先生。又为瓮牖，读书
燕居其下。旦则焚香独坐，晡时饮酒三四瓯，微醺
便止，不使至醉。出则乘小车，一人挽之，任意所
适。士大夫识其车音，争相迎候。童孺厮隶皆曰：
"吾家先生至也。"不复称其姓字。遇人无贵贱贤不
肖，一接以诚。群居燕饮，笑语终日，不甚取异于
人。故贤者悦其德，不贤者喜其真，久而益信服之。

这在宋学中是别具风格的。

雍精数学，当时传其能预知，有先见明。他著有《皇

极经世》，后世江湖星命之学，都托本于雍。他又著有《观物篇》《渔樵问答》。他说：

> 物之大者无若天地，然而亦有所尽。天之大，阴阳尽之矣。地之大，刚柔尽之矣。

他讲宇宙物质，无尽而有尽。他所谓天地有尽者，并不像近代天文学家所论宇宙之有限抑无限。他只说天是气，地是质，气分阴阳，质分刚柔。于是，阴阳刚柔便尽了天地与万物。若是天地复有外，依然还是气与质，则依然还是阴阳与刚柔。天地指气质言，阴阳刚柔则指德性言。我们只注意在德性，便可包括尽气质。周敦颐从时间讲天地何从始，他则从空间讲天地何所尽。因而注重到天地之德性上，这却是先秦儒家的旧传统。

他又说：

> 性非体不成，体非性不生。阳以阴为体，阴以阳为性。动者性也，静者体也。

气只是一个体，静看便是阴，动看便是阳。静者我们称之为体，动者我们称之为性。宇宙间没有不动的气和物，但习惯上，我们总爱说有一个气或物在动。在于动之中，好像有一不动者是体。其能动及如何动者则是性。故说：

> 性得体而静，体随性而动。阳不能独立，必得阴而后立，故阳以阴为基。阴不能自见，必待阳而后见，故阴以阳为倡。

阳指其能动，若无体，什么在动呢？故说"阳以阴为基"。

但体终不可见，可见者必然是其体之某种性。故曰"阴不能自见，必待阳而后见"。若使某体失去其一切性，则此体终于不可见，故曰"阴以阳为倡"。如此说来，吾人所见者均乃物之性，而非物之体。均系物之阳，而非物之阴。故他说：

> 故阳性有，而阴性无也。阳有所不遍，而阴无
> 所不遍也。阳有去，而阴常居也。

有所不遍者是"有限"，无所不遍者是"无限"。西方哲学界讨究宇宙形上学，总喜欢侵入到无限。其实无限不可见，所见只属于有限。不可见者我们称之曰"无"，可见者我们称之曰"有"。换言之，有限者即是有，无限者即是无。此所谓无，却是常在这里的一种无。有则不能常在，来了会去，生了会灭。这是一种动。在哪里动呢？在常居不去的那个常在这里的"无"之中动。但他又说：

> 无不遍而常居者为实，故阳体虚而阴体实也。

有限者要去要灭，不是一个"虚"吗？无限者常在，不是一个"实"吗？如是说来，有是虚，无是实。换言之，则性是有而虚，体是无而实。这一说，实在甚新鲜，以前未经人道过。但分析说来是如此，若综合说，则

> 本一气也，生则为阳，消则为阴，二者一而
> 已矣。

所以他又说：

> 气则养性，性则乘气，气存则性存，性动则

气动。

又说：

> 气，一而已，主之者神也。神亦一而已，乘气
> 而变化，能出入于有无死生之间，无方而不测者也。

此处所谓神，其实仍是性。但可微加分别。他说：神无方
而性有质。譬如说犬之性，牛之性，这是有质的。神则只
指天地宇宙而总言之，是无方的。他这一番阴阳论，性体
论，神气论，可说是蹊径别辟的，但也确有他见地。

从他的宇宙论转到人生论，他说：

> 天主用，地主体。圣人主用，百姓主体。

这也可说体是阴，用是阳，是性，是神。他说：

> 象起于形，数起于质，名起于言，意起于用。

用则是有限而变动不居的。所以说：

> 物理之学，或有所不通，则不可以强通。强通
> 则有我，有我则失理而入于术矣。

这因物理也总是有限，总是变动不居，物理因用而始见。
若要强通万理，要求物理之无所不通，则是有我之私见，
如是将走入一种术，而失却物之真理。

他本此见解，才和周敦颐获得异样的意见。他说：

> 君子之学，以润身为本，其治人应物皆余事也。

这因他的宇宙论，本着他有限与无限之分别而建立，本着
他变与不变之分别而建立，而他偏重在变与有限之一方。
换言之，则是偏重在用的一方。故他要主张以润身为本。

这不是他之狭，而实是他之宽。他实为异时异地的别人多留着余地。故他说：

> 所行之路，不可不宽，宽则少碍。

凡主张无限论，不变论，理无不可通论者，外貌像是宽，其实则是狭。主张有限论，变动论，理有不可通论者，外貌像是狭，其实则是宽。雍临卒，

> 伊川问："从此永诀，更有见告乎？"先生举两手示之。伊川曰："何谓也？"曰："面前路径须令宽，路窄则自无着身处，况能使人行也？"

此见他心里不喜欢程颐讲学路径太狭了，故临死以此告之。程颐则便是主张格物穷理，一旦豁然贯通者。雍却说物理不能强通，这正是他的路宽。他学问极博杂，极阔大，所得却极谨严，有分寸，处处为异时异地别人留余地。雍之学，实近于庄周。

但他毕竟是儒门中的庄周呀！程颢曾称赞他说：

> 昨从尧夫先生游，听其议论，振古之豪杰也。

惜其无所用于世。或曰："所言何如？"曰："内圣外王之道也。"

王道无不走宽路。大抵程颢能从这里欣赏他，程颐却不能。因此他临终，还特地告诉程颐这一点。

雍又有《先天卦位图》，当时说：陈抟以《易》传种放，种放传之穆修，穆修传李之才，李之才传雍晁以道《传易堂记》。雍儿子也说过：

> 先君子《易》学，微妙玄深，其传授本末，则受学于李之才挺之，挺之师穆修伯长，伯长师陈抟图南。先君之学，虽有传授，而微妙变通，则其所自得。（邵伯温《辨惑》）

其实能有思想人，决然能创辟。如上所举许多话，哪里是陈抟、穆修、李之才所能想见的？必谓宋儒理学渊源自方外，总还是诬说。

雍又有《击壤集》，这是一部道学家的诗，在诗集里别开一新面。王应麟曾把他诗句来说明他的先天学。应麟说：

> 张文饶曰："处心不可著，著则偏。作事不可尽，尽则穷。先天之学止此二语，天之道也。"愚谓邵子诗"夏去休言暑，冬来始讲寒"，则心不著矣。"美酒饮教微醉后，好花看到半开时"，则事不尽矣。（《困学纪闻》）

我们该细读《击壤集》，也可解消我们对于所谓宋代道学先生们一些想象的误解。

一五　张载

　　中期宋学，讲宇宙论者，周、邵之外有张载。周、邵都和方外有关系，载则粹然一儒者。载字子厚，学者称横渠先生。家世居大梁，父游宦卒官，诸孤皆幼，不克归，遂侨寓凤翔郿县之横渠镇。载少孤，能自立，志气不群，喜谈兵。当康定用兵时，年十八，慨然以功名自许，欲结客取洮西地。上书谒范仲淹，仲淹知其远器，责之曰："儒者自有名教可乐，何事于兵？"手《中庸》一编，授焉。遂翻然志于道。已求之释、老，乃反求之六经。这是他走向儒学之经过。他虽没有和方外往来，但他也曾在书本上对释、老细用功夫过。

　　《宋史》说：

　　　　横渠之学，以《易》为宗，以《中庸》为体。
他还是得力于《易》《中庸》，也和周敦颐相似。

　　他著书有《正蒙》与《理窟》，又有《东铭》《西铭》。又有《易说》十卷，已逸。他学问是从苦心中得来。他终日危坐一室，左右简编，俯读仰思。冥心妙契，虽中夜必取烛疾书。他尝教人说：

夜间自不合睡，只为无可应接，他人皆睡了，
己不得不睡。

他著《正蒙》时，或夜里默坐彻晓。处处置笔砚，得意即
书。程颢批评他说：

子厚却如此不熟。

朱熹也说：

明道之学，从容涵泳之味洽。横渠之学，苦心
力索之功深。

照程颢意，遇胸中有所见，不该便说便写，应该让它涵泳
在胸中，久之熟了，便和才得才写的不同。但张载也非不
晓此。他

谓范巽之曰："吾辈不及古人，病源何在？"
巽之请问。先生曰："此非难悟。设此语者，盖欲
学者存意之不忘，庶游心浸熟，有一日脱然，如大
寐之得醒耳。"

可见他也懂得这道理。但他毕竟爱思想，要在思想上组织
成一大体系。思想之来，有时稍纵即逝，因此他想到一处，
便急速把它写下。积久了，思想自成熟，体系自完整，也
并不是每逢写下的，便是他著作中存留的。而颢则注意在
内心修养上。有所见，只默默地存藏在胸中，涵泳久了，
渐渐地成熟，更是深长有味。那是两人为学态度之不同。
张载究竟是一位思想家，程颐也曾劝戒他，说：

观吾叔之见张载是二程之表叔辈，志正而谨严，深

探远赜，岂后世学者所尝虑及？然以大概气象言之，则有苦心极力之象，而无宽裕温和之气。非明睿所照，而考索至此。故意屡偏而言多窒，小出入时有之。更望完养思虑，涵泳义理，他日当自条畅。

载要在思想上，客观地表现出一番道理来，这颇近西方哲学家气味。二程则主张在日常生活中，在人生亲经验上，活活地表现出一人格，而那番道理亦连带于此活人格而表现了。所以张载重考索，重著述；二程重涵泳，重气象。后来则二程被尊为宋学正统之正统，张载便比较不如二程般更受后人之重视。

张载的宇宙论，尽在他的《正蒙》里。他说：

太和所谓道，中涵浮沉升降动静相感之性，是生细缊相荡胜负屈伸之始。其来也几微易简，其究也广大坚固。

宇宙是广大坚固的，但最先则只是一气。此气分阴分阳，阴阳之气会合冲和，便是他之所谓的"太和"。一切道，则是这太和之气的那两种阴与阳之浮沉升降动静相感之性之表现，而形成了此宇宙之广大与坚固。

太虚无形，气之本体。其聚其散，变化之客形尔。至静无感，性之渊源。有识有知，物交之客感尔。客感客形与无感无形，惟尽性者能一之。

太和之气是无形而不可感知的，所以又说是"太虚"。待形见了，被感知了，那是此太和之气之在聚此是阳或散此是阴。此太和之气永远在聚或散，它之所见形而被感知者，亦永远是这一种聚或散。因此形成世象之纷繁。但我们该知它背后还是一体，是太和。我们天天在感^{此即一种聚}，此感去了^{此即一种散}那感来^{此又是一种聚}。但我们又该知，此一切感之背后，也有一至静无感的性之本体^{此即太和之性}，张载的思想，便要指出此两者之究竟合一。他本此批评老、释，他说：

> 知虚空即气，则有无隐显，神化性命，通一无二。顾聚散出入，形不形，能推本所从来，则深于《易》者也。若谓虚能生气，则虚无穷，气有限，体用殊绝，入老氏有生于无自然之论，不识所谓有无混一之常。若谓万象为太虚中所见之物，则物与虚不相资，形自形，性自性，形性天人不相待，而有陷于浮屠以山河大地为见病之说。

庄、老道家，认为气由虚生，则是无限生出了有限。他们不晓得有限、无限本是一体。无限永远在变，在其变动中呈现出种种有限之形而被感。而此无限，则永远无形，永远在被感之外，并不是由无形另产出有形。释氏佛家，认为一切万形万象，尽在此无形无象的太虚中表现。这如人在舞台上演剧，一批演剧人走了，另一批演剧人上台，而舞台则依然仍是此舞台。如是则演剧人与舞台，变成不相干的两种存在了。老氏从时间追溯，从"无"生出"有"。释氏从空间着想，"有"表现在"无"之内。张载则主张有无只是一体，此体永远在变，但人的知识，则只见此所变之有形，不识此在变之无形。即就"知"言，人亦只识此所感之知，不识此在感之知。张载的说法，所感在感是一，所变在变亦是一。而此二一，仍是一一。但亦不像西方哲学中的唯心论。西方唯心哲学，认为宇宙本体只是此知，张载则主张宇宙中有知有不知，有能知与被知。最后的本体则是一"太和"，或"太虚"。此太和与太虚中，有识有知，但其全体则是无感无形。但此太虚则是体，而非无。

再说：

> 气之聚散于太虚，犹冰凝释于水。

水永远在凝与释，太虚亦永远在聚与散。但我们不要误认为气散尽了成太虚，因宇宙不会有阴而无阳。当知太和便是阴阳一气，而太虚也便是太和，就其无感无形而才称之为太虚。也不是一切感都寂灭了，才成为至静无感，只此至静无感之体乃永远地在感。就理论言，则此太虚与无感者是主，此气之有形与有感者是客。但不能认为客人送走了，主人还尚在，当知主客本一体。因此也不能说冰释尽了只存水，当知这些主客冰水之喻，只在求人易知他意思。因此说：

> 知太虚即气，则无无。故圣人语性，与天道之
>
> 极，尽于参伍之神，变易而已。

如是则整个宇宙只是一"变"，而并无所谓无。此种变，

则只是一"和"，而并无所谓虚。

由他的宇宙论转入他的人生论，他说：

由太虚有天之名，由气化有道之名，合虚与气有"性"之名，合性与知觉有"心"之名。

天是一太虚，太虚永远在化。因其化，遂感其有形而见为气。此种化则名之为道。此种道，像有一种力，在向某一方推进，但永远推不离其自本身即太和，此种推进之力则称为"性"。在此推进中，见形了，被感了，感它的是称为知觉，即是"心"。却不是在气外别有心，也不是在道化之外别有个知觉，只是在此化中化出了知觉来。所以心与知觉还是客，至静无感者才是主。但主客非对立，乃一体。主永远无形不可感，有形可感者全是客。此主人则分散在客身上。客人永远不散，不离去，一批散了离了又一批。此永远不散不离去的一批批客人之全体，合成了一主。换言之，则是在客之统体见有主。知觉，则只是此客知觉到他客，在此许多客人身上的那主，是不见有知觉的。

何以说在客之统体上见主呢？客与客是个别的，一群群客离去分散，一群群客集拢跑来。但那许多客，却永远像一团和气，永远是各得其所。所以这许多客，共同完成一太和的生活；这许多客，永远生活在此太和境界中。客虽永远在变，此一种太和生活与太和境界则永不变，所以说此太和乃是主。而除去每一位客的个别生活外，也不见另有一太和生活与太和境界之存在。

他又说：

> 由象识心，徇象丧心。知象者心。存象之心，
> 亦象而已，谓之心，可乎？

何以说由象识心呢？因见外面形象，才感我心之活动，故说："由象识心。"何以说徇象丧心呢？象倏起而倏灭，若心老跟着形象转，便会昧失了此心之真存在，故说："徇象丧心。"心中老存着此象或彼象，泯却象，便不知有心了，故说："心亦象也，而非心。"显言之，他要人在知觉外识性。

他这一种人生论之具体实践化，载在其著名的《西铭》。《西铭》仅是不满五百字的一短篇，但极获当时及后人之推崇。他认为人类由宇宙生，则人类与宇宙如一体，亦如子女从父母生，故子女与父母为一体般。故他说：

> 乾称父，坤称母，予兹藐焉，乃浑然中处。故
> 天地之塞吾其体，天地之帅吾其性。

吾身充塞天地，天地由吾性而活动。一切人犹如吾兄弟，万物犹如吾伙伴。故他说：

> 民吾同胞，物吾与也。

既如此，全人类便如一家庭。家庭中孝子之心情与行为之扩大，便成为人生最高之准则。故他说：

> 大君，吾父母宗子。其大臣，宗子之家相也。
> 尊高年，所以长其长。慈孤弱，所以幼其幼。圣其
> 合德，贤其秀也。凡天下疲癃残疾，茕独鳏寡，皆

吾兄弟之颠连而无告者也。于时保之，子之翼也。

乐且不忧，纯乎孝者也。

他理想上，要以孝父母的心来孝天地，要把对待家庭的来对待全人类。我们试思，这一理想的家庭，又谁是其主呢？若说父与母是主，那孝子正在自发心孝父母，因而友爱其同胞，护惜其家人。如是则一家老幼，全在这孝子心中，连父母也只在这孝子的心中。我们哪能说父母是主，这孝子转是客？但那孝子心里，却决不以他自身作为这一家之主，他只把此一家作为他心之主。孝子自身，在这家里好像转是客，他将一切依随于家而存在。连此孝子之心，也决不是此一家之主，此孝子之心，仍在依随于家而转移。若使没有家，何来有孝子与此孝子之心？但这一家，则明明因有此孝子与此孝子之心而呈现。换言之，这一家是在此孝子心中所呈现。《西铭》大意，根据《正蒙》来讲是如此。

二程兄弟极称重《西铭》。程颢说：

《西铭》，是横渠文之粹者。自孟子后，儒者都无他见识。

又说：

《订顽》《西铭》原名之言，极纯无杂，秦汉以来学者所未到。意极完备，乃仁之体也。

又说：

《订顽》立心，便可达天德。

又说：

> 《西铭》，某得此意，只是须得子厚如此笔力，
> 他人无缘做得。孟子以后，未有人及此。得此文字，
> 省多少言语。

程颐也说：

> 《西铭》旨意，纯粹广大。

尹焞说：

> 见伊川后半年，方得《大学》《西铭》看。

朱熹说：

> 程门专以《西铭》开示学者。

可见《西铭》成为当时二程门下的经典。张载因于《西铭》，又有他如下的几句话。他说：

> 为天地立心，为生民立命，为往圣继绝学，为
> 万世开太平。

圣人为天地立心，由他看，正犹孝子为一家打主意。圣人为生民立命，由他看，正犹孝子为一家立家业。若无孝子，这一家会离心离德，也会倾家荡产。若无圣人，则天地之道亦几乎熄。但孝子圣人终于会出生，这便是天地造化伟大处。

他因于怀抱着如此的胸襟与信念，所以遂有如下的工夫。他说：

> 言有教，动有法。昼有为，宵有得。息有养，
> 瞬有存。

他立心要与天地同其大_{即所谓天德}，因此他的工夫，一刹那也不放松，不间断。他自己在人事上的实践又如何呢？他本也有志于政治，为与王安石意见不合告退了。他曾说：

> 治天下不由井地，终无由得平。

他居恒以天下为念，道见饥莩，辄咨嗟对案，不食者终日。他尝慨然有志于复行古代的井田制。他说：

> 仁政必自经界始。经界不正，即贫富不均，教养无法。虽欲言治，牵架而已。

他常想和他的学者买田一方，画为数井，以推明先王之遗法。这是他当时所抱负的一种试验社会主义的新村，惜乎他没有完成此计划而死了。

除却《西铭》外，他还有一套理论，同为二程所推重，这是他分辨"气质之性"与"义理之性"的一番话。他说：

> 形而后有气质之性，善反之，则天地之性存焉。故气质之性，君子有弗性者焉。

他又说：

> 为学大益，在自能变化气质。不尔，卒无所发明，不得见圣人之奥。故学者必须变化气质，变化气质与虚心相表里。

怎叫"气质之性"呢？他说：

> 气质犹人言性气。气有刚柔清浊，质，才也。气质是一物，若草木之生，亦可言气质。惟其能克己，则为能变化却习俗之气。

这一意见，还是由他整个宇宙论里所引演。他认为人自有
生，便堕在形气中，于是或刚或柔，或缓或急，或才或不
才。这便和天地之性不同了。这一分别，其实仍还是上述
主客的分别。他又说：

> 人之刚柔缓急，有才与不才，气之偏也。天本
> 参和不偏。养其气，反之本而不偏，则尽性而天矣。

他主张从万不同的个性，上溯到天地间人类之共性。可见
他所谓之善反，还如孟子之言养气尽性。但气质之性、义
理之性显分了两名目，则孟子所未言。所以朱熹说：

> 气质之说，起于张、程，极有功于圣门，有补
> 于后学，前此未曾说到。故张、程之说立，则诸子
> 之说泯矣。

但我们若真认为"义理之性"别存在于"气质之性"之外，
则又不是张载主张"虚空即气"的本意呀！

一六　程颢

　　中期宋学，善讲宇宙论的周、邵、张三大师，都已在上述说过。现在要说到程颢，他被尊为中期宋学之正统。他的精采处，在其讲人生修养与心理修养上。因人对宇宙的了解总有限，再由宇宙论转到人生论，总是牵强不亲近。不如简捷从人生实经验，来建立人生界一切的理论。此乃颢所谓"鞭辟近里"，亦即是他对宋学思想最大贡献之所在。

　　颢字伯淳，河南洛阳人，学者称明道先生。他和其弟颐，十五六岁时，尝从学于周敦颐，并曾两度从游。他自说：

　　　　再见茂叔后，吟风弄月以归，有"吾与点也"
　　之意。

又说：

　　　　某受学于周茂叔，每令寻仲尼、颜子乐处，所
　　乐何事？

又说：

　　　　吾年十六七时，好田猎，既见茂叔，则自谓已

无此好矣。茂叔曰："何言之易也？但此心潜隐未发，一日萌动，复如初矣。"后十二年，复见猎者，不觉有喜心，乃知果未也。

在这几段回忆中，我们却可追寻他学问的渊源和脉络。固然人的姿性有不同，但青年期的感受与薰陶，必然会有很大的影响。张载十八岁见范仲淹，仲淹授以《中庸》一篇，张载在此刺戟下，才努力作书本上冥心探索的工夫。程颢十六七岁时见周敦颐，敦颐却给他以一个自己人格的活薰陶，一种日常人生亲切的启示。又提示他一问题，教他去寻仲尼、颜渊生活的乐趣，究竟在哪里。那青年骤和这样一位大师接触了，觉得吟风弄月，眼前的天地，全都呈现着异样的光辉，充满着异样的情味。连他自己一向嗜好的田猎驰骋，也感得索然少兴了。但敦颐却指点他，你莫谓自己已然没有这嗜好了。这一句话，远隔了十二年，却给他说中了。自己的心，自己不知道，别人却直透你心坎底里，说中你十二年后的心事，那是何等地感动人的一种活教训？

颢自己也是一位春风和气般的人。他二十岁，已举了进士，在鄠县作主簿，那是小得可怜的一个官。他却满腔快乐，生趣盎然。作诗道：

云淡风轻近午天，傍花随柳过前川。时人不识予心乐，将谓偷闲学少年。

又诗云：

闲来无事不从容，睡觉东窗日已红。万物静观
皆自得，四时佳兴与人同。

他书窗前有茂草覆砌，或劝他芟了，他说："欲常见造物
生意。"又置盆池，畜小鱼数尾，时时观之。或问其故？
他说："欲观万物自得意。"我们可以从此想象，他这样的
生活，这样的意境，还是受他幼年期的那位前辈的薰陶呀！
但这里还有一大问题，这是时代思潮逼得他非从自己内心
求得一彻底解决不可的问题。那问题便是人生最高真理，
究竟在儒抑在释？当时说他，

十五六时，与弟正叔闻汝南周茂叔论学，遂厌
科举之习，慨然有求道之志。泛滥于诸家，出入于
老、释者几十年，返求诸六经而后得之。

这是他成学前一段广泛研寻、深切探讨之经过。但他之泛
滥诸家，出入老、释，毕竟和其他学人有不同。他早已懂
得时时处处从他自己的亲身活经验里来亲证与实悟。因此
他自己说：

吾学虽有所授受，天理二字，却是自家体贴
出来。

这两句话，道尽了他学问的真精神。第一，他的学问，完
全由他自己实生活里亲身体验来，并不从书本文字言说上
建基础。第二，他提出了"天理"二字。此所谓天理，却
不是指的宇宙之理，而实指的是人生之理。他只轻轻把天
字来形容理，便见天的分量轻，理的分量重。于是他便撤

开了宇宙论，直透入人生论。这一点，尤值我们之注意。我们也可说，"天理"二字，是他学问的总纲领、总归宿。

因此他讲学，不像以前人，不脱书卷气，显然在讲学问，讲道理，而他则只是在讲生活。现在所需讨论的，既是主要在人生问题上，而他则直从人生讲人生，自然见得更亲切，更真实。故他说：

学只要鞭辟近里。

从人生问题再"鞭辟近里"讲，便是"心"的问题了。他讲学长处，便在从实际人生中，指点出心的问题来，教人如何去修养自己的心。所以他说：

圣人千言万语，只是欲人将已放之心约之使反

复入身来，自能寻向上去，下学而上达也。

须知这一条，并不是在讲《孟子》书里的"收放心"，也不是在讲《论语》里的"下学而上达"，更不是真个要把圣人千言万语，牵搭上《孟子》书里"收放心"三字。他只是直率地在讲他的实生活真经验。我们必得先明白这一层，才能懂得他的话，才能懂得他学问的着精神处。

他曾说：

某写字时甚敬，非是要字好，即此是学。

"敬"字是程门提出最主要的一个字。用近代俗语讲，敬只如当心。写字时便该当心在写字，但不要另分一心要字写得好。若要字写得好，严格说，这便是私欲。如想字好了，得名或得利。再退一步讲，存心要字好，便成了学

写字。学写字，只是学的一技一艺了。现在是要解决指导人生的最高真理呀！所学的目标，不在技艺上，在真理上。此指导人生的最高真理，他称之曰"天理"。写字应该当心在写字上，那是写字时的天理呀！所以写字时甚敬便是学，学的什么呢？学的是天理。他也只在如此等处的日常生活中，来体贴出天理。

他曾说：

> 在澶州日，修桥少一长梁，曾博求之民间。后因出入见林木之佳者，必起计度之心。因语以戒学者，心不可有一事。

因修桥而访求一根好木材，那是应该的。但此事若在心上生着根，换言之，成了心习了，以后遇见好树木，便会想起那木料好作如何用。其实那时本不需用木材，那些计度之心是多余的。人若积累了这样许多的心习，他的心每向熟处走，将会永远束缚在这些心习上。所以他又说：

> 人心常要活，则周流无穷，而不滞于一隅。

他又说：

> 昔在长安仓中闲坐，见长廊柱，以意数之。先尚不疑，再数之，不合，不免令人一一声言而数之，乃与初数者无差。则知越着心把捉越不定。

这种心理经验，也是人人可以遇到的。我们若把来和上条讲写字的合看，正写字，应该当心在写字上。但若一心要字好，便是着心了。往往任意挥洒，反而写得好。刻意求工，转而不佳了。这也是越着心把捉越不定。

他又说：

> 大凡把捉不定，皆是不仁。

这句话，涵义却深了。他把自己日常生活里的内心经验来
解释仁。你如太着心在一事上，或另着心在别事上，都会
使你心把捉不定，如是会对外面事情物理应付不到恰当处。
心本来能应付一切事情物理得一恰当处，此恰当处即天理，
应付到恰当处的此心则是仁。着心，是心之私，心因有私，
反而把捉不定，得不到恰当处，陷入于不仁。那些都是他
把自己日常亲经验，来发挥他自己的新见解。这一切，总
在讲人生，不在讲书本，讲古训。

因此他说：

> 人心不得有所系。

他又说：

> 学者须敬守此心，不可急迫，当栽培深厚，涵
> 泳于其间，然后可以自得。但急迫求之，终是私己，
> 终不足以达道。

自得便是此心得天理，方法则在敬。敬不是急迫，凡急迫
都是私，非天理。这些话，全扣紧在心上说，即所谓"鞭
辟近里"。所以他又说：

> 大抵学，不言而自得者，乃自得也。有安排布
> 置者，皆非自得。性静者可以为学。

一切文字言说理论，也都是安排。他教人离开这许多安排，

求心之自得，要在自心上觉到这一境。所以说：

> 若不能存养，只是说话。

他并不注重在探索与研寻，只注重在存养。存养此心，便可体贴出天理。存养的工夫便是敬。他又说：

> 百官万务金革百万之众，饮水曲肱，乐在其中。

> 万变俱在人，其实无一事。

孔子只说到饮水曲肱之乐，他却把这一种心境，转移到政务丛脞军情倥偬的场合下。他认为饮水曲肱之乐即便是天理，我们该使此心无往而不得此天理。虽是百官万务金革百万之众，依然是此一天理，因此吾心好像无一事，只如饮水曲肱般。于是他说：

> 太山为高矣，然太山顶上已不属太山。虽尧舜
> 事业，亦只是如太虚中一点浮云过目。

孔子只说到"不义而富且贵，于我如浮云"。他却说治国平天下，圣功王道，也只如浮云。事到临头，因物付物，只像无事般。事过了，功程圆满，过了还便是过了。心上没事，如浮云之过目。

> 可见一切事，只如没有事，所争在此心。他又说：

> 目畏尖物，此事不得放过，须与放下。室中率
> 置尖物，须以理胜他，尖不必刺人也。何畏之有？

> 除了身，只是理。

百官万务金革百万之众，心上没事便没事。尧舜事业，心上不留便不留。若你心怕尖物，依他说，却不是件小事。

他教你不要把此事放过了。"放过"是把此事放一旁，假装不理会，其事实还在，你心上还是怕。"放下"便不同，"放下"是真个没事了。如何放下呢？你心怕尖物，便索性满屋都放着尖物，好叫你心真明白，尖物并不刺人呀！你心真明白了，便自不怕了。他为何把这小事看得这样重？他认为你心怕尖物，便是你心不合理。心失却了天理，到处会出事，到处会有问题。须教尽力改正，使你心合天理了，一切事都没有。万事万变，其间只是一天理，其实则只是我心之恰到妥当处。

所以说：

> 须是大其心使开辟。譬如为九层之台，须大做
> 脚始得。

如何大其心？便是叫心合理。世界之大，只是这一理，因此称天理。心合理，便是心合天，那还不大吗？离了理，便只见身。身属私，理属公。心只顾着身，便会怕尖物，像要来刺我。心在理上，便知尖物决不刺我身。所以说：

> 学者须先识仁，仁者浑然与物同体。

如何浑然与物同体呢？只同在理上。你先把己身与物分开着，便怕尖物或许会刺我身。你把物与身平铺着，尖物只是尖物，何尝定要来刺我身？

其实天理也不难明，他说：

> 人心莫不有知，惟蔽于人欲，则亡天德。

人欲太重，便会提防外面的一切，如怕尖物或会刺我身。

我们看了他这些话，却不要想我心并不怕尖物呀！当知怕尖物只是偶举之一例，你心若太着重在己身上，自会把捉不定，自会遇事怕。怕这样，怕那样，自会心中充塞了一切事，把对事的应有天理都昧失了。所以说：

> 大人者，与天地合其德，与日月合其明，非在
> 外也。

照他说，自不必像上举周、邵、张三家般，远从宇宙论讲起，来证明人与天地万物之合一。此理只要在心上求。所以说：

> 天人本无二，不必言合。
>
> 人心着私，易生怕，又易生怒。

他又说：

> 人之情，易发而难制者，惟怒为甚。第能于怒
> 时遽忘其怒，而观理之是非，亦可见外诱之不足恶，
> 而于道亦思过半矣。

他又说：

> 敬须和乐，只是中心没事也。

你心中是怕是怒，是和是乐，是有事，是没事，人人可以自己体贴到。总之他种种话，永远从心上指点你。所以说：

> 学者识得仁体，实有诸己，只要义理栽培。如
> 求经义，皆是栽培之义。

六经古训，孔孟嘉言，在他看，只如泥土肥料般，重要是我此心。肥料只栽培，生长是我心。所以说：

悟则句句皆是这个，道理已明后，无不是此事。
如何求悟呢？还是从自己实生活上，由自己的心去悟。所以说：

学者不必远求，近取诸身，只明人理，敬而已矣，便是约处。

所以说：

学者今日无可添，只有可减，减尽便没事。

从宋学初兴，直到他当时，学问上添得很多了。添到周、邵、张三家，由他看来，更不该再添了。他主张减，减到只有此心此理，便一切没事了。所以他又说：

不得以天下万物挠己。己立后，自能了当得天下万物。

我们看他许多话，在宋学中，实在可算是一种最新颖，而又最笃实，且是最主要的话。他不讲圣人古经典与大道理，又不讲治国平天下大事业，更不讲宇宙神化大玄妙，只讲自己的生活，自己的心。教人把自己的心如何来应付外面一切事，让自己的心获到一恰当处，外面的事也获到一恰当处。那便是他所称由他自己体贴出来的"天理"，也便是他所要学者须先识得的"仁"。

我们看他这些话，或许会怀疑，这些话很像禅宗祖师们的话。明儒高攀龙曾说：

先儒惟明道先生看得禅书透，识得禅弊真。

不错！禅宗祖师们，也教我们心上无一事，但他们却只教我们心上无一事。程颢则教我们把自己的心体贴出一个天理来，识得一个仁，这样才始是真个心上无一事。因此在他心上，虽若无一事，而一切事却全都了当了。这是和禅学的究竟不同处。

我们看他这些话，又许会怀疑，他只在讲个人的私生活，只在自己心上下工夫，怕只成一自了汉，担当不了人群社会治国平天下的大事业。但他早已说过了，己立后，自能了当得天下万物。所以他讲学，只着重在这一面。他在政治上，虽只做几任小官，但有很多事，处理得给当时和后世之赞美。他有《上神宗陈治法十事疏》，后人说："案其时势，悉中肯綮。"有许多意见，却和王安石相似。他所讲王霸之辨，也同安石的见解。据说，安石新政中的"保甲法"，还是根据他做留城令时之"保伍法"。他曾参加安石新法之推行见《朱子语类》，他曾充安石遣使考察新法的八人中之一。张载曾说过：

> 昔尝谓伯淳优于正叔，今见之果然。其救世之
> 志甚诚，而亦于今日天下之事尽记得熟。

当时人对他的荐章，说他"志节慷慨"。朱熹说：

> 明道岂是循常蹈故，块然自守底人？
> 想是他经历世故多，见得事势不可行。

后来安石新政失败了，连宋朝也垮了。后人才更觉得程颢说的话中有真理，因此更要推尊他。

一七　程颐

　　程颐字正叔，学者称伊川先生。与兄颢幼年同从游于周敦颐，后世称之曰二程，同奉为宋学之正统。两人学问，大体相同。但他们的性格，却绝然有不同处。

　　其母侯夫人，是一位好读书博知古今的贤女。他们有一时居家在庐陵，屋多怪，家人见有鬼执扇。夫人说："那是天热呀！"又一天，又说："鬼在鸣鼓。"夫人说："给他一椎吧！"如是地镇静应付，后来鬼怪就不见了。二程兄弟，自然受母教的影响也很大。颢为上元主簿，茅山有龙池，其龙如蜥蜴而五色，自昔严奉以为神。颢叫人捕而脯之，别人也就不觉蜥蜴是神了。有人问颐："常见狮子扑来。"他说："你再见便伸手捉。"其人屡捉不获，后遂不再见有狮。但侯夫人也早知他们兄弟前途之不同。

　　有一次，他们随侍父宿僧寺，颢行右，颐走左，随从都跟右边走，只颐一人在左边。颐也自知其姿性，他说："这是某不及家兄处。"颢和易，颐严重，故人乐近颢，远避颐。有人请颐啜茶观画，他拒绝了。他说："吾生平不啜茶，亦不识画。"韩维是二程老前辈，有一次，约他们到颍昌，暇日游西湖。韩维叫诸子随侍，有人言貌稍不庄敬，颐回头厉声说："汝辈从长者行，敢这样笑语！韩家孝谨家风何在！"维立时把那一群年轻小伙子赶了。朱光庭去看颢，对人说："某在春风中坐了一月。"游酢、杨时见颐，正值其瞑目静坐，二人立侍不敢去。久之，颐回顾，说："天黑了，回宿舍吧！"游、杨才辞退，时门外大雪，已下了一尺深。颢曾说：

> 异日能使人尊严师道者，吾弟也。若接引后学，随人才而成就之，则予不得让焉。

时人都说："颢和粹之气盎于面背，但颐则接人以严毅。"哲宗曾擢颐当崇政殿说书，他以布衣一跃为帝师，还是照样庄严持守，不少假借。仁宗时惯例，皇帝坐着，讲官立侍。王安石始争要坐着讲，颐也争要坐着讲。时文彦博元老重臣，遇事侍立终日。或问颐："君之严，孰如文彦博之恭？"颐道："彦博四朝大臣，事幼主，不得不恭。吾以布衣职辅导，亦不得不自重。"有一天，讲罢了，还没退，皇帝在园中折一柳枝，给颐见了。颐说："这是春天万物发生之时，皇上不该无故摧折新生。"因此哲宗由怕他而讨厌他。人家说："程颢和司马光语，直是道得来。颐和司马光，讲着一天话，无一句相合。"苏轼更和颐性气不相合。史称：

> 伊川在经筵，士人归其门者甚盛，而先生亦以天下自任，议论褒贬，无所顾忌。时子瞻在翰林，

有重名，一时文士多归之。文士不乐拘检，迁先生所为，两家门下迭起标榜，遂分党为洛、蜀。

在朱熹的《伊川年谱》里，还保留着当时许多琐事。其一云：

> 明堂降赦，臣僚称贺讫，两省官即往奠司马光。颐言曰："子于是日哭则不歌，岂可贺赦才了却往吊丧？"坐客有难之者，曰："子于是日哭则不歌，却不言歌则不哭。今已贺赦了，却往吊丧，于礼无害。"苏轼遂以鄙语戏程颐，众皆大笑。结怨之端自此始。

又一则云：

> 国忌行香，伊川令供素馔。子瞻诘之曰："正叔不好佛，胡为食素？"先生曰："礼居丧不饮酒，不食肉。忌日，丧之余也。"子瞻令具肉食，曰："为刘氏者左袒。"于是范醇夫辈食素，秦、黄辈食肉。

又一则云：

> 旧例，行香斋筵，两制以上及台谏官设蔬馔。然以粗粝，遂轮为食会，皆用肉食。元祐初，程正叔为崇政殿说书，以食肉为非是。议为素食，众多不从。一日，门人范醇夫当排食，遂具蔬馔。内翰苏子瞻因以鄙语戏正叔，正叔门人朱公掞辈衔之，遂立敌。是后蔬馔亦不行。

苏轼奏状，甚至谓"臣素疾程某之奸，未尝加以辞色"。这些全是琐事，两面都有不是处。但后人说到道学先生理学家，无意中便把程颐作代表。一辈人讨厌道学，也还是当时苏轼和秦、黄辈见解呀！

他晚年因党论削籍，远窜涪州。后再隶党籍，并尽逐其学者。四方学者，犹相从不舍。颐曰："尊所闻，行所知，可矣，不必及我门。"

颢五十四岁卒，颐享高寿，至七十五。他把其兄所说，有发挥，亦有补充，对宋学贡献实极大。若使没有颐，洛学或许便中衰，程颢也会像周敦颐，其道不大传。明儒刘宗周曾说：

　　小程子大而未化，然发明有过于其兄。

朱熹极推尊颐，说：

　　明道宏大，伊川亲切。

大抵颢之教人，侧重在如何修养自己的心，颐对此极多阐述，更添进许多实际的治学方法，教人如何获得知识。他说：

　　涵养须用敬，进学则在致知。

首句是颢教人的宗旨，次句是颐添入了。他又说：

　　若只守一个敬，不知集义，却是都无事也。且如欲为孝，不成只守一个孝字，须是知所以为孝之道。

孝不仅要有孝之心，还该有孝的知识呀！知为孝之道便是

"集义"，也便是"致知"。

> 问："人敬以直内，气便充塞天地否？"曰：
> "气须是养，集义所生。积习既久，方能生浩然气
> 象。人但看所养如何。养得一分便有一分，养得二
> 分便有二分。只将敬，安能便到充塞天地？"

这分明在补充颢所说。因此，他才将养气养心工夫都绾合
到"致知"上。他又说：

> 须是知了方能行。若不知，只是觑了尧，学他
> 行事，无尧许多聪明睿知，怎生得如他？

又说：

> 未致知，怎生得行？勉强行者，安能持久？除
> 非烛理明，自然乐循。

他又说：

> 知有多少般数，煞有深浅。向亲见一人，曾为
> 虎所伤，因言及虎，神色便变。旁有数人，见他说
> 虎，非不知虎之猛可畏，然不如他说了有畏惧之色。
> 盖真知虎者也。学者须是真知，才知得，便是泰然
> 行将去。某年二十时，解释经义，与今无异，然思
> 今日觉得意味与少时自别。

这些话，精神还极像颢，他主从亲身实践上求知，即是颢
所谓"自家体贴"，但他说得更分明。他又说：

> 人之一身，尽有所不肯为。若士者，虽杀之，
> 使为穿窬，必不为。其他事未必然。执卷者莫不知

说礼义，王公大人，皆能言轩冕外物。及其临利害，则不知就义理，却就富贵。如此者，只是说得，不实见。

所以他说：

> 人只是要一个知见难。人既能知见，岂有不能行？一切事皆所当为，不待着意做。才着意做，便有个私心。只一点义气，能得几时了？

普通人也懂得义气，知道这事该如此做，因此他也着意如此做，其实还是勉强，是私心要合义，却并不是真知。所以他又说：

> 闻见之知，非德性之知。物交物，则知之，非内也。今之所谓博物多能者是也。德性之知，不假见闻。

不假见闻，便要内心自己觉悟。我们若从他这些话，接着明儒王守仁之良知学，正是接得上。但颐并不推本到"良知"，这就形成了下面程朱与陆王之分歧。

> 问："学何以至有觉悟处？"曰："莫先致知。能致知，则思一日而愈明一日，久而后有觉也。学无觉，则何益矣，又奚学为？思曰睿，睿作圣，才思便睿，以至作圣，亦是一个思。"故曰：勉强学问，则闻见博而知益明。

据他说：致知工夫在思，思始能有觉悟，有觉悟始是学。能用思，能有觉悟，则闻见博而知益明，并不是不要闻见。

但闻见之上更有一番重要工夫则是思。他说：

> 人思如泉涌，汲之愈新。

又曰：

> 思日睿，思虑久后睿自然生。若于一事上思未
> 得，且换别一事思之，不可专守着这一事。盖人之
> 知识，于这里蔽着，虽强思亦不通也。

他又说：

> 欲知得与不得，于心气上验之。思虑有得，中
> 心悦豫，沛然有裕者，实得也。思虑有得，心气劳
> 耗者，实未得也，强揣度耳。

揣度还是在闻见上求知，悦豫则在德性上真知。知之真得
与不真得，便在这上分。"闻见之知"，物交物，引而愈远，
故觉心气劳耗。"德性之知"，乃此心知得义理，义理即
吾性分以内事，故觉中心悦豫。颢讲"敬"要和乐，颐讲
"知"要悦豫，仍皆可自己体贴得。

他之所谓"思"，用古籍说之，亦即是"格物"。
他说：

> 随事观理，而天下之理得矣。君子之学，将以
> 反躬而已矣。反躬在致知，致知在格物。

格物与物交物不同。物交物则引而愈远，只是闻见。格物
则有一限制，物与身接，其间有一理，此理则合内外，为
我德性中所固有。所以说：

> 致知在格物，非由外铄我也，我固有之也。因

物而迁，迷而不悟，则天理灭矣。故圣人欲格之。

可见他讲"格"字有"限制"义。不要因物而迁，愈引愈远，要限制在物与我之相交点，而自明我德性所固有之理，则便非舍了德性而专求明物理。所以说：

> 欲思格物，则固已近道矣。是何也，以收其心而不放也。

可见格物不是放我心去随着物，乃是限制在物上穷其理，而此理则仍不外于在我之德性。故他又说：

> 观物理以察己。

如何叫"观物理以察己"呢？

> 问："观物察己，还因见物反求诸身否？"曰："不必如此说，物我一理，才明彼，即晓此，合内外之道也。"

可见格物穷理，乃穷此物我、内外合一之理，并非离去我而外穷物理。

> 问："鸢飞戾天，鱼跃于渊，莫是上下一理否？"曰："到这里只是点头。"

鸢飞戾天，鱼跃于渊，浑是率性。颢尝说："周茂叔窗前草不除去，问之，云与自家意思一般。"这便是才明彼，即晓此，便是格物。颢又云："子厚观驴鸣，亦谓如此。"这亦是格物。观驴鸣可悟驴之生气与生理，此是驴之性。因于驴性，可悟己性。颢又说："观雏鸡可以识仁。"这也是格物。雏鸡一片生趣，便知人心也如是。颢又观池盆中小鱼，说："欲观万物自得意。"池盆中小鱼如何般自得，即如自己心气自得时意味。如是观物，便观到"鸢飞戾天，鱼跃于渊"，盈天地间，生趣洋溢，活泼泼地，一片天机。所谓"静观万物皆自得"，这即是天理。到此便已是天理由自家体贴到了，便知道自己也是活泼泼地，如是便豁然贯通，便是自得，便是明天理。

如上所说，可见颐之所谓"格物穷理"者，并不如近代人观念，认为所穷在物理。他之所穷，则仍是颢之所谓"天理"，只是欲穷性之理。所以说：

> 性即理也。

由此看去，颢主敬，颐格物，在学脉上仍是一事，并无二致。只颐把颢说的再补充了其向外的一面。所以说：

> 敬以直内，义以方外，合内外之道也。

我们也可说，性之理即义理。若用近代人术语说，颐所欲穷者，仍是人文世界之理，即性理，或义理；而非自然世界之理，即专限于物理。

我们明白了这一层，便可说明为何二程兄弟早年从学于周敦颐，并受其极深之影响，而他们自述学问渊源，只肯说是自家体贴出来，却从不承认，并从不提到周敦颐。因敦颐《太极图说》，乃远从自然界推演到人文界。而张载《正蒙》，二程也屡屡批评，总说其是"考索所得，非明睿所照"。换言之，则此等仍是"见闻之知"，而非"德性之知"。后人误认颐所谓格物穷理者，也如他自己所看不起的所谓考索般，那就错了。

二程与邵雍交游最密，但雍学问途径，二程也不喜欢。相传有一段故事：

> 一日雷起，（邵雍）谓伊川曰："子知雷起处乎？"伊川曰："某知之，尧夫不知也。"先生愕然，曰："何谓也？"曰："既知之，安用数推之？以其不知，故待推而知。"先生曰："子云知，以为何处起？"曰："起于起处。"先生哑然。

可见颐对物理研穷，认为是身外事，殊不感兴趣。他之所谓格物穷理，所谓"今日格一件，明日格一件，积习既多，然后脱然有贯通处"，并非贯通在物理世界上，并非贯通在如周、邵、张三家之宇宙论之上，而仍是贯通在吾之心，贯通在性理上。所以他说：

> 心欲穷四方上下所至，且以无穷置却，则得。

> 若要真得，直是体会。

"体会"即是体贴，须以吾心作主，须是"鞭辟近里"，并不是要穷索四方上下。若要去穷这四方上下，实在也无穷，穷不尽，穷不透，故说："置却即得"。

但我们也莫疑心二程学问门径规模太狭了。当知当时老、释，也各有他们一套广大玄深的宇宙论，周、邵、张诸人想另来一套，所争异同还是差不远。现在是要排释、老，复儒学，两者间所争，一则以人文界为主，一则以自然界为主。人文界之所异于自然界者，在其有生气，有生理，有生命。心是有生气生理生命之心，性也是有生气生理生命之性。二程再不从宇宙无生命界转入生命界，来纡回这一条漫长而无准的路。他们主张直从生命界教人当下认取。他们只想从生命界再推扩到无生命界。窗前草，池盆中鱼，驴之鸣，雏鸡之啄，鸢之飞，何一非生命？何一非活泼天机？何一非性？又何一非宇宙之神与化？由此大自然中一切生命真理，体贴出吾心吾性中所禀所具之生命真理。这一层，却是儒释真疆界。这还是颢所谓"鞭辟近里"，并不是把学问规模范围缩小了，弄狭了。只因颐天性较严肃，但他讲学宗旨，还是和颢差不多。

他所欲穷之理，既然是性理，是一种有生命有生气之理，则自然会注意到人心之一切喜怒哀乐，注意到人之情。

问："喜怒哀乐出于性否？"曰："固是。才有生识，便有性，有性便有情，无性安得情。"又问："喜怒哀乐出于外，如何？"曰："非出于外，感于外而发于中也。"问："性之有喜怒，犹水之有波否？"曰："然。湛然平静如镜者，水之性也。及遇沙石或地势不平，便有湍激。或风行其上，便有波涛汹涌。此岂水之性哉！人性中只有四端，又岂有许多不善的事。然无水安得波浪，无性安得情也。"

他又说：

论性不论气不备，论气不论性不明。

我们若把这两条合看，气只如湍激和波涛，性便是那平静之水。求水之平静，便该养。

　　苏季明问："中之道与喜怒哀乐未发谓之中，同否？"曰："非也。喜怒哀乐未发，是言在中之义，只一个中字，但用不同。"或曰："喜怒哀乐未发之前求中，可乎？"曰："不可。既思于喜怒哀乐未发之前求之，又却是思也。既思，即是已发，便谓之和，不可谓之中也。"又问："吕学士言：当求于喜怒哀乐未发之前。信斯言也，恐无着摸，如之何而可？"曰："看此语如何地下。若言存养于喜怒哀乐未发之时则可，若言求中于喜怒哀乐未发之时则不可。"又问："学者于喜怒哀乐发时，固当勉强裁抑。于未发之前，当如何用功？"曰："于喜怒哀乐未发之前，怎生求？只平日涵养便是。涵养久，则喜怒哀乐自中节。"或曰："有未发之中，有既发之中？"曰："非也。既发时，便是和矣。发而中节，固是得中，只是将中和来分说，便是和也。"

窗前之草，池盆中之鱼，驴之鸣，雏鸡之啄，鸢之飞，一切莫非活泼天机。但人为万物之灵，有时却转失了天机。高级生命有时似乎转不如低级生命般能自然而中节。喜怒哀乐，鸢鱼鸡驴不见时常有，有亦不为害。人则多为喜怒哀乐困了。失却天地之和，即已违背了天地间生理与生趣。

但人不该抹杀喜怒哀乐，或仇视喜怒哀乐，不该认为性善而情恶，不该因怕情，连带怕性，要求无生，趋向寂灭。人该在喜怒哀乐上求其不失和之理与和之气，便该求喜怒哀乐之发而皆中节。但喜怒哀乐一发，便早见是和或不和了，在这上无从下工夫。若仅从失和了要它和，总不如在其未发时下工夫，使之发而皆中节，发而无不和。但喜怒哀乐未发时，尚不见有喜怒哀乐，又如何下工夫呢？程颐说："喜怒哀乐未发时，心上浑无喜怒哀乐，但喜怒哀乐却浑然全在里。"所以说：

> 冲漠无朕，万象森然已具。未应不是先，已应
>
> 不是后。如百尺之木，自根本至枝叶，皆是一贯。
>
> 不可道上面一段是无形无兆，却待人旋安排引出来，
>
> 教入涂辙。既是涂辙，却只是一个涂辙。

这一段陈义甚精湛。他的意思，教人在此冲漠无朕上涵养，但不要安排。安排上的是"闻见之知"，涵养出来的是"德性之知"。人若能在喜怒哀乐未发时，好好地存养，便自能发而皆中节。他又说：

> 君子庄敬日强，安肆日偷。常人之情，才放肆
>
> 则日就旷荡，才检束则日就规矩。

庄敬是存养时体段。他的话，说来说去，在其大本大原上，还是和其兄一般。只在"涵养须用敬"之外，再添上"进学在致知"。又在"涵养须用敬"之上，再添入"未发之中"一节。这些处，都见他说得比颢更精密。所以他见人

静坐，便叹其善学。静坐也只是无事时，喜怒哀乐未发时一种庄敬存养。他又说：

> 人之于仪形，有是持养者，有是修饰者。

修饰是安排，教入一涂辙，持养才是体会到真体段，真气象。

总之，二程兄弟，都在人的实际生活上，内心真经验上来指点人，教人在修养上自己寻向前。他们的精神，已脱离了书本经典，言语注释，玄思冥想，理论安排。他们主张心与道一致，身与道一致。他们可以说是两位大心理学家。他们是以心教心，以身教身，以生活教生活，这真是人生之大导师。因此后人才推奉他们为宋学之正统，推奉他们为道学先生理学家标准的代表。他们都不注重在著作上，程颢只留些语录和短文，颐稍扩充，又颇侧重到"致知"一面去，他著有一部《易传》，这是他毕生精心结撰的唯一著作了。他们对人心修养上种种指点的话还很多，可惜这里不便再详述。

一八　谢良佐、杨时、游酢、尹焞
附　张绎、王蘋

二程兄弟以心教心，以身教身，以生活教生活，是标准的道学家，我们该注意到他们当时教育事业的实况。他们和胡瑗的书院学校讲学不同了。他们只是私家朋友间的讲学。谢良佐、游酢、杨时、尹焞，号为程门四弟子。良佐尤被推为程门之高第。

良佐字显道，上蔡人，学者称上蔡先生。程颢知扶沟事，良佐往从之。

> 上蔡初造程子，程子以客肃之。辞曰："当求师而来，愿执弟子礼。"程子馆之门侧，上漏旁穿。天大风雪，宵无烛，昼无炭，市饭不得温。程子弗问。谢处安焉。逾月，豁然有省，然后程子与之语。

这一段叙述，可以看出程门的教育精神。良佐远道来，且让他先把自己一番求师问道的真忱，自己激发与体认。此心激发了，自己体认了，也就无多话可讲。有一天，程颢问他们说：

> "尔辈在此相从，只是学某言语，故其学心口不相应，盍若行之？"请问焉，曰："且静坐。"

颢为扶沟主簿时，年甚轻，官职尤低微。良佐方为秀才，已知名。他这样远道问学，正可想见那时的风气。儒学新潮流，已经普遍激荡开，所以有许多人才望风慕名来到二程的门下。

> 明道见谢子见闻甚博，曰："贤却记得许多。"谢子不觉面赤身汗。先生曰："只此便是恻隐之心。"谢子曰："吾尝习忘以养生。"明道曰："施之养生则可，于道则有害。习忘可以养生者，以其不留情也。学道则异于是。出入起居宁无事者？正心以待之，则先事而迎。忘则涉乎去念，助则近于留情。故圣人之心如鉴，孟子所以异于释氏也。"

颢又教良佐：

> 贤读书，慎不要循行数墨。

> 良佐曾录五经语作一册，伯淳见之，曰："玩物丧志。"

> 上蔡见明道，举史书成诵，明道以为玩物丧志。及明道看史，又逐行看过，不差一字。谢甚不服。后来有悟，却将此事作话头接引博学之士。

我们把这些记载仔细看，再看上面程颢章，自可明白这里面道理。良佐又说：

> 先生善言诗，他又不曾章解句释，只优游玩味，吟哦上下，便使人有得处。

后来良佐又从学于程颐，颐称他能为"切问近思"之学。

这时的良佐，早已了解得程门宗旨了。

杨时字中立，将乐人，学者称龟山先生。成进士，调官不赴，以师礼见颢于颍昌。颢极喜之。后人说："谢气刚，杨气柔。"颢喜时，颐喜良佐，是各爱其所近。颢卒，时又见颐于洛阳，时年已四十，而事颐愈恭。时与游酢立雪程门，即是时事。至七十，家居贫甚。有张爵者，为蔡京塾客。一日，令诸生习走，并曰："天下事，被汝翁坏了，旦晚有乱，先及汝家，苟能善走，或可逃死。"诸生以为其心疾，告京。京矍然，自向爵问计。爵曰："唯有收拾人才为第一义。"京问其人，爵以时对，遂召为秘书郎。时以重德高年入政府，竟无所表显，此事大为后人所不满。朱熹说：

> 当此之时，苟有大力量，真能转移天下之事，
> 来得也不枉。既不能然，又只随众，鹘突！

又说：

> 来得已不是，及至又无可为者，只是说没紧要
> 的事，所以使世人笑儒者以为不足用。

张栻亦云：

> 龟山宣和一出，在某之隘，终未能无少疑。恐
> 自处太高。磨不磷，涅不缁，在圣人乃可言。

程门与谢、杨称鼎足者为游酢。酢字定夫，建阳人，学者称荐山先生。少有盛名，至京师，颐一见，谓其资可进道。时颢在扶沟，设学教邑子弟，遂召酢职学事。因从

学。但后来他成为程门之罪人。有人问他："先常从二程学，后又从诸禅游，二者之论，必无滞阂；敢问所以不同？"他答道：

> 佛书所说，世儒亦未深考。往年尝见伊川，云："吾之所攻者迹也。"然迹安所从出哉？要之此事须亲至此地，方能辨其同异，不然，难以口舌争也。

他又说：

> 前辈往往不曾看佛书，故诋之如此之甚。

可见他已是明白背师了。

尹焞字彦明，洛人，学者称和靖先生。他是程门四大弟子中天资最鲁的。人言其家居，终日竦然，家人问饥渴饮食，然后唯阿应之。不尔，不言。朱熹也说：

> 和靖直是十分钝底，被他只就一个"敬"字做工夫，终做得成。

又说：

> 和靖不观他书，只是持守得好。他语录中说持守涵养处，分外亲切。可知学不在多，只在功专志一。

> 问龟山之学。云："以身体之，以心验之，从容自得于燕闲静一之中。"李先生侗学于龟山，其源流是如此。又曰·"龟山只是要闲散，然却读书，尹和靖便不读书。"

> 伊川自涪归，见学者凋落，多从佛学，独龟山
> 与上蔡不变，因叹曰："学者皆流于夷狄矣，惟有
> 杨、谢长进。"

然后来程门连谢、杨也都走近禅，只惇不然。朱熹说：

> 和靖日看《光明经》一部，有问之，曰："母
> 命不敢违。"如此便是平日缺却"谕父母于道"
> 一节。

二程最称正学，便最是辟佛的大师，然他们门下实在有些
不振气。所谓"儒门澹泊，一辈豪杰都为禅门收拾去"，
其语真不虚。

程门除四大弟子外，又有张绎，字思叔，河南寿安人。
本酒家保，喜为诗，虽拾俗语，往往有理致。一日，见县
官出入，传呼道路，颇羡之，问人何以得如此？或曰："读
书所致。"始发愤从人学。入县学，被荐，忽感科举学不
足为，因至僧寺，见禅师道楷，有祝发意。时周行己官洛
中，告绎曰："他日程先生归，可从之，无为空祝发也。"
颐归自涪陵，绎始往从学。我们看了这一条，即可想见程
门教法在当时的重要性。时佛学思想尚盛行，治国平天下，
就佛学讲，依然是俗事。一辈好高的学者，还有鄙薄而不
为，何况是科举，更受人轻视。只程学也说尧舜事业如浮
云之过眼，但却教你不须祝发去。但这一种教法仍有病，
说得太高了，没有真力量，真见识，后梢仍会染杂上禅学。
因此程颐之后，必得出朱熹，始把程门与禅学划分得清楚。

程颐门下又有王蘋，字信伯，福清人。其父始徙居吴。蘋师事颐，于杨时为后进，时最许可之，谓师门后来成就者惟信伯。后明儒王守仁极称之。全祖望云：

> 象山之学，本无所承，东发黄震以为遥出于上蔡，予以为兼出于信伯。盖程门已有此一种。

或问蘋："致知之要？"

> 曰："宜近思，且体究喜怒哀乐未发之谓中。"
> 又曰："莫被中字误，只看未发时如何。"

他又说：

> 学者体究，切不可以文义解释，张思叔所谓劝君莫作聪明解。
> 问："仁，人心也，而又曰以仁存心，何也？"
> 曰："观书不可梏于文义。以仁存心，但言能体仁耳。"

这些处，显是沿袭程门教法，所谓"鞭辟近里"，所谓"天理二字是自己体贴出来"，皆是此意。但循此而下，便开了陆九渊"六经皆我注脚"之先声。蘋又自己说：

> 非某于释氏有见处，乃见处似释氏。

胡宏尝谓：

> 河南之门，得其指归者，零落殆尽。今之存者，叩其所安，亦以规矩宽纵，不加严谨，后学将何所正？如王学士说："佛实见道体，只是差之毫厘，故不可与入尧舜之道。"若佛氏实见道体，则

涂辙何容有差？伊川谓其略见道体，今王氏改略为

实，岂不迷乱学者？

后人谓释氏之说"弥近理而大乱真"，此须二程以后始有此说法。若依宋初诸儒，似说不到释氏之弥近理。只为二程有些说法说得弥近释氏了，故觉释氏之说弥近理。无论是说他"略见道"，抑是"实见道"，总之程门与佛学实有其弥近处。所以湘学胡宏一派，想在理论上重新再建立，朱熹则受有胡宏影响，陆九渊则略近王蘋道路。在这里，我们可以细参学术思想之演变。

一九　吕大钧、大临

宋学正统，二程称洛学，张载称关学。当时关学之盛，不下于洛学。后来宋室南渡，关学中绝，洛学则杨时一派，四传而得朱熹，遂臻大盛。吕大钧字和叔，其先汲郡人，祖始迁蓝田。大钧乃关学之翘楚。载倡学关中，一时寂寥，绝少和者。大钧与载为同年友，心悦而好之，遂执弟子礼。于是学者靡然知所趋向。他后又从二程学，但论其学脉，确然是关学之矩矱。

载讲学，以礼为先。大钧承其意，爱讲井田兵制，以为治道必由是。悉撰成图籍，作具体推行之想。大钧为人质厚，所知已自信而又力可及者，遂行无稍疑畏，时人方之为子路。他曾做一两任小官，自说："学未优，道未明，不愿再仕进。"他推本载教法，先为《乡约》，先在他本地推行，关中风俗为之一变。这却是配合经济与道德来融铸入普遍日常人生的一种社会运动，也可说是一种寓有社会主义的社会教育。欧阳修《本论》，只注重上层政治；范仲淹义田，才着眼社会经济，但亦仅是一种私人性的慈善事业。大钧的《乡约》，可说是《本论》之本，想实从乡村中提倡新风气，建立新人生。这一运动，却是提倡儒学，排斥佛、释，而深入农村的备有具体方案的活动。

下面摘要述说他《乡约》之内容：

一、德业相励

德谓见善必行，闻过必改。能治其身，能治其家，能事父兄，能教子弟，能御僮仆，能肃政教，能事长上，能睦亲故，能择交游，能守廉介，能广施惠，能受寄托，能救患难，能导人为善，能规人过失，能为人谋事，能为众集事，能解斗争，能决是非，能兴利除害，能居官举职。

他之所谓"德"，一切都是能。他之所谓"能"，全表显在个人处社会群体之实际事业上。政治则只占最末的一项。

业谓居家则事父兄，教子弟，待妻妾；在外则事长上，接朋友，教后生，御僮仆。至于读书治田，营家济物，畏法令，谨租赋，如礼、乐、射、御、书、数之类，皆可为之。非此之类，皆为无益。

他之所谓"业"，全是日常人生，而是日常人生中与人相接的一面，却不指私人单独生活言。这可见关学与洛学精神之根本相异处。

右件德业，同约之人，各自进修，互相劝勉。会集之日，相与推举其能者书于籍，以警励其不能者。

《乡约》主要精神，在举出人人可能者，而由团体力量来

互相督励。虽各自自由，而有一种集体的心理上之制裁与
引导。

二、过失相规

过失谓犯义之过六，犯约之过四，不修之过五。

犯义之过：一、酗博斗讼。讼谓告人罪恶，意在害
人，诬赖争诉，得已不已者。二、行止逾违。三、行不恭
逊。四、言不忠信。五、造言诬毁。六、营私太甚。

犯约之过：一、德业不相励。二、过失不相规。
三、礼俗不相交。四、患难不相恤。

不修之过：一、交非其人。二、游戏怠惰。三、
动作失仪。四、临事不恪。五、用度不节。

这里所举的"不修之过"，也不指私行言，乃指私人生活
之有关涉于公共生活者而言。如不衣冠入街市，犯第三条。
与人约了时间不遵守，犯第四条。

右件过失，同约之人，各自省察，互相规戒。
小则密规之，大则众戒之。不听，则会集之日，值
月以告于约正，约正以义理诲谕之，谢过请改，则
书于籍以俟。其争辩不服与终不能改者，皆听其
出约。

凡此所举，在古代儒家则有礼，在佛教中则有戒律。僧人
不守戒律，例得驱逐。这些在政府法律上，则不能照顾，
也不能约束。又不是专指私人道德言，因此社会应有公众
的制裁。惟不由宗教团体来任此制裁之责，那是吕氏《乡

约》之用意。

三、礼俗相交

> 礼俗之交：一曰尊幼辈行，二曰造请拜揖，三曰请召送迎，四曰庆吊赠遗。

> 尊幼辈行凡五等：曰尊者年长二十以上，长者长十年以上，敌者，少者少于己十岁以下，幼者少于己二十岁以下，造请拜揖凡三条，请召送迎凡四条，庆吊赠遗凡四条。

此处条文，因礼俗随时而变，不具引。

> 右礼俗相交之事，值月主之，有期日者为之期日，当纠集者督其违慢。凡不如约者，以告于约正而诘之，且书于籍。

这是乡村间一种生活公约。让我们姑举一例：

> 凡遇尊长于道，皆徒行，则趋进揖。尊长与之言则对，否则立于道侧以俟。尊长已过，乃揖而行。或皆乘马，于尊者则回避之，于长者则立马道侧，揖之。俟过，乃揖而行。若己徒行，而尊长乘马，则回避之。若己乘马，而尊长徒行，望见则下马前揖，已避亦然。过既远，乃上马。若尊长令上马，则固辞。遇敌者皆乘马，则分道相揖而过。彼徒行不及避，则下马揖之，过则上马。遇少者以下皆乘马，彼不及避，则揖之而过。彼徒行不及避，则下马揖之。

此等当然是当时的礼俗，乡约只是在礼俗上加上一种团体
约束的力量，好使此种礼俗加广推行，经久维持。宗教团
体有约束礼俗主持推行的力量，但当时佛教偏重的是出世，
因此对社会日常礼俗不得不由儒者来另订，并结成新团体
来主持推行它，这是吕氏《乡约》用心之所在。相传程颢
曾进佛寺，叹道："三代礼乐，想不到在这里了。"此刻则
是要把礼乐重新推行到佛寺外的社会来。

> 谢良佐监西京竹木场，朱震自太学偕弟往谒，
> 坐定，朱震说："震愿见久矣。今日之来，无以发
> 问，乞先生教之。"谢良佐说："好！待与你说一部
> 《论语》罢！"朱震私念日刻如此，如何来得及讲
> 一部《论语》？已而具饮，酒五行，只说他话。及
> 茶罢，乃掀髯曰："听说《论语》。"他才首举"子
> 见齐衰者"一章，又举"师冕见"一章。他说："圣
> 人之道，无微显，无内外，由洒扫应对进退而上达。
> 夫道一以贯之，一部《论语》只恁地看。"

现在是想把如何见齐衰者，如何见瞽乐师，一切时代化，
群众化，好让社会群众全在这上躬行而实践。那是《乡约》
精神，亦是关学与洛学精神之亦同亦异处。

四、患难相恤

患难之事七：一、水火。二、盗贼。三、疾病。
四、死丧。五、孤弱。六、诬枉。七、贫乏。
这七项，范仲淹义田先注意到，但仲淹似乎专注意在经济

问题上。这里的第六项，却不关经济，但也是一种患难，也该援助。

> 右患难相恤之事，凡有当救恤者，其家告于约正，急则同约之近者为之告约正，命值月遍告之，并为之纠集而绳督之。凡同约者，财物器用车马人仆，皆有无相假。若不急之用，及有所妨者，则不必借。及逾期不还，及损坏借物者，论如犯约之过，书于籍。邻里或有缓急，虽非同约，而先闻知者，亦当救助。或不能救助，则为之告于同约而谋之。
> 有能如此，则亦书其善于籍以告乡人。

上引是吕氏《乡约》之具体内容。政治管不尽社会一切事，南北朝、隋、唐，大门第和佛寺便分别管领了这一切。到宋代，门第衰替了，社会上只有宗教团体，只有和尚寺，还在管领着社会。吕氏《乡约》，便要把儒家精神，客观化，具体化，普遍渗透进社会群众之日常生活里，来代替宗教团体之任务。所以说，吕氏《乡约》乃欧阳修《本论》之脱化，而更尤是基本的。张载曾要试验推行井田均地的新农村，但并没有成功。大钧《乡约》，便是承接载之新村运动之遗意。这一精神之具体实现，便是张载《西铭》篇所讲理想之具体化。他把一乡化如一家般，参加《乡约》的，对其同约中人，便如一孝子之对其家庭般。可惜不久北宋垮了，完颜氏南下，关中沦陷，《乡约》运动便告中断。后来朱熹想再度推行吕氏

《乡约》，对大钧《乡约》原条款，也并没有多增损。可见吕氏所订，于当时社会现实所需，是颇能配合的。范育作《吕大钧墓表》，说他：

> 明善志学，性之所得者尽之心，心之所知者践之身。

但他所实践之身的，有些处和洛学着眼不同，那是关学的精神。这是一新运动，应该为研究宋学者所注意之一项目。

吕大临字与叔，大钧弟。亦先学于载，后学于二程。程颢有名的《识仁篇》，乃为他而发。后人把他和谢、杨、游、尹合称程门五弟子。朱熹在程门中最取大临，说他高于诸公，大段有筋骨。惜不寿，四十七岁便死了。但他究竟是关学。程颢说：

> 与叔守横渠说甚固。每横渠无说处皆相从。才有说了，便不肯回。

朱熹是更尊洛学的。所以说：

> 如天假之年，必所见又别。

因此他与他两兄大忠、大钧，一面勉勉以进修成德为事，另一面又共讲经世实济之学，而又严异端之教，那是关学特色。他论选举，欲立上规以养德励行，更学制以量材进艺，定贡法以取贤敛才，立试法以区别能否，修辟法以兴能备用，严举法以核实得人，制考法这是考课，非考试以责任考功。后人说："其论甚悉，实可施行。"那些也如大临

《乡约》，均见关学精神。富弼告老在家，信佛氏，他与书说："古者三公，内则论道于朝，外则主教于乡，此岂世之所望于公者？"弼复书答谢。可知他们自不会像谢、杨诸人般，后梢皆溺入禅学去。

二〇　南渡宋学

南渡以来，可说是宋学的第三期。南渡后的政治局面，较之北宋，相差是远了。但学术思想上，却并不见逊色。专就朱熹一人而论，已足掩盖北宋两期诸家之长而有余。朱熹在中国下半部学术思想史上的地位，殆可与前半部的孔子相比。没有他，恐怕周、邵、张、程诸家，也不会有那般的光辉与崇重。我们尽可说，正统宋学，完成在他的手里。他对方的陆九渊，又开启了明儒王守仁，那是明代学术思想界惟一中心人物。其他前后诸家，也还各有创辟。南宋在此短暂的偏安中，学术界有此成绩，那是中国历史上少见的一幕。

二一　胡安国、胡寅、胡宏

胡安国字康侯，崇安人，学者称武夷先生。他是洛学的私淑者。曾为荆门教授，杨时来代，遂相识。又从时识游酢、谢良佐。良佐为德安宰，安国以湖北提举巡行所部，却请时作介绍书求见。入境，邑人皆讶知县不接监司。安国修后进礼，入门，见吏卒植立庭中，皆如土木偶人。安国为之肃然起敬，遂正式问学。谢良佐后来称他：

> 如大冬严雪，百草萎死，而松柏挺然独秀。使其困厄如此，乃天将降大任焉耳。

他已不及见程颐。他自称：

> 谢、杨、游三先生，义兼师友，然吾自得于《遗书》者为多。

> 朱震被召，问出处之宜。先生曰："世间惟讲学论政，当切切询究。至于行己大致去就语默之几，如人饮食，饥饱寒温，必自斟酌，不可决之于人，亦非人所能决也。"

这正可看出他所谓自得之真受用。

他壮年曾观释氏书，后遂屏绝，尝曰：

> 释氏虽有了心之说，然其未了者，为其不先穷
> 理，反以为障，而于用处不复究竟。

又说：

> 良知良能，爱亲敬长之本心。儒者则扩而充之，
> 达于天下。释氏则以为前尘，为妄想，批根拔本而
> 殄灭之。二者正相反。

他著有《春秋传》，自负为传心要典。吕祖谦曾说：

> 胡文定《春秋传》，多拈出《礼运》"天下为公"
> 意思。蜡宾之叹，自昔前辈共疑之，以为非孔子语。
> 盖不独亲其亲子其子，而以尧、舜、禹、汤为小康，
> 真是老聃、墨翟之论。胡氏乃屡言《春秋》有意于
> 天下为公之世，此乃纲领本原，不容有差。

其实安国《春秋传》，远本孙复尊王攘夷，旨在提倡"大
复仇"之旨，而终以"天下为公"为归宿。那是针对时局
而又极富开阔的远见的。但他因游酢之荐，误交秦桧，终
失知人之明，成为晚年一遗憾。

胡寅字明仲，安国兄子，学者称致堂先生。他生母以
子多将不举，安国妻抱养之。少年桀黠难制，安国闭之空
阁，阁上有杂木，寅尽刻为人形。安国因置书数千卷于阁
上，年余，悉成诵。他志节豪迈。初擢第，张邦昌欲妻以
女，拒不纳。安国素善秦桧，及桧当国，寅与桧绝交，遂
受贬谪。朱熹尝说：

> 致堂议论英发，人物伟然。向常侍之坐，见其

数杯后歌孔明《出师表》，可谓豪杰之人也。

他著有《崇正辩》，专辟佛徒报应变化之论，后人谓：

> 当洛学陷入异端之日，致堂独爝然不染，亦已
> 贤哉！

胡宏字仁仲，安国次子，学者称五峰先生。幼时尝见杨时于京师，后卒传父学，优游衡山二十余年，开南渡湖湘之学统。他不满其兄寅，寅之学遂为所掩。他著有《知言》，吕祖谦以为过于张载之《正蒙》。朱熹说：

> 《知言》中议论多病，又其辞意多急迫，少宽
> 裕，良由务以智力探取，全无涵养之功，所以至此。
> 然其思索精到处，何可及也。

又说：

> 五峰善思，然其思过处亦有之。

大抵熹之不满于《知言》，正犹二程之不满于《正蒙》。

此下摘录《知言》中几条，并附朱熹《疑义》，以见两家思想之异点。

《知言》曰：

> 天命之谓性，性，天下之大本也。尧、舜、禹、
> 汤、文王、仲尼六君子，先后相谓必曰心，而不曰
> 性，何也？曰："心也者，知天也，宰万物以成性
> 者也。六君子，尽心者也，故能立天下之大本，人
> 至于今赖焉。不然，异端并作，物从其类而瓜分，
> 孰能一之？"

《疑义》曰：

> "以成性者也"，此句可疑。

又曰：

> 论心必兼性情，某欲别下语云："性固天下之
> 大本，而情亦天下之达道也。二者不能相无。而心
> 也者，知天地，宰万物而主性情者也。六君子者，
> 惟尽其心，故能立天下之大本，行天下之达道，人
> 至于今赖焉。"

今按：熹主张性禀赋自先天，宏则谓性亦完成于后天。所以宏"尽心以成性"之说，熹认为可疑。但熹之心、性、情三分说，性属先天，心亦属先天，则更无一包括心性更高的统一。宏则专主心上讲，颇与陆王学派相近似。晚明儒王夫之，可说是湖湘学派之后劲。他极推崇张载之《正蒙》，也竭力发挥成性的说法，阐述精微，与宏《知言》大义可相通。似乎《知言》较近于程颢，而《疑义》较近于程颐。

《知言》又曰：

> 天理人欲，同体而异用，同行而异情，进修君
> 子，宜深别焉。

《疑义》曰：

> 天理莫知其所始，其在人则生而有之。人欲者，
> 梏于形，杂于气，狃于习，乱于情而后有。

又曰：

> 既谓之同体，则上面便著人欲二字不得。当见
> 本体实然，只一天理，更无人欲。故圣人教人，只
> 说克己复礼，教人实下工夫，去却人欲，便是天理，
> 未尝教人求识天理于人欲汩没中也。

按：宋儒自程颢提出"天理二字是自家体贴出来"之一语，此下诸儒讲学，遂多以"天理"立宗。"天理"之相对面为"人欲"，宏却谓天理、人欲"同体异用，同行异情"。后来陆王学派大体接受此见解。清儒戴震《孟子字义疏证》，更专拈此层透切发挥。朱熹说："天理莫知其所始。"此即周敦颐"无极而太极"的说法。若把一切人事原理，全要推溯到先天，势必达于渺茫难穷之一境。所以二程不甚着意在此上探索。他们并不认自己学问原自周敦颐，正在此等处。到熹始重定宋学之传统，正式认二程之学源出自敦颐，实在是他从程颐"格物穷理"说再转一步，始转成他自己的一套。他说："人欲者，梏于形，杂于气，狃于习，乱于情而后有。"于是遂把一切善尽归诸先天，一切恶全归于后天。这虽像是从张载"气质之性"与"义理之性"的分别来，其实非张载之本义。载只说"太虚即气"，而熹则主"理在气中"，两人的宇宙论本不同。清初颜元，便专从气质之性这一点上攻击熹，与戴震异途而同归。

《知言》又曰：

> 好恶性也，小人好恶以己，君子好恶以道，察

乎此，则天理人欲可知。

《疑义》曰：

> 好恶固性之所有，然直谓之性则不可。盖好恶，物也，好善而恶恶，物之则也。

按：明儒王守仁以好恶即良知，实与《知言》"好恶性也"之说近。《疑义》则谓"好恶是物"，即指其落于气质言，性则是好恶之天则。若认好恶即性，便近于心学。必谓好恶之天则始是性，才始是理学。在此便见心学与理学之分途。

《知言》又曰：

> 性也者，天地鬼神之奥也，善不足以言之，况恶乎哉？孟子之道性善云者，叹美之辞，不与恶对也。

又曰：

> 或问："心有生死乎？"曰："无。"曰："然则人死其心安在？"曰："子既知其死矣，而问安在邪？"曰："何谓也？"曰："夫唯不死，是以知之，又何问焉？"曰："未达。"胡子笑曰："甚哉！子之蔽也。无以形观心，而以心观心，则知之矣。"

《疑义》曰：

> "性无善恶""心无生死"两章，似皆有病。天地生物，人得其秀而最灵。所谓心者，乃虚灵知觉之性，犹耳目之有见闻尔。在天地则通古今而无成

坏，在人物则随形气而有始终。知其理一而分殊，

又何必为是心无死生之说，以骇学者之听乎？

按：此处亦见心学与性学之分歧。惟主心，故必言人心不死，其实即已通古今而言之。王守仁曰"无善无恶心之体"，此犹言性无善恶。故必待言成性，始成其至善之性也。工夫全在心上用。《疑义》认心为虚灵知觉，犹耳有听，目有视。故性则至善，而心工夫则贵能格物穷理。

《知言》又曰：

> 凡天命所有而众人有之者，圣人皆有之。人以情为有累也，圣人不去情。人以才为有害也，圣人不病才。人以欲为不善也，圣人不绝欲。人以术为伤德也，圣人不弃术。人以忧为非达也，圣人不忘忧。人以怨为非宏也，圣人不释怨。然则何以别于众人乎？圣人发而中节，众人不中节也。中节为是，不中节为非。是者为正，为善；非者为邪，为恶。而世儒乃以善恶言性，邈乎辽哉！

《疑义》曰：

> 此亦性无善恶之意，然不知所中之节，圣人所自为邪？将性有之邪？

按：颜元曰："孔孟以前责之习，使人去其所本无；程朱以后责之气，使人憎其所本有。"《知言》指点出情、才、欲、术、忧、怨皆人所本有，不必憎而去之。至于中节与不中节，依王守仁说，则我心之良知自知之。此仍心学与

性学之别。性属天，心属人。心学流弊，则尊人而蔑天。

《知言》又曰：

> 问："为仁。"曰："欲为仁，必先识仁之体。"
> 曰："其体如何？"曰："仁之道宏大而亲切，知者
> 可以一言尽，不知者虽设千万言亦不知也。能者可
> 以一事举，不能者虽指千万事亦不能也。"曰："万
> 物与我为一，可以为仁体乎？"曰："子以六尺之
> 躯，若何而能与万物为一？"曰："身不能与万物
> 为一，心则能矣。"曰："人心有百病一死，天下之
> 物有一变万生，子若何而能与之为一？"他日，问
> 曰："人之所以不仁者，以放其良心也。以放心求
> 心，可乎？"曰："齐王见牛而不忍杀，此良心之
> 苗裔，因利欲之间而见者也。一有见焉，操而存之，
> 存而养之，养而充之，以至于大。大而不已，与
> 天同矣。此心在人，其发见之端不同，要在识之而
> 已。"

《疑义》曰：

> "欲为仁，必先识仁之体"，此语大可疑。

又曰：

> 知其放而求之，心在是矣。今于已放之心，不
> 可操而复存者，置不复问，乃俟异时，见其发于他
> 处而后从而操之，则未见之间，此心遂有间断，无
> 复有用功处。于其本源全体，未尝有一日涵养之功，

便欲扩而充之，与天地同大，窃恐无是理也。

又曰：

> 圣门之教，详于持养，略于体察，与此章意正
> 相反。必欲因苗裔，识根本，孰若培其根本而听其
> 枝叶之自茂邪？

按：《知言》此条，大体本程颢《识仁篇》。朱熹与张栻，
为此问题，曾经长期之研讨；而此处熹所说，则是主张存
养应先于察识，实与程颢《识仁篇》有歧见。后来明代浙
中王门与江右王门之争论，也集中在这点上。大抵宋明理
学在理论上，有朱、陆之异同。而在工夫上，则最要者即
是此处所举胡、朱之异见。浙中偏近胡，江右偏近朱，东
林高攀龙也近朱。熹在此等处，遂完成他细密广大的系统；
而宏之所说，则似近偏薄了。这亦是宋明理学绝大争论一
要点。后人都注意在朱、陆异同上，把此一节未免忽略了。

《知言》又曰：

> 有是道，则有是名，圣人指明其体曰性，指明
> 其用曰心。性不能不动，动则心矣。圣人传心，教
> 天下以仁也。

《疑义》曰：

> 今欲颇改其语云："性不能不动，动则情矣。
> 心主性情，故圣人教人以仁，所以传是心而妙性情
> 之德。"

按：《知言》认心性为一体，《疑义》则认心性有分别。熹

初亦从宏说，以心为已发，以性为未发，后始采张载"心统性情"说，遂成如上举《疑义》之所云。这亦是熹极费斟酌处。这里，他思想的转变，须细看他与张栻往复书札之讨论。熹《知言疑义》又总括地批评说：

> 知言可疑者，大端有八。性无善恶（一），心为已发（二），仁以用言（三），心以用尽（四），不事涵养（五），先务知识（六），气象迫狭（七），语论过高（八）。

明儒黄宗羲又综合熹意，谓：

> 会而言之，三端而已。性无善恶，一也。心为已发，故不得不从用处求尽。仁，人心也，已发言心，故不得不从用处言仁。二者同条，二也。察识此心而后操存，三也。其下二句，则不过辞气之间。心为已发，亦自伊川初说，有凡言心皆指已发而言，以其未定者为定尔。察识此心而后操存，善观之，亦与明道识仁无异。不善观之，则不知存养之熟自识仁体。有朱子之疑，则胡氏之说，未始不相济。

这里是宗羲有意作调人。实则湘学胡宏一派在当时，有其独特之思路。朱熹学术乃由胡宏转回到程颐。我们也可说，没有胡宏一番新意见，将转不出后面朱熹那样的大系统。这一层将互见于下张栻、朱熹章。

二二 张栻

南渡以后，洛学传统有两大派。一传自杨时，其后有朱熹，称闽学。一传自胡安国、胡宏父子。宏有大弟子张栻，称湖湘之学。栻字敬夫，广汉人，迁衡阳，学者称南轩先生。朱熹与栻交游，切磋益细。惜栻不寿，四十八岁而卒。全祖望说：

> 南轩似明道，晦翁似伊川。向使南轩得永其年，
>
> 所造更不知如何也。

栻父浚，为宋相。栻少长，见胡宏，宏辞疾不见。告人曰："渠家学佛，我见他则甚？"栻闻之，始知拒见之由。再请谒，语甚契，遂从受业。熹交游最密，得力最深者凡三人，然于吕祖谦则病其杂，于陆九渊则言其禅，独于栻最钦敬。尝曰：

> 敬夫见识卓然不可及。从游之久，反复开益
>
> 为多。

又曰：

> 敬夫学问愈高，所见卓然，议论出人表。近读
>
> 其语，不觉胸中洒然，诚可叹服。

又述其《行状》，则曰：

> 公尝有言曰："学莫先于义利之辨，而义也者，本心之所当为而不能自已，非有所为而为之者也。一有所为而为之，则皆人欲之私，而非天理之所存矣。"至哉言也！亦可谓广前圣之所未发，而同于性善养气之功者与？

胡宏《知言》，熹、栻、祖谦曾共研讨，各有评骘，见于《疑义》，故后人谓栻之学从熹转手。实则去短集长，交相师益，不必定说谁跟了谁。今熹集中有《中和说》四篇，前三篇与栻，第四篇《与湖南诸公书》。这四封信，一步步讨论此心之究属已发与未发，以及察识涵养工夫之先后与轻重，实为二程学统中一最要的问题。胡宏已从程颐转变到张载。颐云："进学则在致知，而致知重在能思。"宏则偏重在向外思索上。用近代语说之，宏乃更近于一位哲学家。栻姿性近二程，更注意向内身心之修养。但究受师门影响，故先亦主心为已发，主察识当先于涵养。惟栻所谓察识先于涵养之所重，其实已偏重在心地上，不像宏《知言》路径的开展了。熹先学于李侗，为杨时嫡传，主默坐澄心，只偏在涵养。后见栻，栻不喜默坐澄心之说。他常提程颐之"主一"。他有《与人书》，谓：

> 来书所谓思虑纷扰之患，此最是合理会处。其要莫若主一。《遗书》论此处甚多，须反覆玩味。据目下底意思用功，譬如汲井，渐汲渐清。如所谓

未应事时此事先在，既应之后此事尚存，正缘主一
工夫未到之故。须思此事时只思此事，做此事时只
做此事，莫教别底交互出来，久久自别。看时似乎
浅近，做时极难。某前作《主一箴》，亦有此意。

可见"主一"与默坐澄心不同。主一始是动亦定，静亦定，
不偏在默坐上。他又说：

所谕收敛则失于拘迫，从容则失于悠缓，此学
者之通患。于是二者之间，必有事焉，其惟敬乎？
拘迫则非敬也，悠缓则非敬也。但当常存乎此，本
原深厚，则发见必多。而发见之际，察之则必精矣。
若谓先识所谓一者，而后可以用力，则用力未笃，
所谓一者只是想象，何由意味深长乎？

可见栻不教人默坐，他所谓常存乎此者，还是个主一，而
此"一"则随时随事而见。朱熹说：

南轩谓动中见静，方识此心。复是静中见动，
他要动中见静，却倒说了。

但我们若细玩栻所说，似乎他所谓"动中见静"，还是在
主一，还是一个敬。此实二程遗教，与杨时、罗从彦、李
侗一派不同。他只主张孟子之所谓"必有事焉"，只是主
张程颢之所谓"鞭辟近里"。他《答朱熹书》亦谓：

年来务欲收敛，于本原处用功，觉得应事接物
时，差帖帖地。但气习露见处，未免有之。一向鞭
辟，不敢少放过。

这里所谓"本原处用功"，也不是指默坐。即在应事接物时，仍可鞭辟收敛，仍自见有本原。他又说：

> 元晦谓略于省察，向来某与渠书，亦尝论此矣。如三省四勿，皆持养省察之功兼焉。大要持养是本，省察所以成其持养之功者也。

他之所谓"省察"，也不指默坐时，而兼指的应事时。似乎栻工夫极缜密，熹开始也误认了他意思，所以说：

> 熹早从先生李侗学，受《中庸》之书，求喜怒哀乐未发之旨，未达而先生没。闻张敬夫得衡山胡氏学，则往从而问焉。敬夫告余以所闻，亦未之省也。暇日料检故书，得当时往还书稿一编，题曰"中和旧说"。

熹又有《与栻书》，谓：

> 前此用心之差，向非老兄抽关启键，直发其私，诲谕谆谆，不以愚昧而舍置之，何以得此？其何感幸如之。区区笔墨，盖不足以为谢。

可见熹受栻之影响，不仅确认默坐澄心之偏，亦知专说心为已发亦不切。此后遂专拈程颐"涵养须用敬，进学则在致知"之两语为学的。这是经过两人多番往复后所得。总之，湘学与闽学不同。熹先从学于李侗，后获交于栻，然后才对程门遗教，有更精更圆的体认。后人因谓熹先从栻，而后辨其非如王白田《朱子年谱》。又或谓栻早知涵养是本，省察所以成其涵养，故力省而功倍。朱子缺却平日一段涵养工夫，至晚年而后悟黄宗羲《宋元学案》。这两说，虽各有所据，然学者相互取益，思想上之逐步变化，极细极活，不能刻划求，亦不能死杀说。熹固受栻之影响，栻亦因熹而启悟。如其论"已发""未发"云：

> 未发已发，体用自殊，不可溟涬无别。要须精晰体用分明，方见贯通一原处。有生之后，岂无未发之时，正要深体。若谓有生之后，皆是已发，是昧夫性之所存也。伊川先生《语录》所论，幸精思之。

这一段，仍本《知言》意，心为已发而性则为未发。这已和《知言》论性不同了。熹先曾是认栻此见，后来再说出"心统性情"；情是已发，性是未发，则心又兼统已发与未发。这些处，可见朱、张两人思想上之交互受益，递转递深愈入愈细之大概。我们却不该在此等处来争其立说之先后，判其成学之高下。人物代表着思想，我们却不必放轻了思想演进来争人物间之门户与是非。这是研讨宋明理学一最该先具的心地。

又熹有《评湘学》云：

> 湖南病正在无涵养，所以寻常都发出来，不留在家。

又说：

> 湖南一派，譬如灯火要明，只管挑，不添油，便明得也不即好。所以气局小，长汲汲然，张筋

弩脉。

这些话也决不指栻言，栻则早已裁归平正了。所以后人说：

> 南轩之学得之五峰，论其所造，大要比五峰更
> 纯粹。盖由其见处高，践履又实。

但从游于栻者甚众，却无一人得其传。大抵程门学统，必然该变了。若专主默坐澄心如闽学，便难免转染到禅学去。若如湘学，胡宏偏在思辨上，却没有张载般以礼作检。栻专用主一工夫，又似推扩不开，不易教学者真能由自己寻向上去。因此湘学终于不振，而闽学则因熹而大耀。

二三　朱熹

　　朱熹字元晦，婺源人，学者称晦庵先生。他不仅是南渡一大儒，宋以下的学术思想史，他有莫可与京的地位。后人称之为"致广大，尽精微，综罗百代"，他实当之而无愧。父松，人称其性刚不屈于俗，自谓"卞急违道"，故号韦斋。临卒，以熹属刘勉之、胡宪、刘子翚，时熹年十四。勉之，杨时门人，以女嫁熹。子翚从僧游，能入定，读儒书，谓与佛合，作《圣传论》。胡宪，安国从子，又好佛老，熹从游最久。自言："某年十五六时，亦曾思禅学。"十九始登第，他赴考，还是看宗杲禅师的语录。自言："用某禅僧意思去胡说，试官为某说动了，遂得举。"年二十四，为同安主簿，始从学于李侗，到那时才将禅搁起。自是从游凡十年，晋谒凡四次。侗字愿中，南剑人，学者称延平先生。师事罗从彦。从彦字仲素，亦南剑人，学者称豫章先生。初见杨时，惊汗浃背，曰："不至是，几枉过一生矣。"时讲《易》举程颐说，从彦鬻田裹粮，往洛见颐。归，抠衣侍席于时者二十余载。然从彦不为时所知，侗往从学，退而屏居，箪瓢屡空，余四十年。

熹常称：

> 李先生居山间，亦殊无文字看。

> 不著书、不作文，颓然若一田夫野老。

又曰：

> 李先生初间，也是一豪迈底人。夜醉，驰马数里而归。后来养成徐缓，虽行一二里路，常委蛇缓步，如从容室中。

又曰：

> 李先生涵养得自是别，真所谓不为事物所胜。古人云："终日无疾言遽色。"他真个是如此。如寻常人去近处必徐行，出远处行必稍急，先生去近处也如此，出远处亦只如此。寻常人叫一人，叫之二三声不至，则声必厉。先生叫之不至，声不加于前。又有坐处壁间有字，某每常亦须起头一看；若先生则不然，方其坐时固不看，若是欲看，必就壁下视之。

又曰：

> 李先生终日危坐，而神采精明，略无隳之气。

从彦教李侗，令静中看喜怒哀乐未发之谓中，未发时作何气象。侗亦以教熹，熹初不省，谓：

> 当时既不领略，后来又不深思，遂成蹉过，孤负此翁。

但熹又说：

三十年前长进，三十年后长进得不多。

可见他在从学李侗的一段时间，学问思想上定下了基础。

三十三岁那年，宋孝宗即位，诏求直言，熹应诏上封事，在八月。明年，他到临安，入对垂拱殿，是年李侗卒。他开始认识了张栻。三十八岁，特地去湖南会栻，留两月。他在这一段时期中，思想上引起了变动，他似乎在由闽学开始转移到湘学。或问：

> 李先生为默坐澄心之学，持守得固，后来南轩深以默坐澄心为非，自此学者工夫愈见散漫，反不如默坐澄心之专。先生曰："只为李先生不出仕，做得此工夫。若是仕宦，须出来理会事。向见吴公济为此学，时方授徒，终日在里默坐，诸生在外都不成模样，盖一向如此不得。"

张栻主张"察识先于存养"，熹受其影响，亦认心无未发，只该在已发时求未发。他的《中和旧说》，便成在这一时期中。后来他四十岁那年，又悟先察识后涵养之非，更定《中和旧说》，这时他才又从湘学转回到闽学。他《中和说》的最后所悟如下举：

> 向来讲论思索，直以心为已发，而日用工夫，亦只察识端倪，为最初下手处。以故缺却平日涵养一段工夫，使人胸中扰扰，无深潜纯一之味。而其发之言语事为之间，亦尝急迫浮露，无复雍容深厚之风。盖所见一差，其害乃至于此，不可不审也。

（《与湖南诸公中和说》四）

大抵他对李先生的追忆，所为有"孤负此翁"之叹者，也在这时期。

　　熹在三十八岁前，著作尚不多。三十岁，校定《上蔡语录》；三十四，成《论语要义》《论语训蒙口义》。谢良佐有《论语说》，李侗也极喜读《论语》，熹自说：

　　　　某少时妄志有学，颇藉先生上蔡之说以发其趣。

我们可想象那时熹学问的规模。三十五岁，《困学恐闻》成。自三十八岁到长沙和张栻讨论两月，使他有许多问题再回头细究《二程语录》。三十九岁，编次《程氏遗书》成。四十，悟《中和旧说》之误，遂专主二程讲学宗旨。似毕竟与未见栻以前不同。闽学杨时一派，专重静中涵养；湘学前自胡宏，便转到向外思索的路上去。若把佛学相拟，闽学如禅，湘学如天台、贤首。熹在这点上，似乎受湘学影响更大。他说：

　　　　尹彦明见伊川后半年，方得《大学》《西铭》看，此意思也好，也有病。盖且养他气质，淘汰去了那许多不好底意思。此意固好。然也有病者，盖天下有多少书，若半年间都不教他看一字，几时读得这许多书？所以尹彦明终竟后来工夫少了。《易》曰："盛德大业至矣哉！富有之谓大业。"天下事无所不当理会者，才工夫不到，业无由得大。少间措诸事业，便有欠缺。此便是病。

孟子尝说："我知言，我善养我浩然之气。"二程似乎太偏在本心涵养上。胡宏著书特称《知言》，殆具深意。他似从二程折回一半到张载，在思索上多用些力。因若无《知言》工夫，辨别不清各家各派义理是非，纵如谢、杨高弟，也会溺入禅学。程颐在此处想补救其兄之所短，而宏则更进了一步。熹宗主二程，不主张冥思力索，他才提出读书一项工夫，来补救程门教法之偏。那是他在当时学术界绝大的贡献。由此遂使他由中期宋学，再转到初期宋学去。他在上引一段话中，特提"大业"二字来补救专重"盛德"之偏。他的理论，很像王安石《大人论》。下面才是他大量著书的年代，想来也是他大量读书的年代。兹略表如下：

四三　正月，编次《论孟精义》成。

　　　二月，《资治通鉴纲目》成。此书盖朱子创定凡例，而此后赵师渊助成之。

　　　十月，《八朝名臣言行录》成。

　　　十二月，《西铭解义》成。

四四　四月，《太极图说解》成。一说《通书解》亦在是年。序《和靖言行录》。

　　　六月，编次《程氏外书》成。《伊洛渊源录》成。

　　　九月，序《中庸集解》。

四五　编次《古今家祭礼》。

四六　五月，编《近思录》成。

四八　六月，《论孟集注》《或问》成。

　　　　十月，《周易本义》成。《诗集传》成。

五七　三月，《易学启蒙》成。

　　　　八月，《孝经刊误》成。

五八　三月，编次《小学》书成。

　　　　九月，《通书解》成。

五九　二月，始出《太极》《通书》《西铭解》，并授
　　　　学者。

六十　二月，序《大学章句》。

　　　　三月，序《中庸章句》。

六一　十月，在漳州任，刻四经《易本义》《诗集传》及书
　　　　与《春秋》。"四子书"成。

六三　《孟子要略》成。

六六　《楚辞集注》成。

六七　始修礼书，名曰《仪礼经传通解》。

六八　《韩文考异》成。《参同契考异》成。

六九　集《书传》，口授蔡沈足成之。

七十　三月，《楚辞集注》《后语》《辨证》成。

七一　三月，改《大学·诚意章》。是月卒。

根据上表，他的著作年月，重要在四十到五十。他自
己说：

　　　《学》《庸》《语》《孟》诸文字，皆是五十岁以
　　前做了，五十以后，长进得甚不多。

在那期间，他又和吕祖谦、陆九渊兄弟交游，对他学问上也有影响。但鹅湖寺一会，他时年四十六，那时他的学问也大致定型了。

他在宋学上另一大贡献，在其为宋学建立了一个新传统。二程讲学，并不自承出于周敦颐，他们对并世学人，推尊的是胡瑗与王安石。熹才把周、张和二程并尊，确认敦颐是二程所师承，特为《太极图说》《通书》《西铭》作解义。至编《近思录》，专采此四家。后人连熹称为濂、洛、关、闽，奉为宋学之正统，如是他遂把程氏洛学规模扩大了。周、张宇宙论形上学的部门，与二程的心性修养工夫会合融和，又加上他自己增入的读书法，三流交汇，宋学遂臻于完整。

他对宋以前传统，亦另加整理。初期宋儒，尤其是北方孙复、石介一派，认孔孟以下有扬雄、王通、韩愈而至宋。熹始把此诸人排除了，毋宁是董仲舒，而亦不得与于斯道之大传统。于是定《论语》《大学》《中庸》《孟子》为"四子书"，特为作《集注》与《章句》，此下则直接周、张、二程。这一传统，亦为后世所遵循。

他在古代学术传统上之更大贡献，则在其退五经而进四子书。他对古经籍，有一番最创辟的新见解。他说：

经之有解，所以通经。经既通，自无事于解。

借经以通乎理耳，理得则无俟乎经。

其实这些全是掩饰话。他肯费功夫替《太极图说》《西铭》

作解，却说经书不须解，岂不是掩饰。至少他把周、张书与经平视了。他又说：

> 《诗》《书》是隔两重说，《易》与《春秋》是隔三重四重说。《春秋》义例，《易》爻象，虽是圣人立下，今说者各信己见，但未知曾得圣人当初本意否？且不如让渠如此说。今欲直得圣人本意不差，未须理会经，先须于《语》《孟》中专意看。

这才是他痛快说。经未须理会，试问，前人谁敢如此般说过？经尚未须理会，自然古今各家说经诸书，只有让渠如此说，也不须理会了。他又说：

> 《易》非学者急务也。某平生也费了些精神理会《易》与《诗》，然得力则未若《语》《孟》之多也。《易》与《诗》中，所得似鸡肋焉。

把圣经比鸡肋，也只有他敢说。他又说：

> 《书》中可疑诸篇，若一齐不信，恐倒了六经。

若称他意，尽情说了，真怕六经也倒了。以后黄震尝说：

> 朱子谓《易》本卜筮，谓《诗》非美刺，谓《春秋》初不以一字为褒贬，皆旷世未闻之高论，而实皆追复古始之正说。乍见骇然，熟辄心靡。卓识雄辩，万古莫俦。

那真推崇得一些也没过分。他对经学上意见，北宋诸儒中，只有欧阳修、王安石差可追步。连中期诸儒，莫不尊《易》《春秋》，所见出熹下远甚。他一部《近思录》，一部《论孟集注》与《学庸章句》，算把儒家道统，在他手里重新整顿，重新奠定，那真是万古莫俦的大事业。孔子修六经，未必有此事，但他却真修了四子书与《近思录》，成为他手里的"六经"。

若我们说，周、张、邵的贡献在为当时儒家建立新的宇宙论，二程贡献在指导身心修养，则朱熹的贡献在开示读书方法。后人有搜集他讨论读书方法成为专书的，这也可说是他在当时学术界的一项大贡献。他弟子黄榦说：

> 其于读书也，又必使之辨其音释，正其章句，玩其辞，求其义。研精覃思，以究其所难知。平心易气，以听其所自得。然为己务实，辨别义利，毋自欺，谨其独之戒，未尝不三致意焉。盖亦欲学者穷理反身，而持之以敬也。

这几句话精简，却把熹教人读书的几项重要方法都提及了。熹极推尊二程，但程颐所谓"格物穷理"，其实只是"致知集义"，而"致知"则只在"思"上用功。熹始会通之于周、邵、张三家，于是格物穷理有了新天地。又加进了"读书明理"，对穷理的途径与方法更圆密了。他读书的范围又极博、极广，他说：

> 熹旧时亦要无所不学，禅、道、文章、《楚辞》、诗、兵法，事事要学。一日，忽思之，曰："且慢，我只一个浑身，如何兼得许多。"

他的学问范围，北宋诸儒无一能及。他晚年，注《楚辞》，校韩文，俨然是一文章家。甚至注《参同契》。

> 方伯谟劝先生少著书，答曰："在世间吃了饭后，全不做得些子事，无道理。"

同时陈亮也讥笑他说：

> 广汉张敬夫，东莱吕伯恭，于天下之义理，自谓极其精微，世亦以是推之。其精深纤余，于物情无所不致其尽。而于阴阳卜筮，书画技术，及凡世间可动心娱目之事，皆斥去弗顾，若将浼我者。新安朱元晦论古圣贤之用心，平易简直，欲尽摆后世讲师相授，流俗相传，入于人心而未易解之说，以径趋圣贤心地而发挥其妙。其不得于世，则圣贤之命脉犹在，而人心终有时而开明也。抱大不满于秦汉以来诸君子。然而于阴阳卜筮，书画技术，皆存而信之。岂悦物而不留于物者，固若此乎？予因以见秦汉以来诸君子，犹烦新安之刮剔，而后圣贤之心事，可尽白也。（《跋晦庵送写照郭秀才序后》）

其实这一批评，并不中肯。亮所讥讽于熹的，正是熹之更伟大所在。陈亮的意思好像说，你要做道学先生理学家，便不要再注意这些小玩艺。你要注意这些小玩艺，便不要摆道学先生的面孔。这是程颐"不吃茶不看画"的一套，也正是熹之更胜过程颐处。

熹不仅在心性修养、义理玩索上留心，也不仅在书册诵览、文字著作上努力。他对教育也极热忱。他知南康军，重兴白鹿洞书院，并为亲定教条，可与胡瑗《苏湖学规》媲美。他应接四方来学，也较二程规模遥为扩大精实。黄干榦说：

> 从游之士，迭诵所习，以质其疑。意有未谕，则委曲告之而未尝倦。问有未切，则反覆诚之而未尝隐。务学笃则喜见于言，进道难则忧形于色。讲论经典，商略古今，率至夜半。虽疾病支离，至诸生问辨，则脱然沉疴之去体。一日不讲学，则惕然常以为忧。抠衣而来，远自川蜀。

榦曾亲劝他且谢宾客，将息养病。他说：

> 天生一个人，便须着管天下事。若要不管，须是如杨氏为我方得。某却不曾去学得这般学。

他又说：

> 人每愿不见客，不知他是如何？若使某一月日不见客，必须大病一月。

他身后，门徒各记平日问答，分类纂辑成《语类》一百三十卷，共分五十目。其门类之广博，讨论之精详，也是至可惊人。

他在政治上，自筮仕以至属纩，五十年间，仕于外者仅九考，立朝才四十日。然较之周、邵、张、程，他所过的政治生命最长，而且政绩也比周敦颐、程颢为大。他上孝宗封事，力言对金有不共之仇，万无可和之理，为南宋第一篇大文字。他又曾创始了"社仓制"，又注意到吕大临的《乡约》。

他的私人生活，初居崇安五夫，筑书院于武夷之九曲，榜曰紫阳。后筑室建阳芦峰之巅，曰云谷，其草堂曰晦庵。自号云谷老人，亦曰晦庵或晦翁。晚居考亭，作精舍，曰沧州。自号沧州病叟。韩侂胄陷赵鼎，且创伪学之名，熹草疏万言斥之。诸生力谏，筮得《遁》之《同人》，因焚稿，号遁翁。今读其诗文集，有关庵亭建筑及日常起居诸题咏，却又活现一幅高人雅士相。

但他的学问，包罗得太广大了。同时江西陆九渊，即持异见，后世称为朱陆之异同，为中国下半期学术思想史上最大一争端。东莱吕祖谦，与熹为密友，亦不能无歧见。永康陈亮，永嘉薛季宣、叶适，瑞安陈傅良，都和他持异。明代王守仁，上承陆学，因熹《大学格物补传》重掀起学术思想史上之大辩论。明儒中，即最服膺熹的罗钦顺，也对他的理气论表示驳议。下及清儒，如颜元、戴震，更对熹有极激烈的攻击。在经学上，清儒亦隐然与熹作对垒。此因宋学乃中国下半期学术思想之总起点，而熹则为宋学中之集大成。自熹以后，学术思想便有分道扬镳之势，而无论走哪一方向的，都会触及熹学之壁垒。无论如何，他是这一期间最伟人最主要的一个中心人物了。

此下再简要地叙述他思想之大体。

问："理在气中，发见处如何？"曰："如阴阳
　五行，错综不失条绪，便是理。若气不结聚时，理

亦无所附着。"

这是他根据周敦颐《太极图》，又增入二程"理"的观念，而组织成的他自己的宇宙论。宇宙只是一"气"所充塞运行而形成，惟气之充塞运行中自有理。

> 或问："理在先气在后？"曰："理气本无先后之可言。但推上去时，却如理在先气在后相似。"

他既说"理在气之中"，又说"理气本无先后可言"，为何又偏要说"理在气先"呢？这在他的思想体系中，也有一番不得已，须看他下面话始知。他从宇宙原始的理气论，转落到宇宙实际事物上则说：

> 论万物之一原，则理同而气异。观万物之异体，则气犹相近，而理绝不同。

何以说"理同而气异"呢？

> 以其天命流行，只是一般，故理同。以其二五之气，有清浊纯昏，故气异。

此就先天禀赋与万物之初的一段说。何以说"气犹相近而理绝不同"呢？这就后天万物已得其所禀赋之后的一段说。

> 以其虽有清浊之不同，而同此二五之气，故气相近。以其昏明开塞之甚远，故理绝不同。

本来周敦颐《太极图说》，是主张动静互为其根的，现在熹加进了邵雍先天、后天的见解，便变成先天一"理"化成了后天的"气"之万变。程门本有"理一分殊"之说，熹讲学，则着重在"分殊"上，因此不得不更着重保持

"理一"的观念。否则专讲分殊，便会把思想路径分散了，变成无头脑，无系统。此是熹必然要主张"理先于气"说之苦衷。但他所谓"理先于气"之理，虽近似于张载《正蒙》之"太和"，而亦微有不同。因熹所谓理，是主宰着气的；而张载之所谓太和，则只是气的一种理想的境界。这是熹运用二程观点，来融会周、邵、张三家所得的结论。他要教人注意在事物之实际分殊上，而同时莫忽忘其背后统一的最高原理之一境界。这是他思想体系中，最着精神与最费分疏处。所以他又说：

> 气相近，如知寒暖，识饥饱，好生恶死，趋利避害，人与物都一般。理不同，如蜂蚁之君臣，只是他义上有一点子明。虎狼之父子，只是他仁上有一点子明。其他更推不去。

这明是程颐"理一分殊"说之再发挥，从此上才有他广大精微的开展。他本此观念再转落到性的问题上。他说：

> 性是许多理散在处为性。

> 天下无性外之物，因行街，云阶砖便有阶砖之理。因坐，云竹椅便有竹椅理。枯槁之物，谓之无生意则可，谓之无生理则不可。

他又说：

> 生之理为性。

他此处所谓"生之理"，并不专指生命之理言，而指一切物之生成之理言。此即程颐"性即理也"一语之发挥。从此他把有生之理与无生之理也一线绾合了。他又说：

> 人物性本同，只气禀异。如水，无有不清。倾放白碗中，是一般色。及放黑碗中，又是一般色。放青碗中，又是一般色。

> 性如日光，人物所受之不同，如隙窍之受光有大小。人物被形质局定了，也是难得开广。

这是他"气犹相近而理绝不同"的一语之实际的例证。因此我们可以说：朱熹的宇宙论，是"理气混合一元论"，亦可说是"理性一元论"，乃从先秦儒之"德性一元论"演进而来。德性一元，较偏重在德。理性一元，则较偏重在理，其分别殆仅此而已。

于是他又转落到"气质之性"与"义理之性"之分别上。他说：

> 气质是阴阳五行所为，性即是太极之全体。但论气质之性，则此全体堕在此质之中尔，非别有一性。

这一说，他的意见较近于张载，而稍远于周敦颐。《太极图说》中之太极，只是一阴阳，只是一气。张载《正蒙》始说，太和堕在气质中。所以要如此说，则为他更注意在既堕气质后之理之绝不同处。换言之，则是他注重后天更重于先天。这是他之学统之所以更近二程处。因此他又说：

> 孟子之论，尽是说性善，至有不善，说是陷溺。若如此，却似论性不论气，有些不备。却得程氏说

出气质来接一接，便接得有首尾，一齐圆满了。

他又说：

> 性非气质则无所寄，气非天性则无所成。

这一说法，似与孟子性善论宗旨有违。因照他说，人生一落到气质，他的性早已有不善，不是陷溺于人生以后之一切环境而始有不善。这一说，遂引起后人许多的诤议。其实孔子已说："十室之邑，必有忠信如丘者焉，不如丘之好学也。"《中庸》亦说："择善而固执之。"善虽是性，亦待学而尽。且如性急佩韦，性缓佩弦，急与缓是"气质之性"。佩韦求缓，佩弦求急，此即变化气质。其所求则为"义理之性"。就程朱的思想系统讲，他自有一条贯，似较孟子说更详备了。朱熹又说：

> 孟子论性似乎不如二程。

这里我们可以看出他思想之细密与大胆处。他又从性转落到心与情，他说：

> 性者心之理，情者性之动，心者性情之主。

又说：

> 合如此是性，动处是情，主宰是心。

合如此是理，理则是静的。若照孟子意，应说人心自要如此的始是性。性便有个动向。此刻熹则要把宇宙间有生无生全绾合在一线上，便说成"性即理"，而把这一动向归之情。如此说，可以避免儒家之专侧重在人生论，也可避免老氏之自然观与佛家之虚无观的宇宙论。至于后人疑熹所主乃理气二元，而要改成理气一元论，则不免陷入唯物论一边，实不如熹之圆密。

上面说的是熹在本体论方面的话。说到方法论、工夫论，这便是人生问题了，熹在此方面则全侧重在心。他说：

> 人多说性方说心，看来当先说心。

他在宇宙论上提出"理绝不同"的一观点，他在人生论上又提出"先说心后说性"的一观点，这全是他思想系统中显大力量有大贡献所在。他又说：

> 凡学先要明得一个心，然后方可学。譬如烧火相似，先吹发了火，然后加薪，则火明矣。若先加薪而后吹火，则火灭矣。某这里须是事事从心上理会起。

从二程学统讲，先吹火是居敬，再加薪是穷理。这是熹之所以为程门之嫡传。但照熹意见说，他的穷理，要穷到天地间一切万物之理，却不如程颐的穷理，只偏重在集义上。换言之，程颐穷理，还偏重在人生界，在人心义理上，熹则要推扩到宇宙界，穷到宇宙中原始的统一的最高原理之所在。于是才有他有名的《大学格物补传》。他说：

> 所谓致知在格物者，言欲致吾之知，在即物而穷其理也。盖人心之灵，莫不有知，而天下之物，莫不有理。惟于理有未穷，故其知有不尽也。是以《大学》始教，必使学者即凡天下之物，莫不因其已知之理而益穷之，以求至乎其极。至于用力之

久，而一旦豁然贯通焉，则众物之表里精粗无不到，而吾心之全体大用无不明矣。此谓物格，此谓知之至也。

若照他意见，性是心之体，而理则是性之全。所以说：

理者天之体，命者理之用。性是人之所受，情是性之用。

照此所谓的"穷理"，应该直穷到宇宙之大全体。天命流行，落到人身便见性，性之作用发露便是情。这是顺推下来的话。若逆推上去，则他采用了张载"心统性情"的一语。所以一切工夫与方法，全要偏主在心上。所以他还竭力注重"涵养须用敬"一语。但他不认有所谓心体，他总认为一说心体便落空渺茫了。体只属性与理，如是便注重到外面的事物，便一切着实，不落空。心则是工夫的把柄，但又说心统了性情，便不致把工夫与本体划分了。这是他由二程会通到周、邵、张诸家而始有的他在宋学中一种更广大更圆备的思想体系之完成。

他的说话太多了，而且都有极大胆的创辟话，上面只最粗略地描写他思想体系之一个大轮廓。已在胡宏、张栻两章互详了他的许多话，此下叙述各家思想牵涉到他的，将陆续再有所补充。

二四　陆九韶、九龄、九渊

　　和朱熹闽学同时对立，分主坛坫的，是江西陆九渊。他和其兄九韶、九龄合称三陆，他们是兄弟六人中之后三个。家金溪，累世义居，推一人最长者为家长，子弟分任家事，凡田畴租税出纳，庖爨宾客之事，各有主者。他们兄弟在这样的环境中历练成学。九韶字子美，学者称梭山先生。他主家政，编韵语为训戒辞。晨兴，家长率众子弟谒先祠，毕，击鼓诵其辞。子弟有过，家长会众子弟责训之。不改，则挞之。终不改，则言于官府，屏斥之。他对家庭经济，主张不论贫富，每年留所入十之二三备不测，虽忍饥而毋变。宗族乡党有吉凶事，不足助以财，则助以力。如先而往，后而归，代服劳之类。总求不动摇家里贮蓄来维持此大家庭于不坏。他日记中有《居家正本》及《制用》各二篇。他隐居不仕，但后人说他家政具有条理，可推以治国。

　　他不信周敦颐《太极图说》，谓与《通书》不类，疑非敦颐作。否则是其学未成时所为。他说：

　　　　二气五行，化生万物，五殊二实，二本则一，此一即太极，未尝于其上再加无极二字。

曾遗书朱熹讨论，熹不谓然。他说熹求胜不求益，不愿再辩。后来九渊却接着其兄意见，继续申辩，成为朱陆异同中一件大公案。

九龄字子寿，学者称复斋先生。九韶朴实，九龄却有才气。九韶所讲都切近有补于日用，九龄比较喜欢学术的讨论。时秦桧当国，科场中不再讲程氏的洛学，九龄读《程氏遗书》，委心向往。他们兄弟家庭自相师友，但相互间意见，和而不同。他遇休暇，便督领诸子弟适场圃习射，他说：

是固男子事也，不敢鄙为武夫末艺。

适庐陵有盗寇警，旁郡皆请九龄主防御。

初，先生之父，采温公冠婚丧祭仪行之家，先生又绎先志而修明之。晨昏伏腊，奉盥请袿，笾豆馈爨，阖门千指，男女以班，各共其职。友弟之风，被于乡社，而闻于天下。

他在政治上仅做过一任兴国军教授，在任仅九个月，学生仅十五人，他的才志并未能表现。但他自负甚高。他说：

窃不自揆，使天欲平治天下，当今之世，舍我其谁？苟不用于今，则成就人才，传之学者。

他看不起当时学风，说他们：

弃日用而语心，遗伦理而语道。

终日谈虚空，语性命，而不知践履之实。欣然自以为有得，而卒归于无所用。此惑于异端者也。

他自己说：

> 某日与兄弟讲习，往往及于不传之旨，天下所
> 未尝讲。

他又说：

> 某稽百氏异同之论，出入于释老，反覆乎孔子、
> 子思、孟子之言，潜思而独究之，焕然有明。穷天
> 地，亘万世，无易乎此。然世无是学，难以谕人。

然他虽这般地高自期许，朋友间却称他"务实有工夫"。又说他"心平气下，相识中甚难得"。上语吕祖谦告陈亮，下语吕祖谦告朱熹。所以说：

> 先生勇于求道，愤悱直前，盖有不由阶序者。
> 然其所志者大，所据者实，公听并观，却立四顾，
> 弗造于至平至粹之地弗措。（吕祖谦志墓文）

九渊字子静，学者称象山先生。他在兄弟中，天分最高。三四岁时，问其父贺："天地何所穷际？"父大奇之。听人讲程颐语，他便觉心上不欢，说："他的话怎和孔孟不同呀！"他读《论语》，就不喜有子，说他支离。有一天读古书至"宇宙"二字，解曰："四方上下曰宇，往古来今曰宙。"忽大悟，说：

> 宇宙内事，是己分内事。己分内事，乃宇宙
> 内事。

他又说：

> 东海有圣人出焉，此心同，此理同也。西海有圣人出，此心同，此理同也。南海北海有圣人出，此心同，此理同也。千百世之上有圣人出，此心同，此理同也。千百世之下有圣人出，此心同，此理同也。

有一天，九龄问他："吾弟今在何处做功夫？"他答道：

> 在人情事势物理上做些工夫。

可见三陆之学，全从他们的家庭环境笃实践履而来。所以全祖望说：

> 三陆子之学，梭山启之，复斋昌之，象山成之。

他们是学无师承，关着门做学问；而同时因大家庭生活，使他们对人情事势物理上，都有一番真切的磨练与了解，这才形成了江西陆学一种独特的精神。

九渊三十四岁登进士第，时已负盛名。初到临安，慕名从游者极众。九渊一见，便能知其心术之微，言中其情，多至汗下。亦有相去千里，素无雅故，闻其概而尽得其为人。这是他天姿独特处。本来宋学精神，主要在参悟人心。不通心学，便无法了解得宋学。九渊在此有特长，无怪他能成为宋学中一显学，而又是宋学中"心学"的大祖师。

后十年，他四十四岁，做了国子正。在临安五年，四方之宾满门，旁无虚宇，并假于馆。当时中馈百需，不要九渊开一句口，他夫人都替他调度有方，举无缺事。那亦是陆氏家风，他夫人止亦训练有素了。他罢官归来，学者益盛，四方辐凑，乡曲长老，也俯首听诲。他每诣城邑，环坐率二三百人。无地容纳，有时便群聚到寺观里听他讲。县官特为他于学宫中设讲席，贵贱老少，溢塞涂巷。这既不是胡瑗以来的书院讲学，也不如二程般只是私家朋友讲习。九渊的讲学，又另是一种向社会群众的公开讲演，为宋代讲学开一新生面。

后来他门人彭世昌，因游贵溪应天山，爱其陵高谷邃，林茂泉清，因约诸友为他建精舍讲堂，筑方丈寝舍，专辟作讲学之地。四方学士，各自在山结庐，相从讲学。

> 先生常居方丈，每旦，精舍鸣鼓，则乘山轿至。
>
> 会揖，升讲座。学者以一小牌书姓名年甲，以席揭
>
> 之，观此以坐。少亦不下数十百。

这不是近代的学校教室，而是定期的公开讲座。他

> 平居或观书，或抚琴，佳天气则徐步观瀑。至
>
> 则高诵经训，歌《楚辞》及古诗文，雍容自适。

大率他二月登山，九月末束装归里，料理家务。如此五年，四方来著籍者逾数千人。他常说：

> 棋所以长吾之精神，瑟所以养吾之德性，艺即
>
> 是道。

可见他日常生活，也极富情趣。但同时他也是一极能处理事务的人。他常告诫人说：

> 凡事莫如此滞滞泥泥。某生平于此有长，都不
>
> 去著他事，凡事累自家一毫不得。每理会一事时，

血脉骨髓都在自家手中。然我此中却似个闲闲散散全不理会事底人，不陷事中。

他又说：

> 内无所累，外无所累，自然自在。才有一些子意，便沉重了。彻骨彻髓，见得超然于一身，自然轻清，自然灵大。

他又说：

> 风恬浪静中，滋味深长。

四围尽风浪，内心尽恬静，那是何等地滋味深长呀！

而且他也娴习武艺。他十二岁读三国六朝史，见夷狄乱华，又闻长上道靖康间事，即剪去指爪，学弓马。他常说：

> 吾人读《春秋》，知中国、夷狄之辨，二圣之仇，岂可不复？所欲有甚于生，所恶有甚于死，今吾人高居优游，亦为可耻。乃怀安，非怀义也。

他四十六岁，又曾激起热情，讲究武略。常访求智勇之士，与相商榷。有李起云，将家子，九渊奇而教之，后在太尉毕再遇帐下。其家祠事九渊，或问之。曰：

> 云少时，尝欲率五百人打劫起事，一日往见先生，蒙诲，翻然而改。不然，不得为人矣。

五十三岁主荆门军，旧无城壁，九渊以为四战之地，决议筑城，二旬而毕。他常阅武按射，兵伍之外，郡民皆与射中同赏。朱熹在漳州军，亦有教射故事。那时一辈道学先生，尤其如朱、陆大儒，都没有忽视了武事。后来颜元骂宋儒只坐书房，学女儿态，实是冤枉了。

　　九渊三十七岁那一年，吕祖谦约九龄、九渊兄弟与熹会于江西广信之鹅湖寺。九龄语九渊："伯恭约元晦为此集，正为学术异同，某兄弟先自不同，何以望鹅湖之同？"遂与九渊议论致辩，又令九渊独自说，至晚方罢。九龄说："你说甚是。"明日，九渊请九龄说，九龄曰："某无说，夜来思之，子静之说甚是。"我夜来得一诗，诗云：

　　　　孩提知爱长知钦，古圣相传只此心。

　　　　大抵有基方筑室，未闻无址忽成岑。

　　　　留情传注翻榛塞，着意精微转陆沉。

　　　　珍重友朋勤切琢，须知至乐在于今。

　　九渊遂和其诗云：

　　　　墟墓兴哀宗庙钦，斯人千古不磨心。

　　　　涓流积至沧溟水，拳石崇成太华岑。

　　　　易简工夫终久大，支离事业竟浮沉。

　　　　欲知自下升高处，真伪先须辨自今。

遂同赴会。祖谦问九龄别后新功？九龄因举诗云云。只诵了四句，熹便说："子寿早已上子静船了也。"据九渊《年谱》说：

　　　　鹅湖之会，论及教人。元晦之意，欲令人泛观博览，而后归之约。二陆之意，欲先发明人之本心，而后使之博览。朱以陆之教人为太简，陆以朱之教

人为支离，此颇不合。先生更欲与元晦辨，以为尧
舜之前何书可读？复斋止之。

那年，熹四十六岁，正是他努力著书，也主张教人努力读
书的年代。九渊说他支离，他自然要不快。但九龄比较和
缓，后来祖谦曾有一柬与熹云：

子寿前日经过，留此二十余日，幡然以鹅湖所
见为非，甚欲着实看书讲论。

稍后熹又和九龄见面，那已在鹅湖寺会后之三年，熹追和
前诗，云：

德义风流夙所钦，别离三载更关心。

偶扶藜杖出寒谷，又枉篮舆度远岑。

旧学商量加邃密，新知涵养转深沉。

却愁说到无言处，不信人间有古今。

看诗中第五第六句，想必九龄确是不再坚持前说了。其实
此问题也可说来甚简单，张栻曾与九龄书，谓：

笺注训诂，学者虽不可使之溺乎此，又不可使
之忽乎此。要当昭示以用功之实，而无忽乎细微之
间。使之免溺心之病，而无躐等之失。涵濡浸渍，
知所用力，则莫非实事也。

祖谦亦说：

讲贯诵绎，乃百代为学通法。学者缘此支离，
自是人病，非法病。见此而欲尽废之，正是因噎
废食。

这是把此问题从浅处看。或许九龄也知改从浅处看，故而不坚持。翌年九龄即死那年张栻也死了，熹有一篇祭文说：

> 念昔鹅湖之下，实云识面之初。兄命驾而鼎来，载季氏而与俱。出新篇以示我，意恳恳而无余。厌世学之支离，新易简之规模。顾予闻之浅陋，中独疑而未安。始听荧于胸次，卒纷缴于谈端。别来几时，兄以书来，审前说之未定，曰予言之可怀。逮予辞官而未获，停骖道左之僧斋。兄乃枉车而来教，相与极论而无猜。自是以还，道合志同。何风流而云散，乃一西而一东。

观此知九龄对鹅湖争议，确不坚持了。但若说九龄不遽卒，九渊与熹的异见，便可会归一致，则未免把此问题看得太浅。其实，程门教人，又何尝如熹般，先要人泛观博览？直从杨时、罗从彦到李侗，哪一个不是在默坐澄心？当时人也说："为九渊之学者，只是澄坐内观。"此叶适语。熹也说："李先生爱看《论语》《孟子》，看《春秋》不看传。"后罗从彦邀侯师圣，问："伊川如何看？"侯告以伊川亦看《左氏》，要见曲折。罗、李才始看《左氏》。可见他们亦如九渊般不主张多看书。即湘学如张栻，也不务泛观博览。只熹才破此传统，从中期宋学返到初期，这是熹在正统宋学中最特殊处。九渊却才更近中期宋学与程门教法。程颐因其兄所教太高太简，始说："涵养须用敬，进学则在致知。"把下一语来补充上一语。熹又从颐说再转进一步，却回到初期宋学之泛观博览。九渊在幼年，即说："闻人诵程颐说，自觉若伤我者。"那何便能与熹合拍？熹自然也深知其意，他对他学生说：

> 示谕竞辩之论，三复怅然。愚深欲劝同志者，兼取两家之长，不轻相诋毁。就有未合，亦且置勿论，而力勉于吾之所急。

又说：

> 南渡以来，八字着脚，理会实工夫者，惟某与子静二人而已。某实敬其为人，老兄未可以轻议之也。

这些正见熹之极大极深处，决不是随便退让或涵容。

后来九渊四十三岁，熹在江西南康军，特邀九渊赴白鹿洞讲学。九渊讲《论语》"君子喻于义，小人喻于利"一章，听者感动，有至泪下。这一篇讲义，至今还有刻石留在白鹿洞。熹跋云：

> 发明敷畅，恳到明白，皆有以切中其隐微深痼之病，听者莫不悚然动心。于此反身而深察之，则庶乎可以不迷入德之方矣。

据九渊《语录》：

> 一学者自晦翁处来，其拜跪语言颇怪。每日出斋，此学者必有陈论，应之亦无他语。至四日，此学者所言已罄，力请诲语。答曰："吾亦未暇详论。但此间大纲，有一个规模说与人。今世人浅之为声

色臭味，进之为富贵利达，又进之为文章技艺。又有一般人，都不理会，却谈学问。吾总以一言断之曰：胜心。"此学者默然。后数日，其举动言语颇复常。

这是九渊教法，显然和程门洛学极相似，无怪他讲喻义、喻利之辨，博得熹极度称赏。他又说：

前言往行，所当博识。古今兴亡治乱，是非得失，亦当广览而详究之。顾其心苟病，则于此等事业，奚异聋者之把钟鼓，盲者之测日月？耗气劳神，丧其本心。非徒无益，所伤实多。

这正如程颢戒谢良佐多记史事，而自己于史书却甚细心理会。他居象山，

一夕步月，喟然而叹。包敏道侍，问曰："先生何叹？"曰："朱元晦泰山乔岳，可惜学不见道，枉费精神，遂自担阁，奈何？"包曰："势既如此，莫若各自著书，以待天下后世之自择。"忽正色厉声曰："敏道敏道！恁地没长进，乃作这般见解。且道天地间有朱元晦、陆子静，便添得些子？无了后，便减得些子？"

这是九渊极度自信之深。他认为他所讲这一番道理，在天地间常存常明，所以有了他也不会添一些，没了他也不会减一些。那何尝是著书立说底事？朱熹拼命著书，正是他担阁了自己。九渊生平，除却《文集》《语录》外，更无

著作。在宋儒中，只有程颢和他是一般。

到了九渊五十岁那年，又和朱熹为了周敦颐《太极图说》，引起一番绝大争议。时熹已五十九岁了。可见他们两人的讲学意见，还是到老未合。这一番争辨，最先起于九韶，现在九韶原书已不见，但观熹覆信，知当时所争，不仅《太极图说》，还争辨到张载的《西铭》。大抵九韶之意，谓《西铭》不当实谓乾坤为父母，熹答书云：

> 《西铭》之说，犹更分明。人之一身固是父母所生，然若以父母言，则一物各一父母；若以乾坤言，则万物同一父母矣。古之君子，惟其见道理真实如此，所以亲亲而仁民，仁民而爱物。以至于能以天下为一家，中国为一人，非意之也。今若必谓人物只是父母所生，更与乾坤都无干涉，其所以有取于《西铭》者，但取其姑为宏阔广大之言，以形容仁体，而破有我之私而已。则是所谓仁体者，全是虚名，初无实体，而小己之私，却是实理，合有分别。圣贤于此，却初不见义理，只见利害，而妄以己意造作言语，以增饰其所无，破坏其所有也。

这一辨，实在也是朱陆异同之根本处。大抵九韶所谓"仁体"指"心"言，而熹所谓"仁体"，则要说成"大地万物实是此体"。让我们再返观程颢，他著名的《识仁篇》曾说：

> 学者须先识仁，仁者浑然与物同体。《订顽》

即《西铭》原名意思，乃备言此体。以此意存之，更有何事？

此处颢之本意，也决不指天地乾坤实是一仁体，而只指我心之仁之浑然与物为同体。故学者首务，在自识得此心；识得此心之仁，下面便只要有存养工夫。这说法很简易。若如熹说，便该向外格物穷理来实见此体，那从陆氏兄弟看，便不免支离了。九渊学问路径，其实还是和九韶差不远，他们的来源，还是程氏洛学，而更近于程颢。二程只喜欢张载《西铭》，不喜欢《正蒙》。其实《正蒙》则正如熹意见，要实从天地万物来证明其实为一体者。熹似乎因二程明白表示过不喜欢，故他也不正式推崇《正蒙》，而转移论点来推崇《太极图说》。但二程心里也并不喜欢《太极图说》的，只没有明白说。九韶怀疑《太极图说》非敦颐作，熹答书力辨，往复了两番，九韶即搁起不理了。事隔多年，九渊又重新提出争辨，但九渊却只争《太极图说》，不再争《西铭》。这一论点，直要到明代王守仁门下钱德洪、王畿，才始更作详明的阐说。但九渊对《西铭》见解也决不会和九韶有异致，这是我们先该明白的。

九渊和熹辨《太极图说》，所辨只在《太极图说》首句"无极而太极"之一语，而前后往复书各七通，后人多嫌双方牵涉太广，而没有见到他们所辨之扼要处。此刻姑拈一端说之。九渊云：

直以阴阳为形器，而不得为道，此尤不敢闻命。

《易》之为道，一阴一阳而已。先后始终，动静晦明，上下进退，往来阖辟，盈虚消长，尊卑贵贱，表里隐显，向背顺逆，存亡得丧，出入行藏，何适而非一阴一阳哉？奇偶相寻，变化无穷，故曰："其为道也屡迁。"《说卦》曰："是以立天之道，曰阴与阳。"顾以阴阳为非道，而直谓之形器，而孰为昧于道器之分哉？

熹答云：

凡有形有象者，皆器也；其所以为是器之理者，则道也。

这一辨，也是朱、陆异见之根本处。我们仍该回溯到二程。

程颢说：

《系辞》曰："形而上者谓之道，形而下者谓之器。"又曰："立天之道，曰阴与阳。"又曰："一阴一阳之谓道。"阴阳亦形而下者也，而曰道者，惟此语截得上下最分明，原来只此是道。要在人默而识之。

又曰：

形而上为道，形而下为器，须着如此说，器亦道，道亦器。

又曰：

洒扫应对，便是形而上者。

又曰：

> 有形总是气，无形只是道。

又曰：

> 凡有气莫非天，凡有形莫非地。

以上诸条，语极明显。天地也只是形与气。形与气皆可见，道则指其中之不可见者。不可见之道，即在可见之形器中。故洒扫应对亦即是形而上，因洒扫应对亦有道。但程颐说法便不同，他说：

> 离了阴阳更无道，所以阴阳者是道也。气是形
> 而下者，道是形而上者。

他又说：

> 一阴一阳之谓道，此理固深，说则无可说。所
> 以阴阳者道，既曰气，则便是二。言开合已是感，
> 既二则便有感。所以开合者道，开合便是阴阳。

这一说，实与程颢不同。颢只说即此一阴一阳者是道。颐则说所以一阴一阳者是道。如此分别得似乎更明白。但究竟此所以然之道是内在与附在呢？还是外在而先在呢？颐并没有详说，而朱熹则确然说其为先在了。先在的不能不认其近是外在了。可见九渊主张近大程，熹主张近小程。所以九渊主张只要一太极，而熹主张在太极之上还要一无极。他说：

> 无极即是无形，太极即是有理。在无物之前，
> 而未尝不立于有物之后。在阴阳之外，而未尝不行
> 于阴阳之中。

这样则朱、陆心中之"太极"，亦各不同。依九渊意，太极便即是阴阳，所以不该说"无极"。而熹则认为太极在无物之前，阴阳之外的，所以必说是"无极"。于是遂成为熹之理气二分说，与理先气后说。如是则所以然之道之于阴阳，便不得不成为外在而先在了。这是双方在形上学上的歧见。落实到人生问题上，则更见双方之异趣。

心亦落在形气中，九渊主张"心即理"，熹则主张"性即理"。他说："心是知觉，性是理。"性只是理，心则是气，所以他又说："有知有觉者，皆气之所为。"姚舜功初问学于九渊，后师熹，尝言："陆子不喜言性。""道气"之辨转落到"心性"之辨上，朱、陆异见，更见鲜明。我们也可说，朱陆异见，其实只是二程兄弟间异见之引伸扩大而达于鲜明化。九渊死了，熹说："可惜死了一告子。"但当时还是有许多人极推重九渊。詹初说：

陆子是天姿极高底人，朱子却是曾子。

初与黄榦讲学，乃熹私淑弟子，但他已不偏袒熹。后来元儒吴澄也说：

陆子有得于道，壁立万仞。

可见朱、陆歧见，双方在思想系统上，实在各有渊源，各有根据，却不纯在"尊德性""道问学"，指导人入门途径上的歧见呀！

现在再约略综述九渊思想之大概。他说：

凡欲为学，当先识义利公私之辨。人生天地间，为人自当尽人道。学者所以为学，学为人而已。

这是他的"鞭辟近里"。为学只是尽人道，学为人，如此便把他远离了周、张、邵诸家，而贴近于程颢。当知义利公私之辨，则全辨在自己内心的动机上，故他说：

今人略有些气焰者，多只是附物，原非自立也。

若某则不识一个字，亦须堂堂地做个人。志于声色

利达者固是小，剿模人言语底，与他一般是小。

只因公私义利，一问自心便知得，所以"不识一字，也可堂堂地做人"。因此他说：

万物森然于方寸之间，满心而发，充塞宇宙，

无非此理。

彼之所谓理，亦仍是义利公私之辨。若我心为公为义，即便充塞了宇宙。程颢说："仁者浑然与物同体，识得此理，以诚敬存之。"浑然与物同体，这是一句富含哲学意味的话。因使人对此要感到不易识。九渊则不说仁，不说与物同体抑异体，只说辨个义利公私。这样说，便专落在实践上，人人反心可得。然当知此说虽简易，却广大。任何一切人，应付任何一切事，都可有一个义利公私之辨。故说："万物森然于方寸间。"九渊即从这一分辨上，指点出人心与宇宙之合一。只为义为公便无我，无我便与物同体，便与宇宙合一了。故他说："宇宙内事，乃己分内事。己分内事，乃宇宙内事。"这并不需从宇宙论形上学讲起，只此心公与义便是。故又曰："东海、南海、西海、北海有

圣人出，此心同，此理同。千百世之上、之下有圣人出，此心同，此理同。"此心此理，也是指的公与义。故他说：

> 宇宙不曾限隔人，人自限隔宇宙。

只为私为利，便有了我，便把我自己与宇宙限隔了。如何是公与义，则各人心里都知道。只不在自私自利上专为自我作打算，便即是公与义。此种分辨，人非不知，只是不肯。若要肯，须是立志。

> 傅子渊自槐堂归，陈正己问之曰："陆先生教人何先？"曰："辨志。"复问曰："何辨？"曰："义利之辨。"

说格物穷理，则并非立志便可了。若说辨义利公私，则立志要辨便能辨。所以九渊只鼓励人立志。他说：

> 要当轩昂奋发，莫恁地沉埋在卑陋凡下处。

又说：

> 蟊鸡终日营营，无超然之意。须是一刀两断，何故萦萦如此？萦萦底讨个什么？

若这一个志立定了，后面一切易解决。他说：

> 大纲提掇来，细细理会去。如鱼龙游于江海之中，沛然无碍。

有人问：

> 先生之学，亦有所受乎？曰："因读《孟子》而自得之于心也。"

他说读《孟子》而自得之于心，亦比程颢说"天理二字是自家体贴出来"更切实，更明白。所以他说：

今天下学者，惟有两途，一途朴实，一途议论。

九渊的学问思想真可谓朴实之至。惟其朴实，所以易简。

或有讥先生之教人，专欲管归一路者，先生

曰："吾亦只有此一路。"

二五　吕祖谦

附 吕公著、吕希哲、吕本中、吕大器

朱熹的交游，张栻、陆九渊之外，还有吕祖谦，而尤以祖谦为最亲密。祖谦字伯恭，婺州人，学者称东莱先生。他是一世家子。自唐末五代以来，大门第陆续失踪了，宋代只有韩家、吕家屈指可数的几家。而南渡后吕家，尤称为得中原文献之传。统计吕氏一门先后，载入全祖望《宋元学案》者，共七世十七人。这样一个家学渊源，对祖谦影响自然会极大。

最先是吕公著，字晦叔，东莱人。夷简子，封申国公。自少讲学，即以治心养性为本。平居无疾言遽色，于声利纷华，泊然无所好。时称其简重清静，识虑深敏，量闳而学粹。他和王安石、司马光同时，俱为两人所推敬。

公著长子希哲，字原明，居京师，为河南人。少时不名一师，初学于焦千之，可称是欧阳修的再传。又从胡瑗、孙复、邵雍，并学于王安石。他和程颐在太学为同舍生，年相若。后来心服颐学问，首先师事。但最要还是他幼年时的家教。公著居家，简重寡默，夫人亦性严有法度，虽甚爱希哲，然教之事事循规蹈矩。甫十岁，祁寒盛暑，侍

立终日。不命坐，不敢坐。日必冠带以见长者。平居虽天甚热，在父母长者侧，不得去巾袜缚袴。出门不得入茶肆酒肆。市井里巷之语，郑卫淫靡之音，未尝经于耳。不正之书，非礼之色，未尝经于目。他自幼所受家教如此。少长又尽交天下贤豪长者以为师友，但晚年却喜从高僧游。尝说："佛氏之道，与吾圣人吻合。"他习静功深，虽惊恐颠沛，未尝少动。尝过山阳渡桥，桥坏，轿人俱坠，浮于水，他安坐轿上，神色不动。过了十年，他却说："那时轿坏堕水，还是觉心动。数年前大病，已稍稍胜前。今次疾病全不动了。"他又说：

> 治人事天莫若啬，修养家以此为要术。然事事
> 保慎，常令有余，持身保家安邦之道，不越于此，
> 不止养生也。老子之论，亦当于理。

希哲子好问，字舜徒。好问子本中，字居仁，学者称东莱先生，亦称紫微先生，而祖谦则称小东莱。本中还守家风，不名一师。当时名宿，如刘安世、杨时、游酢、陈瓘、尹焞诸人，皆尝从游。自少即熟闻父祖庭训，后又遍从名师，所以他常说："德无常师，主善为师，此论最要。"又谓："学者当熟究《孝经》《论语》《中庸》《大学》，然后遍求诸书，必有得矣。"他著书有《童蒙训》《师友渊源录》，又有《舍人官箴》。他说：

> 当官大要，直不犯祸，和不害义，在人消详斟
> 酌之耳。然求合于道理，本非私心专为己也。

又说：

> "忍"之一字，众妙之门，当官处事，尤是先务。王沂公尝说："吃得三斗酽醋，方做得宰相。"盖言忍受得事。

他能诗，晚年也溺于禅。

大器字治先，本中从子。兄弟四人，曰大伦、大猷、大同，筑豹隐堂讲学。祖谦，大器子。上面所述，是他一家的门第传统。大抵吕氏家学，都主调和斟酌，不使偏锋；都喜平易近切，不唱高调；都尚谨慎笃厚，不走险路。这在宋学中是别具一格的。祖谦则从这样一种家学中薰陶出。他少时，性极褊，后因病中读《论语》，至"躬自厚而薄责于人"，有省，遂终身无暴怒。他与朱熹、张栻友，尝读陆九渊文，喜之，而未识其人。主试礼部，得一卷，曰："此必江西小陆之文也。"揭视果然。后来他在调和朱、陆异见上，尽了许多力。但熹对九渊、祖谦两人，往往连合了批评。他说：

> 伯恭失之多，子静失之寡。

又说：

> 抚学_{九渊}有首无尾，婺学_{祖谦}有尾无首，禅学首尾皆无。

他又深不喜祖谦讲苏氏学，他说：

> 伯恭议论甚好，但每事要鹘囵说作一块。又生怕人说异端俗学之非，护苏氏尤力。以为争较是非，

不如敛藏持养。

宋学家都喜排异端，斥俗学。这可说是宋代新兴的平民学派吧！只有吕家是门第旧传统，祖谦还持守着不变。他们一家传统，袭有唐代人遗风，他们心中似乎没有所谓异端与俗学。此因门第家风，重在保泰持盈，喜和不喜争，喜融通不喜矫激。庄老佛释，有时对保泰持盈极有用。南北朝、隋、唐大门第时代，庄老佛释盛行了，这也不是偶然事。祖谦因此遂易近于苏学。张栻与朱熹书却说：

> 伯恭近来于苏氏父子，亦甚知其非。向来渠亦
> 非助苏氏，但习熟元祐间一等长厚之论，未肯诵言
> 排之。今颇知此为病痛矣。

可见当时朋辈中看祖谦，都说他是长厚一路，不肯公开排斥人。宽大和顺，是门第的家风，但在宋儒中却成为一种特有的孤调。宋学多爱明辨是非，只走一条线。我们可说宋学风气近战国，而祖谦则还是春秋传统呀！熹又说：

> 伯恭无恙时，好说史学，身后为后生辈糊涂说
> 出，一般恶口小家，议论贱王尊霸，谋利计功，更
> 不可听。

宋代学风，上对唐人，可说带有一种革命的情调。这里自有一种社会变动的影响。宋儒是新兴的平民派，因此很像战国诸子。春秋时代的封建贵族，一到战国，全崩溃了，平民学者兴起，带有一种凌厉无前的锋锐气。唐代门第家庭，到宋时也崩溃了，那时则又是另一辈的平民学者在兴

起，所以他们也另有一番凌厉无前的锋锐气。他们重理论，不重传统，所以喜讲理学，不喜讲史学。理学要讲出一个最高原理来，史学则只就事论事，卑之毋高论。理学家讲史学，便须讲到唐、虞、三代去，讲传统，也只讲唐、虞、三代。其实这气派还是理学的，非史学的；还是革命的，非传统的。祖谦却在深厚的门第气息中薰陶过，因此他的学风，在宋学中，好像不讲最高原理，对现实带有妥协性，没有革命的一股劲。朱熹又有一番很详细说这一层。他说：

> 伊川发明道理之后，到得今日，浙中士君子有一般议论，又费力。只是云不要矫激，遂至于凡事回互。拣一般偎风躲箭处立地，却笑人慷慨奋发，以为必陷矫激之祸。此风更不可长。胡文定父子平生不服人，只服范文正公《严子陵祠堂记》，云："先生之心，出乎日月之上。光武之量，包乎天地之外。微先生不能成光武之大，微光武岂能遂先生之高！"直是说得好。往时李泰伯作《袁州学记》，说："崇《诗》《书》，尚节义。"文字虽粗，其说振厉，使人读之森然，可以激懦夫之气。近日浙中文字虽细腻，只是一般回互，无奋发底意思，此风渐不好。孔子在陈，思鲁之狂士。盖狂士虽不得中，犹以奋发，可与有为。若一向委靡，济甚事。

这一节话，深微地描绘出当时浙学不能与初期宋学相比处。初期宋学近乎狂，其实正统宋学也全是狂。而浙学从祖谦以来，因其带有门第气，便绝不会是狂。朱熹在此上，宁觉江西陆学还比较地有力。他说：

> 伯恭门徒，气宇奄奄，四分五裂，各自为说，久之必至销歇。子静则不然，精神紧峭，其说分明，能变化人，使人旦异而晡不同，其流害未艾也。

即张栻告诫祖谦也曾说：

> 尊兄于寻常人病痛，往往皆无之，资质固美，然若坐在此上，却恐颓堕少精神。

但祖谦虽出身于门第，而祖谦所代表的浙学中人，却并不出身于门第。朱熹、张栻虽如此般说祖谦，却未料到他们认为回互不振厉的颓堕少精神的，却会起来向宋学树叛帜。他们认为四分五裂各自为统的，却会起来反传统。于是作为正统宋学对垒的，却不在江西而转反在浙江。这一风气，却由祖谦引其机。这是学术思想史的转变中，一件至可玩味的事。

祖谦也有和他家传统不同的一点，他好汲引群众，聚徒讲学。这是他受当时时代的影响，但反过来影响时代却更大了。陆九渊曾说："伯恭在衰绖中，而户外之屦恒满。"张栻《与朱熹书》亦曰："伯恭聚徒，世多议其非。"又曰：

> 伯恭真不易得，向来聚徒颇众，今岁已谢遣。然渠犹谓前日欲因而引之以善道，某谓来者为举业之故，先怀利心，恐难纳之于义。大抵渠凡事似于果断有所未足。

可见当时来从祖谦的，另是一派不近理学的人。若谓都只为举业，却未必是公论。张栻《与祖谦书》有云：

> 去年闻从学者甚众，某殊谓未然。若是为举业而来，先怀利心，岂有利上诱得就义之理。但旧已尝谢遣，后来何为复集，此次须是执得定。

可见祖谦门下生徒，往来极盛。几番谢遣，几番又集合。栻又说：

> 伯恭爱敝精神于闲文字中，徒自损，何益？如编《宋文海》，何补于治道，于后学？

其实祖谦的《文海》后名"宋文鉴"，却颇为后代所推尊。仅用理学家眼光看，便觉是闲文字。这一层，朱熹和他却较近。但熹又嫌他重了史学，轻视了经学，因此又说他博杂。熹说：

> 博杂极害事。伯恭日前只向博杂处用功，却于要约处不曾仔细研究。

总之，祖谦在当时友朋中，总觉得他不够味，或是不够劲。后来的《宋史》，也不把他列入《道学传》，改入于《儒林传》。但他到底是浙东史学开山。当时陈亮便极度推尊他，说：

> 伯恭规模宏阔，非复往时之比。敬夫元晦，已朗在下风矣。未可以寻常论也。

这不是说他更胜于朱熹、张栻么？但熹却说：

> 伯恭之学，大概尊《史记》，不然，则与陈同

甫说不合。

熹又说：

> 其学合陈君举、陈同甫二人之学问而一之。永
> 嘉之学，理会制度，偏考究其小小者。惟君举为有
> 所长。若正则则涣无统纪，同甫则谈论古今，说王
> 说霸。伯恭则兼君举、同甫之所长。

这里便显然分出了当时学术界两大壁垒的阵容来。但祖谦
究是门第中出身，又与朱、张为密友，所以他的学问路数
虽不同，却依然和理学正统不致相冲突，而其他诸人则不
免要和朱学显相敌对了。

二六　陈亮

　　宋学开始便喜欢讲传统，到朱熹才开始为宋学排定一新传统。但同时陆九渊便反对，他自己说，自己学问直传自孟子。但朱、陆异见，还是在理学内部的异见；浙学则从史学上来反对朱熹新传统。首先我们将述及陈亮，他不赞成朱熹把儒学传统远从战国直接到宋代，而把汉唐诸儒全摈于门外。

　　亮字同甫，永康人，学者称龙川先生。他为人，才气超迈，喜谈兵，议论风生，下笔数千言立就。孝宗初年，与金约和，天下欣然幸获苏息，亮独以为不可，上《中兴五论》，不报。又尝圜视钱塘，喟然叹曰："城可灌尔！"盖以地下于西湖也。嗣后又诣阙上书，谓："请为陛下陈国家立政之本末，而开今日大有为之略；论天下形势之消长，而决今日大有为之机。"孝宗为之赫然震动。用种放故事，召令上殿，将擢用，人臣交沮。复上书言三事，孝宗终欲官之，曰："吾欲为社稷开数百年之基，宁以博一官？"亟渡江而归。落魄醉酒，醉则戏为大言，屡下狱，几得祸，幸辛弃疾、罗点诸人救之得免。自以豪侠遭大狱，归益励志读书，其学自孟子后惟推王通。尝曰：

> 研穷义理之精微，辨析古今之同异，原心于杪忽，较理于分寸，以积累为工，以涵养为主，睟面盎背，则于诸儒诚有愧焉。至于堂堂之陈，正正之旗，风雨云雷，交发而并至，龙蛇虎豹，变见而出没，推倒一世之智勇，开拓万古之心胸，自谓差有一日之长。

孝宗内禅，光宗不朝重华宫，亮以进士对策，有"岂徒以一月四朝为京邑美观"之语，光宗大喜，擢第一。时亮已暮年，为之惊喜备至，至于对弟感泣，相约以命服共见先人于地下，识者笑之。

就正统理学论，陈亮自是一修养不到家的人，甚至可说是无修养的人。不然，何至临老得一个状元，就使他感激涕零呢？而且他的对策，也确实大可议。所以朱熹要说他是"在利欲胶漆盆中"。也有人说他："上书气振，对策气索，盖要做状元。"这些话全不虚。但他对当时理学家的攻击，却也直率而恣肆，不能说没有他一番的道理。他首先提出了"人"与"儒"之辨。他说：

> 天地人为三才，人生只是要做个人。圣人，人之极则也。如圣人方是成人，故告子路者则曰："亦可以为成人。"谓之圣人者，于人中为圣。谓之大人者，于人中为大。才立个儒者名字，固有该不尽之嫌矣。学者所以学为人也，岂必其儒哉？子夏、

子张、子游，皆所谓儒者也。学之不至，则荀卿有某氏贱儒之说。《论语》一书，只告子夏以"汝为君子儒"，其他亦未之闻也。管仲尽合有商量处，毕竟总其大体，却是个人，当得世界轻重有无，故孔子曰："人也。"亮之不肖，于今世儒者无能为役，然亦自要做个人，非专循管、萧以下规摹也。正欲搅金银铜铁，镕作一器，要以适用为主耳。

他着重这一点，才提出他对于所谓"气质之性"的抗议。他说：

人只是这个人，气只是这个气，才只是这个才。譬之金银铜铁，炼有多少，则器有精粗，岂其于本质之外换出一般以为绝世之美器哉？故浩然之气，百炼之血气也。使世人争骛高远以求之，东扶西倒，而卒不着实而适用，则诸儒之所以引之者亦过矣。

这些话全都说中要害处。他提出了对世事的着重于适用，来代替正统宋学对心性之涵养与察识，于是遂别成一番议论与见解。他说：

为士以文章行义自名，居官以政事书判自显，各务其实，而极其所至，各有能有不能，卒亦不敢强也。道德性命之说一兴，而寻常烂熟无所能解之人，自托于其间，以端懿静深为体，以徐行缓语为用，务为不可穷测，以盖其所无。一艺一能，皆以为不足自通于圣人之道。于是，天下之士始丧其所有而不知适从。为士者耻言文章行义，而曰尽心知性。居官者耻言政事书判，而曰学道爱人。相蒙相欺，以尽废天下之实，终于百事不理而已。及其徒既衰，熟视不平者合力共攻之，无须之祸，滥及平人，而予于其中受无须之祸尤惨。

这些话里，他也自有曲饰处。他制行不检，屡蒙奇祸，不该推诿说是中了无须之祸。但从他话中，却可看出正统宋学末流之颓势，及当时人不满不平之反响。依亮所说，也不过要重返到初期宋儒的规模。但初期宋儒没有中期以下一番演进，也说不出陈亮这些话。他又向朱熹提出他有名的所谓"王霸义利"之辨。他说：

自孟、荀论义利王霸，汉唐诸儒未能深明其说。本朝伊、洛诸公，辨析天理人欲，而王霸义利之说于是大明。然谓三代以道治天下，汉唐以智力把持天下，其说固已使人不能心服。而近世诸儒，遂谓三代专以天理行，汉唐专以人欲行，其间有与天理暗合者，是以亦能长久。信斯言也，千五百年之间，天地亦是架漏过时，而人心亦是牵补度日。万物何以阜蕃，而道何以常存乎？

于是曰：

诸儒自处者，曰义曰王；汉唐做得成者，曰利曰霸。一头自如此说，一头自如彼做。说得虽甚好，做得亦不恶。如此却是义利双行，王霸并用。如亮之说，却是直上直下，只有一个头颅做得成耳。

依亮意，历史常是在演进，既说是天地间有此一道统，便不该把汉唐单独摈斥在此道统外。所以他说：

> 心之用，有不尽而无常泯。法之文，有不备而无常废。人之所以与天地并立而为三者，非天地常独运而人为有息也。人不立，则天地不能以独运。夫不为尧存，不为桀亡者，非谓其舍人而为道也。若谓道之存亡，非人之所能与，则舍人可以为道，而释氏之言不诬矣。使人人可以为尧，万世皆尧，则道岂不光明盛大于天下。使人人无异于桀，则人纪不可修，天地不可立，而道之废亦已久矣。天地而可架漏过时，则块然一物也。人心而可牵补度日，则半死半活之虫也。道于何处而常不息哉？惟圣人为能尽伦，自余于伦不尽，而非尽欺人以为伦也。惟王为能尽制，自余于制有不尽，而非尽罔世以为制也。乌有欺罔而可以得人长世乎？

其实他和熹立场本不同。熹所讲侧重在每一个人的心性修养上，因此要为此种修养建立一最高的标准。他所讲是历史时会整个的运行，便像不要有所谓个人修养的最高标准了。所以他又说：

> 亮大意以为本领闳阔，工夫至到，便做得三代。有本领，无工夫，只做得汉唐。而秘书指熹必谓汉唐并无些子本领，只是头出头没，偶有暗合处，便

得功业成就，其实则是利欲场中走。使二千年之英雄豪杰，不得近圣人之光。天地之间，何物非道？赫日当空，处处光明。闭眼之人，开眼即是。岂举世皆盲，便不可与共此光明乎？眼盲者摸索得着，故谓之暗合，不应二千年之间，有眼皆盲也。亮以为后世英雄豪杰之尤者，眼光如黑漆，有时闭眼胡做，遂为圣门之罪人。及其开眼运用，无往而非赫日之光明。天地赖以撑持，人物赖以生育。今指其闭眼胡做时，便以为盲，无一分眼光。指其开眼运用时，只以为偶合，其实不离于盲。嗟呼冤哉！彼直闭眼耳，眼光未尝不如黑漆也。况夫光如黑漆者，开则其正也，闭则霎时浮翳耳。仰首信眉，何处不是光明？使孔子在时，必持出其光明，以附于长长开眼者之后，则其利欲一时涴世界者，如浮翳尽洗而去之。天地清明，赫日长在，不亦恢廓洒落闳大而端正乎？今不欲天地清明，赫日长在，只是这些子殄灭不得者，便以为古今秘宝。因吾眼之偶开，便以为得不传之绝学。三三两两，附耳而语，有同告密。画界而立，一似结坛。尽绝一世之人于门外，而谓二千年之君子，皆盲眼不可点洗；二千年之天地日月，若有若无；世界皆是利欲，斯道之不绝者仅如缕耳。此英雄豪杰所以自绝于门外，以为立功建业，别是法门。这些好说话，且与留着妆景足矣。

秘书亦何忍见二千年间世界涂涴，而光明宝藏，独数儒者自得之，更待其时而若合符节乎？点铁成金，正欲秘书诸人相与洗净二千年世界，使光明宝藏长长发见。不是只靠这些以幸其不绝，又诬其如缕也。

他这些话，实在也有他一番颠扑不破的真理。当时陈傅良批评两家说：

功到成处，便是有德，事到济处，便是有理，此同甫之说也。如此则三代圣贤，枉作工夫。功有适成，何必有德？事有偶济，何必有理？此晦庵之说也。如此则汉祖唐宗，贤于仆区不远。盖谓二家之说，皆未得当。

此后明儒黄宗羲又为此公案下评判，他说：

止斋_{陈傅良}之意，毕竟主张龙川一边过多。夫朱子以事功卑龙川，龙川正不讳言事功，所以终不能服龙川之心。不知三代以上之事功，与汉唐之事功，迥乎不同。所谓功有适成，事有偶济者，亦只汉祖唐宗一身一家之事功耳。统天下而言之，固未见其成且济也。以是而论，则言汉祖唐宗不远于仆区，亦未始不可。

宗羲著有《明夷待访录》，列论历代制度，而始以《原君》《原臣》《原法》三篇。他始从历史眼光事功立场来再拥护朱熹，作更进一层的发挥。但其实他的说法，陈亮同时叶适已说过。叶适说：

以势力威力为君道，以刑政末作为治体，汉
之文、宣，唐之太宗，虽号贤君，其实去桀、纣尚
无几。

立论之苛，尤严于熹。但我们今日，不妨再作一审量。纵
使说汉祖唐宗全是些私心，究竟也不能说汉唐两代人物，
全都闭着眼，都在给汉祖唐宗牵着鼻子走，全只是利欲私
心，奴才气息。那时一切制度，便全没有天理，或仍是偶
而与天理相暗合。所以陈亮这番话，依然有他的特见。近
代人一面看不起程朱的理学，一面却仍抱着程朱旧态度。
他们认为只有近代西洋才是充满着光明，一切是天理，而
中国自秦以下，便真如亮所谓"架漏过时，牵补度日"了。
天地则一片漆黑，世界则通体涂泷。今试重读亮所谓"因
吾眼之偶开，得不传之绝学，而谓二千年之君子，皆盲眼
不可点洗"，"画界而立，绝一世之人于门外"这些话，却
不料当前仍见此景象，而有尤甚焉者。但亮许多话，究竟
着意在推倒，并没有开拓。我们若从他话再回头看陆九渊
与王守仁，应该更多些解悟。

二七　叶适

　　浙学在不排异端不斥异端的风气下，却演变成由他们来反传统。陈亮反对朱熹的，在熹的新传统里抹去了汉唐诸儒，叶适则反对朱熹新传统里所定孔、曾、思、孟四子书之不合。陈亮还是在争态度，叶适始是在争思想。陈亮所根据的还是功利立场，叶适却直从正统宋学的义理立场来争辨。全祖望说：

　　　　水心天资高放，言砭古人多过情，其自曾子、
　　子思而下皆不免，不仅如象山之诋伊川也。要亦有
　　卓然不经人道者，未可以方隅之见弃之。乾、淳诸
　　老既殁，学术之会总为朱、陆二派，而水心断断其
　　间，遂称鼎足。

可见叶适思想在当时之地位与力量。

　　叶适字正则，永嘉人，学者称水心先生。他素主复仇。韩侂胄开禧用兵之说起，他力主"先为不可胜以待敌之可胜"。他主张修边而不急于开边，整兵而不急于用兵，其要尤在节用减赋，以宽民力。他当时对军事财政，都有极切实极精细的计划，而时议不纳。兵败了，再起用他，他

又献斫营劫寨之策，勉强把一时颓势挽住。廷议又急于求和，他谓可不必，只力修堡坞，先谋自固，徐图进取。别人却诬陷他附会侂胄挑起兵端。他杜门家居，也不自辩。叹息说："女真崛起五六十年，盛极将亡，恐有他人出而有之。"蒙古南侵，他好像已事先料到了。他是一实际有干才的人，却不像陈亮狂士大言。

他著书有《习学记言》序目五十卷及《文集》《别集》等。他极工文章，因此他的弟子多流于文辞，在他思想学术方面，却少承袭。他说：

> 孔子自言德行，颜渊而下十人，无曾子。曰："参也鲁。"或曾子于孔子殁后，德加尊，行加修，独任孔子之道，然无明据。

又曰：

> 曾子之学，以身为本，容色辞气之外不暇问，于大道多遗略。

又曰：

> 曾子有疾，孟敬子问之。近世以曾子为亲传孔子之道，死复传之于人，在此一章。案：此以为曾子自传其所得之道则可，以为得孔子之道而传之则不可。孔子教其徒，所受各不同，以为虽不同而皆受之孔子则可，以为曾子独受而传之人则不可。孔子尝告曾子："吾道一以贯之。"曾子既唯之，而自以为忠恕。案：孔子告颜子："一日克己复礼，天

下归仁焉。"盖己不必是，人不必非，克己以尽物可也。若动容貌者远暴慢，正颜色而近信，出辞气而远鄙倍此即曾子所以告孟敬子者，则专以己为是，以人为非；克与不克，归与不归，皆不可知，但以己形物而已。且其言谓"君子所贵乎道者三"既上三语，而"笾豆之事则有司存"，尊其所尊，贱其所贱，又与一贯之指不合。

又曰：

> 忠以尽己，恕以尽人，虽曰内外合一，而自古圣人经纬天地之妙用，固不止于是。

又曰：

> 世谓孔子语曾子一贯，曾子唯之不复重问，以为心悟神领，不在口耳。岂有是哉？一贯之指，因子贡而粗明，因曾子而大迷。

此辨曾子未为独传了孔子的道。他又说：

> 孔子尝言："中庸之德民鲜能。"而子思作《中庸》，若以为遗言，则颜、闵犹无是告而独闳其家，非是。若所自作，则高者极高，深者极深，非上世所传也。然则言孔子传曾子，曾子传子思，必有谬误。

此辨子思《中庸》未必是孔子遗言。他又说：

> 世以孟子传孔子，殆或庶几。然开德广，语治骤，处己过，涉世疏。学者趋新逐奇，忽忘本统，

使道不完而有迹。

> 孟子言性、言命、言仁、言天，皆古人所未及，故曰开德广。齐、滕大小异，而言行王道皆若建瓴，故曰语治骤。自谓庶人不见诸侯，然以彭更言考之，后车从者之盛，故曰处己过。孔子亦与梁邱据语，孟子不与王驩言，故曰涉世疏。学者不足以知其统而袭其迹，则以道为新说奇论矣。

又曰：

> 以心为官，出孔子之后。以性为善，自孟子始。然后学者尽废古人之条目，而专以心为宗主。致虚意多，实力少，测知广，凝聚狭。而尧舜以来，内外相成之道废矣。

又曰：

> 孟子言性无不善，不幸失其所养，使至于此，牧民者之罪，民非有罪也。以此接尧、舜、禹、汤之统，此孟子之功。后世学者既不亲履孟子之时，莫得其所以言之要。

此辨孟子论学，亦针对当时，难免有偏。他又说：

> 经传诸书，往往因事该理，多前后断绝，或彼此不相顾。而《大学》自心、意及身，发明功用，至于国、家、天下，贯穿通彻，本末全具。故程氏指为学者趋诣简捷之地。近世讲习尤详，其间极有当论者。程氏言："格物者，穷理也。"案：此篇心

未正当正，意未诚当诚，知未至当致，而君臣父子之道各有所止，是亦入德之门耳，未至于能穷理也。若穷尽物理，矩矱不逾，天下国家之道，已自无复遗蕴，安得意未诚、心未正、知未至者而先能之？若以为未能穷理而求穷理，则未正之心，未诚之意，未致之知，安能求之？然所以若是者，正谓为《大学》之书者，自不能明，故疑误后学耳。以此知趋诣简捷之地，未易求而徒易惑也。

此辨《大学》未可信。他又说：

文言、上下系、说卦诸篇，习《易》者汇为一书，后世不深考，以为皆孔子作，而十翼讲诵独多。魏晋而后，遂与老庄并行，号为孔老。佛学后出，其变为禅，善其说者以为与孔子不异，亦援十翼以自况，故又号为儒释。本朝承平时，禅说尤炽，豪杰之士，有欲修明吾说以胜之者，而周、张、二程出焉。自谓出入于老佛甚久，已而曰：吾道固有之矣。故无极太极，动静男女，太和参两，形气聚散，絪缊感通，有直内，无方外，不足以入尧舜之道，皆本于十翼。以为此吾所有之道，非彼之道也。及其启教后学，于子思、孟子之新说奇论，皆特发明之。大抵欲抑浮屠之锋锐，而示吾所有之道若此。然不悟十翼非孔子作，则道之本统尚晦；不知夷狄之学亦与中国异，而徒以新说奇论辟之，则子思、孟子之失遂彰。

此辨十翼非孔子作。大抵以上诸条，他把《论语》里的曾子和《中庸》及《孟子》乃至《大学》和《易传》，逐一批评了，而同时又批评到周、张和二程。其实是在批评朱熹所排定的儒学新传统。除却孔子外，全给批评了。他在这一方面所表现，颇似欧阳修。他们同是运用史学眼光来考察，宜乎有许多的相近。

他又说：

> 孔子之先，非无达人。六经大义，源深流远。取舍予夺，要有所承。使皆芜废讹杂，则仲尼将安取斯？今尽掩旧闻，一归孔氏，所以尊孔氏者，固已至矣。推孔子之所以承先圣者，则未为得也。

这也是极平实的话。孔子以前也还有传统，不该略去不问。孔子以后，也不该把曾子、思、孟作一线之单传。孟子之后，又不该直落到周、张与二程。这样说来，便把朱熹排定的新传统，通体排击了。

他又说：

> 《周官》言道则兼艺，其言"儒以道得民"，"至德以为道本"，最为切要。老聃本周史官，而其书尽遗万事而特言道，凡其形貌朕兆，眇忽微妙，无不悉具，予疑非聃所著。而《易传》及子思、孟子亦争言道，皆定为某物。故后世之于道，始有异

说，而又益以庄、列西方之学，愈乖离矣。

这始提出他自己对道的观点，这是永嘉学派以经制言学之大旨。清儒颜元，亦推本《周礼》言道，但史学造诣，则远不逮永嘉。我们若把浙学永嘉上溯之江西之庐陵欧阳修，则颇见相近似。但欧阳修并不信《周官》。专就这一点论，则他的见识还超在叶适之上了。

适又说：

> 程氏语学者，必以敬为始。予谓学必始于复礼，复礼然后能敬。

敬是私人事，礼是社会事，这是理学与史学之大分野。他又说：

> 《曲礼》中三百余条，人情物理，的然不违。余篇如此切要语，可并集为上下篇，使初学者由之而入。岂惟初学，固当终身守而不畔。必使人情事理，不相逾越，而后其道庶几可存。若他无所用力，而惟曾子动容貌、出辞气、正颜色三者之求，则厚者以株守为固，而薄者以捷出为伪矣。

程颐说敬即便是礼。依叶适意见，该是礼才始是敬。因只讲敬，限在自心自身上，讲礼便通到人情与事理。洛、闽重内，浙学则转向外，这又是理学与史学一条界线。他又说：

> 正谊不谋利，明道不计功，初看极好，细看全疏阔。古人以利与人，而不自居其功，故道义光明。

既无功利，则道义乃无用之虚语。

转向外，所以不忽了功利。这亦是颜元、戴震排斥宋儒的理论。他又说：

> 黄叔度为后世颜子，观孔子所以许颜子者，皆言其学，不专以质。汉人不知学，而叔度以质为道，遂使老庄之说与孔颜并行。以善形恶，自是义理中偏侧之累。故孟子谓：以善养人，然后能服天下。东汉儒者，欲以不平之意，加于敝法之上，以胜天下之不肖，宜其累发而累挫也。

这一说，实在说中了正统宋学末派之真毛病。陈亮"无须之祸"一段，与此可相参。他又说：

> 程氏_颢答张氏_载论《定性书》，皆老佛语也。老佛之学，所以不可入周孔之道者，周孔以建德为本，以劳谦为用，故其所立可与天地相终始，而吾身之区区不与焉。老佛则处身过高，而以德业为应世，其偶可为则为之。所立未毫发，而自夸甚于丘山，至于坏败丧失，使中国胥为夷狄，沦亡而不能救，而不以为己责也。

这才径以程氏为老、佛，其所抨击，尤似颜元、戴震之口吻。

他门下有周南，曾五易师而登适之门。绍熙元年以进士对策，述时弊三：一为道学，二为朋党，三为皇极。他说：

天下之大祸，始于道学，而终于皇极。

这更可证明后代颜元、戴震之意见，早在南宋时，已明白提出了。

二八　薛季宣、陈傅良、唐仲友

　　陈亮、叶适皆浙人，亮称永康学派，适称永嘉学派。而永嘉尚有前绪，薛季宣最为先辈。季宣字士龙，学者称艮斋先生。父徽言，为胡安国高弟。季宣则亲受学于袁溉。溉乃程颐弟子，然其学术路径已有走作。时称其学自六经百氏，下至博弈小数方术兵书，无所不通。季宣承之，加以考订，上下千载，礼乐制度，莫不该通委曲，以求见于事功。尝谓：

　　　道无形，舍器将安适哉？道非器可名，然不远
　　器，则常存乎形器之内。昧者离器于道，以为非道
　　遗之，非但不能知器，亦不知道矣。

吕祖谦甚称季宣于朱熹，谓其："于田赋、兵制、地形、水利，甚下功夫，眼前殊少见。其义理不必深穷之说，亦尝叩之，云：初无是言。"大概季宣还没有对洛学树叛帜。

　　陈傅良字君举，瑞安人，学者称止斋先生。学于季宣，从游七八载。日聚书数千卷，考古咨今，解剥于《周官》《左史》，而变通之于当世之治具。条画本末，粲然甚备。吕祖谦称之于朱熹曰："君举近来议论简径，无向

来崎岖周遮气象，甚可喜也。"陈亮与朱熹争王霸义利，傅良遗书规之。陈亮复书曰：

> 人欲如何主持得世界，而尊兄乃名以跳踉叫呼，拥戈直上。元晦之论，只是与二程主张门户，而尊兄乃名之以正大，且地步平正。嗟乎冤哉！亮便应闭口藏舌，不复更下注脚。

后人说："永嘉诸子，止斋最醇恪。"大抵浙学如季宣、傅良，还是祖谦的气味重，陈亮则叫嚣。叶适精于制度，得浙学之真传，又能言义理，遂为闽学之劲敌。

唐仲友字与政，金华人，学者称说斋先生。讲学最与永嘉诸子同调。然其人似孤僻，不与时流往还。仅于叶适集中，一见其名字。祖谦最主和齐斟酌，并与仲友同里，又皆讲学于东阳，亦绝口不及之。仲友既以经术史学负重名，朱熹为浙东提刑，时仲友知台州，熹劾之，凡六状，仲友卒落职。当时为此颇于熹加非议。然考陆九渊《与陈倅书》谓：

> 朱元晦在浙东，大节殊伟。劾与政一事，尤快人心。百姓甚惜其去。虽士大夫议论，中间不免纷纭。今其是非，已渐明白。

可见熹劾仲友一事，决非全无凭。清代《四库》馆臣专排宋儒，掇拾周密《齐东野语》，资为论证，实非确允。而仲友既摧挫，益肆力于学，上自象纬方舆，礼乐刑政，军赋职官，以至一切掌故，本之经史，旁通午贯，极之茧丝牛毛之细，以求见先古制作之意，推之后世，可见之施行。
所著书极富，惜多佚。其学非斥荀子，谓：

> 卿谓圣人恶乱故制礼，然则礼强人者也。恶乱
> 故制乐，然则正声乃矫揉，而淫声乃顺其情者也。
> 见礼乐之末而未揣其本，即性恶之说。

又排释、老，谓：

> 释、老者，为己则一毛不拔，责人则摩顶放踵，
> 是兼杨、墨而为之。

而亦极不喜于心学，谓：

> 圣人之传道必以心，其端则始于至诚力学。后
> 世求其说而不得，流入释、老。以为道者，当造诣
> 顿解，径进于圣人之域。相与用心不可测度之地，
> 而学问修为之功几于尽废。捕风捉影，卒无分毫之
> 得。曰："吾之学，心学也。内以欺己，外以欺人。"

或谓永嘉之学，实由仲友倡始，则恐不实。

二九　黄榦

　　黄榦字直卿，闽县人，学者称勉斋先生。他是朱熹门下第一高足。初从熹，夜不设榻，不解带，少倦则微坐一倚，或自达曙。后熹以女妻之。黄震说：

　　　　乾、淳之盛，晦庵、南轩、东莱称三先生。独晦庵得年最高，讲学最久，尤为集大成。门人号高弟者，遍于闽浙与江东西，独勉斋强毅自立，足任负荷。同门有误解，勉斋一一辩明不少恕。甚至晦庵谓《春秋》止是直书，勉斋则谓其间亦有晓然若出于微意者。晦庵论《近思》先《太极说》，勉斋则谓名《近思》反若远思者。其于晦翁没后，讲学精审不苟如此。

榦尝说：

　　　　自先师梦奠以来，向日从游之士，识见之偏，义利之交战，而又自以无闻为耻，言论纷然，诳惑斯世。又有后生好怪之徒，敢于立言，无复忌惮。盖不待七十子尽没，而大义已乖矣。由是私窃惧焉。

这可以窥见当时朱门后学之一斑。袁桷尝说：

朱子门人，当宝庆、绍定间，不敢以师之所传
为别录，以黄公勉斋在也。勉斋既殁，夸多务广，
《语录》《语类》争出，而二家朱陆之矛盾始大行。

这又可窥见榦在朱门中地位，及其在当时之力量。所以后
人论道统，推他为三先生后之一人。

他曾说：

道生一，一生二，二生三，三生万物，老氏之所
谓道，非吾儒之所谓道也。明道云："天下之物，
无独必有对。"若只生一，则是独也。一阴一阳之
谓道，道何尝在一之先？而又何尝有一而后有道
哉？易有太极，易即阴阳也。太极何尝在阴阳之
先？是生两仪，何尝生一而后生二？窃尝谓太极不
可名状，因阴阳而后见。一动一静，一昼一夜，以
至于一生一死，一呼一吸，无在而非二也。因阴阳
之二而反求之太极，所以为阴阳者，亦不出于二也。
如是则二者，道之体也。非其本体之二，何以使末
流无往不二哉？

此说虽根据于程颢，但明白承认道之体是二，不在二上再
添一个一，却是大胆的创论。因此他又说：

道之在天下，一体一用而已。体则一本，用则
万殊。一本者，天命之性。万殊者，率性之道。天
命之性，即大德之敦化。率性之道，即小德之川
流。惟其大德之敦化，故语大莫能载。惟其小德之

川流，故语小莫能破。语大莫能载，是万物统体一太极也。语小莫能破，是一物各具一太极也。万物统体一太极，此天下无性外之物也。一物各具一太极，此性无不在也。尊德性，所以存心，而极乎道体之大。道问学，所以致知，而尽乎道体之细。自性观之，万物只是一样。自道观之，一物各自一样。惟其只是一样，故但存此心，而万事万物之理，无不完具。惟其各自一样，故须穷理致知，而万事万物之理，方始贯通。以此推之，圣贤言语，更相发明，只是一义，岂不自博而返约哉？

他已然在调和朱、陆了。所以在他时，他的同门也不敢竞门户，必排陆以申朱。而依他意见，似乎也不必定要在理先气后上争持。他因此又申说他的鬼神论。他说：

诸人讲祭祀鬼神一段，盖疑于祖考已亡，一祭祀之顷，虽是聚己之精神，如何便得祖考来格？虽是祖考之气已散，而天地之间公共之气尚在，亦如何便凑合得其为之祖考而祭之？盖不知祖考之气虽散，而所以为祖考之气，则未尝不流行于天地之间。祖考之精神虽亡，而吾所受之精神，即祖考之精神。以吾所受祖考之精神，而交于所以为祖考之气，神气交感，则洋洋然在其上在其左右者，盖有必然而不能无者矣。学者但知世间可言可见之理，而稍幽冥难晓，则一切以为不可信。盖尝以琴观之，南风之奏，今不复见矣，而丝桐则世常有也。抚之以指，则其声铿然矣。谓声在丝桐邪？置丝桐而不抚之以指，则寂然而无声。谓声为在指邪？然非丝桐，则指虽屡动，不能以自鸣也。指自指也，丝桐自丝桐也，一搏拊而其声自应。向使此心和平仁厚，真与天地同意，则南风之奏，亦何异于舜之乐哉？今乃以为但聚己之精神而祭之，便是祖考来格，则是舍丝桐而求声于指也，可乎？

这一番理论，远从张载直到朱熹都讲过，但他所讲更详明。宋儒的宇宙论，必然要转落到鬼神论，这是中国自古相传一种老信仰，而且和一切义理以及实际礼乐分不开。就他说，鬼神之存在，仍是自己精神和天地之气相感召，不能撇除了任何一面。这仍证明了他"道体即二"的那主张。

三〇　杨简

　　杨简字敬仲，慈溪人，学者称慈湖先生。他是陆九渊门下大弟子。他成进士在九渊前。为富阳主簿时，九渊方登进士第，至富阳，数提"本心"二字，简问："何谓本心？"九渊曰："君今日所听扇讼，彼讼者必有一是一非，若见得孰是孰非，即决定为某是某非，非本心而何？"简闻之，忽觉此心澄然清明，亟问曰："止如是邪？"九渊厉声曰："更何有也？"简退，拱坐达旦，质明纳拜，遂称弟子。

　　陈淳_{朱熹弟子}谓：

　　　　浙间年来象山之学甚旺，由其门人有杨、袁_燮贵显，据要津倡之。不读书，不穷理，专做打坐工夫。慈湖才见伊川语，便怒形于色。朋徒私相尊，号为祖师，以谓真有得于千载不传之秘。其或读书，却读《语孟精义》_{朱熹早年作}而不肯读集注_{熹晚年作}，读《中庸集解》_{亦熹早年作}而不肯读《章句》《或问》_{亦熹晚年作}，读《河南遗书》而不肯读《近思录》，读《通书》而不肯读《太极图》。而读《通书》只读白本，不肯读文公解本。

可见当时朱、陆两派划分之壁垒。他又说：

> 杨敬仲持循笃，而讲贯略。

可见简的私人生活，虽朱派学人，也加称道。袁甫说：

> 慈湖先生平生践履，无一瑕玷。处闺门如对大
> 宾，在暗室如临上帝。年登耄耋，兢兢敬谨，未尝
> 须臾放逸。

他生平不作一草字，即此可想其制行之严恪。但他的思想
却似极放纵。他曾说：

> 夫所以为我者，毋曰血气形貌而已也。吾性
> 澄然清明而非物，吾性洞然无际而非量。天者，吾
> 性中之象。地者，吾性中之形。故曰："在天成象，
> 在地成形，皆我之所为也。"吾未见夫天与地与人
> 之有三也。三者形也，一者性也。举天地万物万化
> 万理，皆一而已矣。

这一说，却与黄榦恰恰成对比。若用现代语说，黄榦明白
主张二元论，而杨简明白主张一元论。简之后学又张扬师
说，谓其师尝大悟几十，小悟几十，真俨然成了禅宗一祖
师。所以后人要说他坏了九渊教旨。

三一　金履祥、黄震、王应麟

朱、陆对峙，已到达了宋代理学展演之最高峰。同时从吕祖谦到叶适，浙东史学已崭然露头角。朱、陆以下，理学上没有更大进步，但史学则继续有传人。此下姑举三人略加述说，这已在宋末元初了。

金履祥字吉父，兰溪人，学者称仁山先生。先事同郡王柏，同登何基之门。基师事黄榦，榦以"真实心地刻苦工夫"勉之。其为学宗旨，只在熟读四书。晚年尝谓："《集注》义理自足，若添入诸家语，反觉缓散。"王柏从受教，基以胡宏语告之，曰："立志以定其本，居敬以持其志。志立乎事物之表，敬行乎事物之间。"柏少慕诸葛亮，自号长啸。年逾三十，读《论语》至"居处恭，执事敬"，惕然曰："长啸非持敬之道。"遂更号鲁斋。其学虽笃信朱熹，而时有创见。谓《大学》"格致"之传未亡，无待添补。谓《汉志》有《中庸》说二篇，当分"诚明"以下别为下篇。谓《太极图说》"无极"一句，就图上说，不以无极为无形，太极为有理。于《诗》《书》亦多有更定。欧阳修尝言：

> 经非一世之书。传之谬，非一人之失。刊正补
> 缉，非一人之能。学者各极其所见，而明者择焉，
> 以俟圣人之复生。

朱熹有此见识，有此气魄，叶适掎摭，王柏崇信，貌似不同，其实都从此等见识与气魄来。因此，经学遂透进了史学的范围，远为此后新经学开先路。

履祥则更进一步深入史学范围里，他于天文、地形、礼乐、田乘、兵谋、阴阳、律历之书，靡不毕究。但宗旨则在濂洛之学。他从王柏及事何基，那时已是南宋末年，国势阽危，任事者束手罔措。履祥独进奇策，请以舟师由海道直趋燕蓟，捣虚牵制，以解襄樊之围。他叙述洋岛险易，历历有据。宋亡，屏居金华山中，著书以殁。后人谓何基清介纯实似尹焞，王柏高明刚正似谢良佐，履祥则兼得之二者，而并充于一己。尤为明体达用之儒，为浙学之中兴。履祥有《通鉴前编》《论孟考证》诸书，而《论语考证》多发朱熹所未发，于朱说多所抵牾。不默守师承，也和王柏同样。朱熹素不喜浙学，不喜浙学之治史，不料身后却由浙学传其学髓，此所谓金华学派。履祥又传许谦，直到明初宋濂诸儒，还是远承这派的余澜。

朱熹学派，流传在闽中与江右者，都无大兴发，支离、乖戾、固陋，无不有之。只在浙东有振作。这因朱学已和二程不同，他自己实已转移到书本考索上。因此默守训诂传注者，皆见为不胜任。只有透进史学范围的，始能再有

所光大。这一层，在熹本人却未悟到。学术思想之转变，往往当身者不清楚。这是其一例。浙中朱学，一支是金履祥，另一支是黄震。

震字东发，慈溪人，学者称於越先生。度宗时，震进言当时大弊，曰民穷，曰兵弱，曰财匮，曰士大夫无耻。几获罪。宋亡，隐居穷饿而卒。他曾师事王文贯，文贯是辅广学生。辅广初从吕祖谦，后问学于朱熹，已是闽学与浙学之混血儿。著书散佚不传，但他的学统则流衍有光。在蜀有魏了翁，在闽有熊禾，在浙则再传而有震。震之学，则以独得于遗籍者为多。默识而冥搜，大抵以自求其心之所安而止。有《日钞》百卷，折衷诸儒，于熹亦不苟同。这一点，和王柏、金履祥近似，但履祥一派，由许谦传宋濂，皆以文章著，故声采发越。而震则独与其弟子唱叹海隅，不免稍见暗澹。

他曾说：

二程先生讲明周子之说，以达于孔孟，由性命而归之躬行，其说未尝不兼举。后有学者，宜已不待他求。不幸有佛氏为吾儒之异端，庄列之戏诞，遁入禅学，又为异端之异端。虽其无父无君，丧失本心，正与孝弟相反。奈何程门言心，彼亦于此时指虚空而言心；程门言性，彼亦于此时指虚空而言性，不惟大相反，而适相乱。彼之虚空，反以高广而易入；此之切实，反以平常而易厌。故二程既没，门人弟子多潜移于禅学而不自知。虽晦翁朱先生，初年亦几陷焉，后始一切反而归之平实。平生用功，多于《论语》，平生说《论语》，多主孝弟忠信。至其言太极性命等说，乃因一时行辈儒先，相与讲论而发，亦本非其得已。文公既殁，其学虽盛行，学者乃不于其切实，而独于其高远。讲学舍《论语》不言，而必先《大易》。说《论语》，舍孝弟忠信不言，而独讲一贯。凡皆文公之所深戒，学者乃自偏徇而莫知返。入耳出口，无关躬行。汉唐老师宿儒，泥于训诂，多不精义理。近世三尺童子，承袭绪余，皆能言义理。然能言而不能行，反出汉唐诸儒下。是不痛省而速反之，流弊当何如也。

这一番呼吁，却很像晚明顾炎武。炎武《日知录》，也竭力推尊他。他又说：

> 万事莫不有理，学者当贯通之以理，故夫子谓之一以贯。然必先以学问之功，而后能至于贯通之地，故曾子释之以忠与恕。盖理固无所不在，而人之未能以贯通者，己私间之也。尽己之谓忠，推己及人之谓恕，忠恕既尽，己私乃克，此理所在，斯能贯通。故忠恕者，所能一以贯之者也。圣贤之学，首尾该贯，昭然甚明，初未尝单出而为一贯之说。奈何异端之学既兴，荡空之说肆行，尽《论语》二十篇，无一可借为荡空之证者。始节略忠恕之说，

单摘一贯之语，矫诬圣言，自证己说。以为天下之理，自成一贯，初无事于他求。是不从事于博文而径欲约礼也，不从事于博学详说而径欲反说约也，已非圣贤教人本旨矣。甚至挑剔新说，谓不必言贯，此道不必贯而本一。呜呼！此"有物混成"之说也，而可以乱圣言哉！愚尝考其故，其端盖自春秋战国来矣。夫道即理也。道者大路之名，人之无不由于理，亦犹人之无不由于路。谓理为道者，正以人所当行，欲人之晓然易见，而非超出于人事之外，他有所谓高深之道也。周室既衰，士之得志于当世者，外此道而为功名，则为管、晏之功利，为苏、张之纵横，为申、韩之法术。不得志于当世者，外此道而为横议，则为老聃之清虚，为庄、列之寓言，为邹衍之诬诞。然得志于当世者，其祸虽烈，而祸犹止于一时。不得志于当世者，其说虽高，而祸乃极于万世。凡今之削发缁衣，呵佛骂祖者，自以为深于禅学，而不知皆战国之士不得志于当世者，戏剧之余谈也。凡今之流于高虚，求异一世者，自以为善谈圣经，而不知此即禅学，亦战国之士不得志于当世者，展转之流毒也。

这一说，仍还像晚明顾炎武乃及清初颜元诸人之意见，但他说来却别具深趣。他认为聪明智慧之士，不得志于当世，而又没有深切薰染到孔子的教训，他们便会舍弃忽忘了世事而论道。他们之所谓道，则只是高虚，求异于人，而因此以为害。

他又说：

> 高者沦空虚，卑者溺功利，不力辨之，则行之者差。周子、程子，始又不得已而详于言。周、程既没，学者谈虚，借周、程之说，售佛老之私。向也以异端而谈禅，世犹知禅学自为禅学。及其以儒者而谈禅，世因误认禅学亦为儒学。以伪易真，是非瞀乱。此而不辟，其误天下后世之躬行，将又有大于杨、墨以来之患者。文公朱先生，于是力主知行之说，必使先明义理，别白是非，然后见之躬行，可免陷入异端之弊。此其救世之心甚切，析理之说甚精。学者因其言之已明，正其身之所行，为圣为贤，何所不可？顾乃掇拾绪余，增衍浮说，徒有终身之言论，竟无一日之躬行。甚至借以文奸，转以欺世。风俗大坏，甚不忍言。然则今日其将何以救此？亦在明吾夫子之训，而深以言之轻出为耻。其形于言也，常恐行有不类，惕然愧耻而不敢轻于言。其见于行也，常恐不副所言，惕然愧耻而不敢不勉于行。则言日以精，行日以修，庶几君子之归，而不致驳驳陷入虚诞欺妄之域，则可无负文公知行并进之训矣。

这一节，上半意在批评如陆学之专务践履而忽讲明，下半则指摘朱学末流之仅有议论而更不躬行。顾炎武激于明学末流之病，特提"博学于文，行己有耻"两语以为学的，其实震在宋末已早说了。

上述金履祥，纯粹是朱熹传统。黄震则夹有吕祖谦，王应麟却兼可追溯于陆九渊。但两人学术最后归宿都在朱熹。应麟字伯厚，鄞县人，学者称厚斋先生。父撝，为楼昉高弟，昉是吕祖谦学生，后又从游于史弥巩，弥巩是杨简门人。应麟既承家学，又自从师于王埜，埜是真德秀弟子。而德秀则号称为得朱学之正传。应麟又和汤汉交游，汉亦兼治朱、吕、陆三派之学，与应麟邻墙而居。朝夕讲论濂、洛、关、闽、江西之同异，永嘉制度，西蜀史学，沙随古《易》，蔡氏《图书》，通贯精微，剖析幽眇。汉说："我阅人良多，惟伯厚乃真儒。"大概吕祖谦本主和齐斟酌，不名一师，浙学都有此风气。应麟兼师诸家，综罗文献，可谓是后起之秀。他中进士后却说："今之事举子业者，一切委弃，制度典故漫不省，非国家所望于通儒。"于是闭门发愤，誓以博学宏辞科自见，果得中。蒙古灭宋后二十年始卒。自拟志节于司空图、韩偓。后人说他入元曾应山长聘，其事无可考。纵有之，山长究非命官比，无损大节。他著书极浩博，《困学纪闻》二十卷，尤为后世推重，以与顾炎武《日知录》相拟。为后来清儒学术开先河。

他弟子胡三省，宋亡，隐居不仕，著《资治通鉴音注》《释文辨误》百余卷，亦为史学巨擘。

三二　金、元诸儒

　　两宋诸儒所讲，尽管派别纷歧，但有两点共同的精神。一、他们都想重新阐明以往中国学术的大传统，来树立一个指导政治和教育的大原则，好凭此来达成他们所理想的新社会与新人生。二、他们无不深切地注意到一切学问和行事之最后关键都在人的心，所以他们对于人类心理方面的研究与探索，尤特别赋以深厚的兴趣，而在此方面的贡献也甚大。第一种精神比较开展而阔大，第二种精神比较凝敛而谨密。在北宋初期，大家兴趣比较偏在第一点，但经范仲淹、王安石两次政治改革失败，大家兴趣便转向到第二点。他们认为若果在社会下层学术心术基础没有打稳固，急遽要在上层政治图速效，那是无把握的危险事。这是中期宋学的态度。南渡以后，这一方面几乎已发展到尽头处，露出了内部的破绽与裂痕。又兼以政治颓败，国势阽危，逼得他们转移目光，重新注意到第一点，尤其是历史与制度方面之讨究。这一种学风，若上面临制以一种异族政权之统治，无疑的决不能发皇畅遂，而必然会曲折改变其面目，转移其方向，而循致忘失其精神。我们将继此一述金、元两代之学术，便可看出此意味。而回头来使我们更容易对于两宋学术之本质获得一种更恰贴的新了解。

三三　李纯甫

宋室南渡，关洛陷于完颜氏，百年不闻有学统。有李纯甫字之纯，别号屏山居士，襄阳人。雄于文，而溺情于佛老，敢为无忌惮之言，尽取北宋诸儒诋斥无余地。大略谓自尧、舜、禹、汤、文、武以来，道术将为天下裂，于是奉老聃、孔、孟、庄周洎佛如来为五圣人，而推庄老浮屠之言，以为能合于孔孟。又推唐之李翱，宋之王安石、苏轼、辙兄弟，以为能阴引庄老佛书以证明孔孟诸书之精义。自言年二十九，阅李翱《复性书》，知翱亦年二十九，参药山而退，因发愤参万松师，著《鸣道集说》。其言曰：

> 学至于佛则无所学。伊川诸儒虽号深明性理，发扬六经圣人之心学，然皆窃吾佛书者也。

有《重修面壁记》，谓：

> 其著而成书者，清凉得之以疏《华严》，圭峰得之以钞《圆觉》，无尽得之以解《法华》，颍滨得之以释《老子》，吉甫得之以注《庄子》，李翱得之以述《中庸》，荆公父子得之以论《周易》，伊川兄弟得之以训《诗》《书》，东莱得之以议《左氏》，

无垢得之以说《语》《孟》。使圣人之道，不堕于寂灭，不死于虚无，不缚于形器，相为表里，如符契然。

这是一种三教合一论，而三教中则以佛教为宗主。故他说：

中国之书不及西方之书。

他是金代文章一大家，著述多于赵秉文，早年即颖悟，为文师法《庄》《列》《左氏》《战国策》，喜谈兵，慨然有经世志。自谓功名可俯拾，作《矮柏赋》，以诸葛亮、王猛自期许。时金势已衰、元兵起，他曾上万言书。金迁都汴，他曾入翰林。自度道不行，纵酒自放，无再仕进意，乃日与禅僧游，著书自编为《内外稿》，凡论性理及关佛老者号《内稿》，应物文字为《外稿》。又解《楞严》《金刚经》，《老庄中庸集解》，《鸣道集说》，号为"中国心学，西方文教"，凡数十万言。今其书皆不传，仅《永乐大典》中有其集，怕也不会流传了。

他的学术路径，很有些像苏轼兄弟，而所处环境不同，内心情感上刺激又不同，因而放荡恣肆，成为脱出一切规矩准绳的狂人。他曾说：

学者内有三疵，外有四孽。何谓三疵？识凿之而贼，气凭之而亢，才荡之而浮。何谓四孽？学封之而塞，辩哗之而疑，文甘之而狂，名锢之而死。

实在他自身便犯着不少的疵孽！他正是黄震所指"不得志

于当时，而流于高虚以求异于世俗"的一显例。倘他生江南，在祖国政府下，有师友夹辅，有社会涵育，他纵是一狂才，怕也只会像张九成和陈亮。

三四　赵复、姚枢、许衡

蒙古入中原，为祸之烈尤甚于金。但那时中国统一了，不比宋、金时代南北相隔绝，因此南方学统终于流传到北方，反比金代有了些起色。

赵复字仁甫，湖北德安人，学者称江汉先生。元师伐宋，屠德安。时姚枢在军中，他把儒、道、释三家和医师、卜人一例，认为占一艺的全都放活了，复因此得为一俘虏。枢与言，大奇之。但复终不欲生，乘月夜逃赴水。枢觉而追之，履积尸而前，见复方解发脱屦，呼天而号，欲自沉，亟挽之。遂携与同至燕，为之建太极书院，立周子祠，以二程、张、杨、游、朱六人配。集遗书八千余卷，请复讲授其中。学子从者百余人。复以周、程而后，其书广博，学者未能贯通，乃作《传道图》，以书目条列于后。使学者得识门径。程朱之学，流传北方由复始。

姚枢字公茂，柳城人，徙洛阳。为蒙古幕官长。蒙古大营货赂，分及枢，枢拒之，因退隐苏门山。读书鸣琴，筑室奉孔子及宋儒周、程、张、邵、司马六人像。刊《小学》、四书并诸经传注，以惠后学。

许衡字仲平，河内人，学者称鲁斋先生。幼嗜学，遭乱，贫，乏书，尝从日者游。偶见《尚书》，请就宿，手钞而归。避难徂徕山，得王弼《易注》，夜思昼诵，渐有从学者。闻姚枢在苏门，往谒。得程、朱遗书，还，谓其徒曰："昔者授受殊孟浪，今始闻进学之序。若必欲相从，当弃前日所学，从事小学之洒扫应对，以为进学基。"众皆从。衡自得《小学》，即主以此书开导学者，尝语其子曰:"《小学》、四书，吾敬信如神明。能明此书，虽他书不治可也。"他曾说：

> 教人与用人正相反。用人当用其所长，教人当教其所短。

又说：

> 学者治生最为先务。苟生理不足，则于为学之道有所妨。彼旁求妄进及作官谋利者，殆亦窘于生理所致。士君子当以务农为生。商贾虽逐末，果处之不失义理，或以姑济一时，亦无不可。

他又说：

> 纲常不可亡于天下，苟在上者无以任之，则在下之任也。

他在乱离中，常毅然以斯道为己任。元世祖闻其名，召之。他临死告其子，说：

> 我生平为虚名所累，竟不能辞官，死后慎勿请谥立碑，但书许某之墓，使子孙识其处足矣。

大概他对当时大局，自知无可救助，故在政府，自请罢免中书执政而改就国子监，时人讥其欺世自免。但当时北方儒学，终因赵复、姚枢及他三人之力而始广其传，这也算功不可泯了。

三五　刘因

　　刘因字萝吉，容城人，学者称静修先生。他与许衡为元初北方两大儒。因初治训诂疏释之学，辄叹曰："圣人精义，殆不止此！"后来赵复得周、程、张、邵、朱、吕之书，始曰："我固谓当有是也。"衡仕元而因则否。衡于元初，有兴文播化功，数十年间，彬彬号名卿材大夫者皆衡门人，由是北人始知有所谓圣贤之学。而因享年不永，又抗节不仕，故其沾被亦不远。尝为诗曰：

　　　　人生丧乱世，无君欲谁仕？沧海一横流，飘荡
　　岂由己。

又曰：

　　　　乾坤固未坏，杞人已哀鸣。虽知无所济，安敢
　　遂忘情？

元代学风，至为委靡，虞集尝论之，谓：

　　　　文正许衡谥没，后之随声附影者，谓修辞申义
　　为玩物，而苟且于文章；谓辨疑答问为躐等，而姑
　　困其师长。谓无所猷为为涵养德性，谓深中厚貌为
　　变化气质。外以聋瞽天下之耳目，内以蛊晦学者之

心思，上负国家，下负天下。而谓文正之学果出于
此乎？

这固然由于受时代的压迫，但许衡所称，本属粗迹，其力
不足以斡旋。因高蹈不仕，在天地混浊中，保持一清洁的
人格，论其对后世的影响，却似转优于衡了。

三六 吴澄

　　吴澄字幼清，抚州崇仁人，学者称草庐先生。年轻时曾应过南宋的乡试，后入仕元。在这一点上，他似乎还不如许衡。他当国子监司业，告学者言：

　　　　朱子于道问学之功居多，而陆子以尊德性为主。

　　问学不本于德性，则其蔽必偏于语言训释之末。欲
　　学必以德性为本，庶几得之。

当时北人只知有许衡，衡崇信朱熹，闻澄言，乃群指为陆学。其实澄固主和会朱、陆之说者，其著书，则终近于朱。朱学后人，多仅习成说，能深通经术者甚少。澄之《五经纂言》，直可接步于熹，非熹门人后学所能逮。

　　时有蜀人黄泽，流寓江西，著《九江经说》。澄观其书，以为生平所见明经士，未有能及者。休宁赵汸，受学于泽，究心《春秋》。大抵元代通经之士多南人，北方则只流传了性理与道学。

三七　初期明学

　　明代学术，大体沿袭宋。关于学术上之中心问题及最高目标，均未能摆脱宋人，别自创辟。而且明代学术，较之宋代，远为单纯。初期宋学之博大开展，以及南渡后浙东史学之精密细致，明人都没有。他们只沿袭着正统宋学的一脉，但又于正统宋学中剔去了周、邵、张三家。实际明代学术，只好说沿袭着朱、陆异同的一问题。他们对此问题之贡献，可说已超过了朱、陆，但亦仅此而止。明学较之宋学，似乎更精微，但也更单纯。黄宗羲说：

> 有明文章事功，皆不及前代。独于理学，前代所不及。茧丝牛毛，无不辨析，真能发先儒之所未发。程门之辟释氏，其说虽繁，总是在迹上，其弥近理而大乱真者，终是指不出。明儒于毫厘之际，使无遁影。

这是明学之独特处。

　　其实明代学术，只须举王守仁一人作代表，其他有光彩有力量的，也都在守仁后。我们此刻姑把守仁未起以前划为明学之初期，但初期明学绝不能和初期宋学相比拟。

那一时期，只是经历过蒙古百年统治之后，一种严霜大雪掩盖下底生机萌芽，却不像初期宋学般元气淋漓，规模阔大。

三八 吴与弼

　　明学开端，首先当数到吴与弼。与弼字子傅，号康斋，抚州崇仁人。父溥，国子司业。他十九岁到京师觐亲，从学于杨溥，获读《伊洛渊源录》，慨然有志于道。遂弃举子业，谢人事，独处小楼，玩四书、五经、诸儒语录，不下楼者两年。后遂居乡，躬耕食力，弟子从游者甚众。雨中被蓑笠，负耒耜，与诸生并耕。归则饭粝，蔬豆共食。一日刈禾，镰伤指，负痛曰："何可为物所胜？"竟刈如初。陈献章自广东来学，晨光才辨，与弼手自簸谷，献章未起，与弼大声曰："秀才怎么懒惰，他日如何到伊川门下？又如何到孟子门下？"他尝叹笺注之繁，无益有害，故不轻著述。省郡交荐，太息曰："宦官释氏不除，欲天下之治，难矣！"终不出。后朝廷礼聘，勉赴京，卒不受官而归。

　　与弼有《日录》，章衮谓此乃其一人之史，皆自言己事。非若他人，以己意附成说，以成说附己意，泛言广论者比。顾宪成称其"一团元气，可追太古之朴"。顾允成则谓其"安贫乐道，旷然自足，如凤凰翔于千仞之上"。

下钞其《日录》数则，以见一斑。

食后坐东窗，四体舒泰，神气清朗，读书愈有进益。数日趣同，此必又透一关矣。

贫困中事务纷至，兼以病疮，不免时有愤躁。徐整衣冠读书，便觉意思通畅。古人云："不遇盘根错节，无以别利器。"又云："若要熟，也须从这里过。"然诚难能，只得小心忍耐做将去。朱子云："终不成处不去便放下。"旨哉是言也。

南轩读《孟子》甚乐，湛然虚明，平旦之气，略无所扰。绿阴清昼，薰风徐来，而山林阒寂，天地自阔，日月自长。邵子所谓"心静方能知白日，眼明始会识青天"，于斯可验。

澹如秋水贫中味，和似春风静后功。

夜大雨，屋漏无干处，吾意泰然。

夜观《晦庵文集》。累夜乏油，贫妇烧薪为光，诵读甚好。为诸生授《孟子》卒章，不胜感激。临寝，犹讽咏《明道先生行状》久之。顽钝之姿，为之惕然兴起。

中堂读倦，游后园归，丝桐三弄，心地悠然。日明风静，天壤之间，不知复有何乐。

月下咏诗，独步绿阴，时倚修竹，好风徐来，人境寂然，心甚平澹，无康节所谓攻心之事。

十一月单衾，彻夜寒甚，腹痛，以夏布帐加覆。

看沤田，晚归，大雨。中途雨止月白，衣服皆湿。贫贱之分当然。静坐独处不难，居广居应天下为难。

憩亭子看收菜，卧久见静中意思。

年老厌烦，非理也。朱子云："一日未死，一日要是当。"

我们若说宋学在人生问题上是探讨发明的阶段，则明儒是在享受和证实的阶段了。试看与弼《日录》，那是何等地一种人生享受呀！

三九　胡居仁、娄谅、陈献章

与弼从学有胡居仁、娄谅、陈献章。居仁字叔心，饶之余干人。弱冠，即奋志圣贤之学。往游与弼门，遂绝意科举，筑室梅溪山中，事亲讲学，不干人事。久之，欲广闻见，适闽历浙，入金陵，从彭蠡而返。与乡人娄谅等为会于弋阳之龟峰，余干之应天寺。嗣又讲学白鹿、贵溪、桐源诸书院。居仁严毅清苦，家世为农，至居仁而窭甚，鹑衣脱粟，萧然自得。他尝说：

> 心无主宰，静也不是工夫，动也不是工夫。静而无主，不是空了天性，便是昏了天性，此大本所以不立。动而无主，若不猖狂妄动，便是逐物徇私，此达道所以不行。己立后自能了当得万事，是有主也。

又曰：

> 今世有一等学问，言静中不可著个"操"字，若操时又不是静，以何思何虑为主，悉屏思虑，以为静中工夫，只是如此，所以流于佛老。不知操是持守意，即静时敬也。若无个"操"字，是中无主，

悠悠茫茫，无所归着。若不外驰，定入空无。此学所以易差也。

又曰：

意者，心有专主之谓。《大学解》以为心之所发，恐未然。

娄谅字克贞，别号一斋，上饶人。少有志于圣学，尝求师四方，夷然曰："举子业。"闻与弼在临川，乃往从之。与弼一见喜之，曰："老夫聪明性紧，贤也聪明性紧。"一日治地，召谅往，曰："学者须亲细务。"谅素豪迈，由此折节，躬亲扫除，不责僮仆。与弼学规，须来学者始见，余则否。罗伦未第时，往访，与弼不出。谅告与弼："此一有志知名士，奈何不见？"与弼曰："我那得工夫见小后生？"伦不悦，移书四方，谓是名教中作怪。张元桢从而和之。与弼置若不闻。谅语二人曰："君子小人不容并立。使后世以康斋为小人，二兄为君子无疑。傥后世以君子处康斋，不知二兄安顿何地？"两人之议遂息。胡居仁颇于谅有訾评，尝谓：

娄克贞说他非陆子之比。陆子不穷理，他却肯穷。公甫^{陈献章}不读书，他勤读书。以愚观之，他亦不是穷理。他读书，只是将圣贤言语来护己见，未尝求圣贤指意，舍己以从之也。

谅著书甚富，然多散佚。如居仁所言，则谅之为学，固不仅是蹈袭师门的。王守仁年十七，曾从谅问学，甚相契。

陈献章字公甫，新会人，学者称白沙先生。自幼警悟，读书一览辄记。尝读《孟子》有所谓"天民"者，慨然曰："为人当如此。"会试中乙榜，入国子监读书。又至崇仁，从学于与弼。归，绝意科举，筑阳春台，静坐其中，数年不出阈。嗣又游太学，名动京师。归而门人益进。屡荐不起，卒于家。其自序为学曰：

> 仆年二十七，始发愤从吴聘君学。其于古圣贤垂训之书，盖无所不讲，然未知入处。比归白沙，杜门不出，专求所以用力之方。既无师友指引，日靠书册寻之，忘寐忘食。如是者累年，而卒未有得。所谓未得，谓吾此心与此理，未有凑泊吻合处也。于是舍彼之繁，求吾之约，惟在静坐。久之，然后见吾此心之体，隐然呈露，常若有物。日用间种种应酬，随吾所欲，如马之御衔勒也。体认物理，稽诸圣训，各有头绪来历，如水之有源委也。于是涣然自信，曰：作圣之功，其在兹乎？有学于仆者，辄教之静坐。盖以吾所经历粗有实效者告之，非务为高虚以误人也。

他又说：

> 学劳攘则无由见道。故观书博识，不如静坐。

又曰：

> 为学须静坐中养出个端倪来，方有商量处。

又曰：

> 日用间随处体认天理，着此一鞭，何患不到古
> 人佳处。

又曰：

> 夫学有由积累而至者，有不由积累而至者。有
> 可以言传者，有不可以言传者。夫道至无而动，至
> 近而神。大抵由积累而至者，可以言传也。不由积
> 累而至者，不可以言传也。知者能知至无于至近，
> 则无动而非神。

其后罗钦顺非之，曰：

> 近世道学之昌，白沙不为无力，而学术之误，
> 亦恐自白沙始。至无而动，至近而神，此白沙自得
> 之妙也。彼徒见夫至神者，遂以为道在是矣，而深
> 之不能极，几之不能研，其病在此。

即其弟子湛若水，亦并不遵由师门静坐教法。有人问吕柟：
"白沙在山中，十年作何事？"柟曰："用功不必山林，市
朝也做得。昔终南僧用功三十年，尽禅定也。有僧曰：汝
习静久矣，同去长安柳街一行。及到，见了妖丽之物，粉
白黛绿，心动了，一旦废了前三十年工夫。可见亦要于繁
华波荡中学。"惟王守仁弟子王畿极称之，曰：

> 我朝理学，开端是白沙，至先师而大明。

黄宗羲明儒学案本其意，谓：

> 有明之学，至白沙始入精微，至阳明而始大。
> 两先生之学，最为相近。

或问王畿："白沙与阳明同异？"畿曰：

> 白沙是百源山中传流，亦是孔门别派。得其环中以应无穷，乃景象也。缘世人精神撒泼，向外驰求，欲返其性情而无从入，只得假静中一段行持，窥见本来面目，以为安身立命根基，所谓权法也。若致知宗旨，不论语默动静，从人情事变彻底练习以归于玄。譬之真金为铜铅所杂，不遇烈火烹熬，则不可得而精。

这是说献章近于宋代之邵雍。然此乃指心地修养言。故罗伦曰：

> 白沙观天人之微，究圣贤之蕴，充道以富，崇德以贵，天下之物，可爱可求，漠然无动于其中。

伦与献章为石交，似乎此说最可窥测献章之所养。

四〇 薛瑄

上述诸儒皆南籍。薛瑄，山西河津人，号敬轩，他可代表明代初期之北学。其为学，悃愊无华，恪守宋人矩矱。尝手钞《性理大全》，通宵不寐。人称为薛夫子。时中官王振用事，瑄以乡人召用，大臣欲瑄诣振谢，拒不可，曰："拜爵公朝，谢恩私室，某所不能。"已遇振于东阁，百官皆跪，瑄长揖而已。振大恨，陷之罪，系狱论死。瑄读《易》不辍。覆奏将决，振有老仆，亦山西人，泣于灶下。振怪问，曰："闻薛夫子将刑。"振问："何以知其人？"曰："乡人也。"具言瑄生平。振悯然，立传旨戍边，寻放还。嗣复起用，为南京大理寺卿。中官金英奉使过南京，公卿饯之江上，瑄独不往。英返，言于众曰："南京好官惟薛瑄。"英宗复辟，于谦将就刑，瑄谓同列曰："此事人所共知，各有子孙。"石亨奋然曰："事已定，不必多言。"召阁议，瑄又力言之，终不获救。其后遂乞致仕。临卒有诗："七十六年无一事，此心始觉性天通。"崔铣论瑄之出处，谓："王振之引，若辞而不往，岂不愈于抗而见祸？于忠肃有社稷功，其受害也，先生固争之，争不得，即以此事去，尤为光明俊伟。"故黄宗羲谓瑄出处，"尽美不能尽善"。

所著有《读书录》，大概为《太极图说》《西铭》《正蒙》之义疏。高攀龙说其"无甚透悟"，殆是的评。

四一　中期明学

初期明学，南方如吴与弼、陈献章，都是隐退人，偏于田野山林。北方如薛瑄，亦仅持守，于义理少发挥。明学要到王守仁，始是光采毕露。我们姑定守仁时代为明学之中期。

与守仁同时，尚有湛若水、罗钦顺。守仁问学于娄谅，若水从游于陈献章，都远从与弼开端。两人相交游，而讲学宗旨不同，一时平分天下之学术。当时学于湛者或卒业于王，学于王者或卒业于湛。王、湛之并立，犹如朱、陆之对抗。而罗钦顺则学无师承，生前既少朋徒之讲习，卒后亦无从学之传述。困心衡虑，为独得之学，而剖析发明，堪与王、湛相鼎足。明学之盛莫逾此。此下则只成为王学之支流与裔，直要到明末才始有大变化。故以王门各派，并附于中期。

此下将分篇叙述此三家，来表现有明学术之一段最高潮。并依次及于王门，以见王学之流衍。

四二　王守仁

　　王守仁字伯安，学者称为阳明先生，浙之余姚人。父华，是状元，仕至南京吏部尚书。守仁自小就豪迈不羁。十二岁就师，问："何为第一等事？"师曰："读书登第。"他说："恐未是，该是读书作圣人吧！"十五岁闲行出居庸关，逐胡人骑射，经月始返。十七岁亲迎于洪都。婚日，偶行入铁柱宫，见道士趺坐，叩之，对坐忘归。十八岁谒娄谅，大喜，慨然谓"圣人必可学而至"。二十一岁在京师，发愤欲实做格物工夫。因见庭前竹子，格之七日不通，谓"圣贤有分"，遂转爱辞章养生家言，又学兵法。三十一岁归越，习静阳明洞，能预知来客。然时念其祖母与父，一日忽彻悟，曰："此念生于孩提，不可灭。若此念灭，是灭了自己种性。"遂辍坐而去。三十四岁始识湛若水。三十五岁因忤宦者刘瑾得罪，谪贵州龙场驿。

　　龙场驿在万山丛棘中，蛇虺瘴疠，夷语不相解。又惧刘瑾派人行刺，自念得失荣辱俱可忘，独生死一念尚在，乃凿石椁，日夜端居以俟。适从仆皆病，他亲析薪汲水，作糜饲之。又为歌诗，唱越调，杂以诙笑，谋取病仆欢。因常沉思："若令圣人处我境，更有何道？"忽一晚，中夜大悟，不觉呼跃而起。自是始倡言"良知"之学，时为三十七岁。翌年，他主讲贵阳书院，始论"知行合一"。三十九岁由龙场驿升庐陵县知县，归途，语学者悟入之功。他说：

> 前在贵阳，举知行合一之教，纷纷异同，罔知所入。兹来乃与诸生静坐僧寺，使自悟性体，顾恍恍若有可即。

他又有《与门人书》，谓：

> 前在寺中所云静坐事，非欲坐禅入定也。盖因吾辈平日为事物纷拿，未知为己，欲以此补小学收放心一段工夫耳。

是年冬，他到南京，与黄绾论学，云：

> 学者欲为圣人，必须廓清心体，使纤翳不留，真性始见，方有操持涵养之地。

黄绾疑其难。他又说：

> 圣人之心如明镜，纤翳自无所容，自不消磨刮。若常人之心，如斑垢驳蚀之镜，须痛刮磨一番，尽去驳蚀，然后纤尘即见，才拂便去，亦不消费力，到此已是识得仁体矣。若驳蚀未去，其间固有一点明处，尘埃之落，固亦见得，才拂便去。至于堆积于驳蚀之上，终弗之能见也。此学、利、困、勉之所由异，幸勿以为难而疑之。

这是他亲身历练过的真实话。当他早年在阳明洞习静，已能排遣闲思杂虑。后来龙场驿处困三载，他真把一切荣辱得丧，甚至死生，一切念头都放下了。他那时心境，真可说是纤翳不留。现在要教学者在平时偶一静坐来自明心体，实在也不是件容易事。他四十二岁至滁州，时从学者日众。日与门人遨游琅琊瀼泉间，月夕，环龙潭而坐着数百人，歌声振山谷。孟源问："静坐中思虑纷杂，不能强禁绝。"他答道：

> 纷杂思虑，亦强禁绝不得。只就思虑萌动处，省察克治。到天理精明后，有个物各付物的意思，自然精专无纷杂之念。

那时他教法已是有一些变了。明年，回南京，客有道："自滁游学之士多放言高论，亦有渐背师教者。"他因说：

> 吾年来欲惩末俗之卑污，引接学者，多就高明一路，以救时弊。今见学者渐有流入空虚，为脱落新奇之论，吾已悔之矣。

是年，始专以"致良知"训学者。一日，与陆澄论为学工夫，他说：

> 教人为学，不可执一偏。初学时，心猿意马，拴缚不定，其所思虑，多是人欲一边，故且教之静坐，息思虑。久之，俟其心意稍定，只悬空静守，如槁木死灰亦无用，须教他省察克治。省察克治之功，则无时而可间。如去盗贼，须有个扫除廓清之

意。无事时，将好色、好货、好名等私念，逐一追究搜寻出来，定要拔去病根，永不复起，方始为快。常如猫之捕鼠，一眼看着，一耳听着。才有一念萌动，即与克去，斩钉截铁，不可姑容，与他方便。不可窝藏，不可放他出路。方是真实用功，方能扫除廓清。到得无私可克，自有端拱时在。

其实他所说的"省察克治"，便已是"致良知"。或问："知行合一？"他答道：

此须识我立言宗旨。今人学问，只因知、行分作两件，故有一念发动，虽是不善，然却未尝行，便不去禁止。我今说个"知行合一"，正要人晓得一念发动处便即是行了。发动处有不善，就将这不善的念克倒了。须要彻根彻底，不使那一念不善潜伏胸中，此是我立言宗旨。

可见他所讲"知行合一"，宗旨还在"省察克治"，还在"致良知"。陆澄问："静时亦觉意思好，才遇事便不同，如何？"他答道：

是徒知养静，而不用克己工夫也。如此，临事便要倾倒。人须在事上磨，方立得住。

他又说：

人若真实切己用功不已，则于此心理之精微，日见一日。私欲之细微，亦日见一日。若不用克己工夫，终日只是说话而已。天理终不自见，私欲亦终不自见。如人走路一般，走得一段，方认得一段。走到歧路处，有疑便问，问了又走，方能渐到得欲到之处。今人于已知之天理不肯存，已知之人欲不肯去。只管愁不能尽知，只管闲讲，何益之有？且待克得自己无私可克，方愁不能尽知，亦未迟。

这些都是他讲"致良知"精义。致良知要在事上磨，要克去己私，要知行合一，要走得一段再认一段。其实他所讲，还是静存动察，还是去人欲存天理，还是在变化气质。工夫大体，还是和两宋儒者并无二致。

他四十五岁升巡抚南赣、汀、漳等处，此下连年建立了许多奇功伟绩。四十六岁平漳寇，平横水、桶冈诸寇。四十七岁平大帽、浰头诸寇。四十八岁擒宸濠。但功愈高，谤愈张，甚至有人说他要造反。他这一段处境，却较龙场驿更艰难，更困厄。而他内心工夫也更细密，更自然了。五十岁有《与邹守益书》说：

近来信得"致良知"三字，真圣门正法眼藏。往日尚疑未尽，今日多事以来，只此良知，无不具足。譬诸操舟得舵，平澜浅濑，无不如意。虽遇颠风逆浪，舵柄在手，可免沉溺之患。

五十一岁，父华卒。五十二岁有如下一番问答：

邹守益、薛侃、王艮等侍，因言谤议日炽。先生曰："诸君且言其故。"有言先生势位隆盛，是以忌嫉谤。有言先生学日明，为宋儒争异同，则以学术谤。有言天下从游者众，与其进不与其退，又以身谤。先生曰："三言者诚皆有之，特吾自知，诸君论未及耳。"请问，曰："吾自南京以前，尚有乡愿意思，在今只信良知真是真非处，更无掩藏回护，才做得狂者。使天下尽说我行不掩言，吾亦只依良知行。"

那是他工夫到了最纯熟时的境界。五十三岁在越，

中秋，宴门人于天泉桥。是夜，月白如昼。门人百余人，酒酣，各歌诗，投壶击鼓，荡舟为乐。先生见诸生兴剧，退而作诗，云："铿然舍瑟春风里，点也虽狂得我情。"明日，诸生入谢。先生曰："昔孔子在陈，思鲁之狂士。以学者没溺富贵，如拘如囚，而莫之省。有高明脱落者，知一切俗缘，皆非性体。然不加实践以入于精微，则渐有轻灭世故，阔略伦物之病。虽比世之庸琐者不同，其为未得于道一也。故孔子思归以裁之。今诸君已见此意，正好精诣力造以求至于道，无以一见自足而终止于狂也。"

其实他本身性格，便近一狂者。幼年便想做第一等事业，做圣贤。后来格庭前竹子失望，又转学静坐，学长生。转回头来，在气节上表现他的狂。得罪刘瑾，远贬龙场驿，遂悟良知之学。此后功业日盛，谗谤日张，他一依自己良知，我行我素，自谓才真做得一狂者。近儒章炳麟说他是

孔门之子路，这却未为恰当。他平生在文学在事功上，都有绝大成就。但他晚年心境，却把这些成就都一扫而空，此远非子路可比。五十六岁复起，总督两广、江西、湖广军务，征思田。临行，门人钱德洪、王畿论学：

> 畿举先生教言，曰："无善无恶是心之体，有善有恶是意之动，知善知恶是良知，为善去恶是格物。"德洪曰："此意如何？"畿曰："此恐未是究竟话头。若说心体是无善无恶，意亦是无善无恶的意，知亦是无善无恶的知，物亦是无善无恶的物。若说意有善恶，毕竟心体还有善恶在。"德洪曰："心体是天命之性，原是无善无恶的，但人有习心，意念上见有善恶在。格、致、诚、正、修，正是复那性体工夫。若原无善恶，工夫亦不消说矣。"是夕，侍坐天泉桥，各举请正。先生曰："我今将行，正要你们来讲破此意。二君之见，正好相资，不可各执一边。我这里接人，原有二种。利根之人，直从本原上悟入。人心本体原是明莹无滞的，原是个未发之中。利根之人一悟本体，即是工夫，人己内外，一齐俱透了。其次不外有习心在，本体受蔽，姑且教在意念上实落为善去恶，工夫熟后，渣滓去得尽时，本体亦明尽了。汝中之见，是我这里接利根人的；德洪之见，是我这里为其次立法的。二君相取为用，则中人上下，皆可引入于道。若各执一

边，眼前便有失人，便与道体各有未尽。"既而曰："以后与朋友讲学，切不可失了我的宗旨。无善无恶是心之体，有善有恶是意之动，知善知恶是良知，为善去恶是格物。只依我这话头随人指点，自没病痛。此原是彻上彻下工夫。利根之人世亦难遇，本体工夫一悟尽透，此颜子、明道所不敢承当，岂可轻易望人？人有习心，不教他在良知上实用为善去恶功夫，只去悬空想个本体，一切事为俱不着实，不过养成一个虚寂，此病不是小小，不可不早说破。"是日，德洪、汝中俱有省。

这是他讲学最后一番话。五十七岁平思田，平八寨断藤峡，在班师的路途中死了。

我们综观他的一生，实可算是以身教身，以心教心，最具体最到家的一实例。他平生讲学，总是针对着对方讲，从不凭空讲，也不是在讲书本，或讲天地与万物。他所讲，也只本他自己内心真实经验讲，也不是凭空讲，不在讲书本，或讲天地与万物。他只是讲的良知之学，只是讲人之心，只是本着己心来指点人心。他之所讲，正可地道称之为"心学"。

他最后一番话，后人称之为"四句教"。在这"四句教"上，引起此下绝大争辨。最惹争辨的是四句中第一句，即"无善无恶心之体"那一句。但若真实了悟了他讲学宗旨，那一句却是他必然应有的一句。

让我们把他所讲再从头一分述。他最主要的是讲"良知"，什么是良知呢？他曾说：

> 天理在人心，亘古亘今，无有终始。天理即是良知。

从前程颢曾说过，"天理"二字是他自己体贴出来。但什么是天理，程颢没有透切发挥。直从程颢到朱熹，提出"格物穷理"的教法。朱熹甚至说："理在气之中，也在气之先。"故要明理，必先格物，必先即物而格，到一旦豁然贯通时，才算明得此天理。这样明天理，则是太难了。现在守仁说，天理即是人心之良知。那便不须向天地万物去穷格。他又说：

> 良知是天理之昭明灵觉处，故良知即是天理。

他既说"天理即良知"，又说"良知即天理"，可见良知、天理只是一件，更无分别。其实守仁此说，显然与程颢用自心体贴出天理来之说大不同。至少是天理的范围变得狭窄了。试问天理何以即是良知，良知又何以即是天理呢？守仁说：

> 知善知恶是良知。

天理逃不掉善与恶，正为人心分别着善与恶，故说是天理。若人心根本不知有所谓善与恶，那亦无天理可见。而知善知恶者是心之知，并不是此心之本体有所谓善与恶。此心之本体则只是一个知，而在知上却知道出善恶来。换言之，即知道出天理来。现在试再问：心之知如何知道出善与恶的天理呢？守仁说：

> 良知只是个是非之心，是非只是个好恶。只好
> 恶就尽了是非，只是非就尽了万事万变。

讲天理又逃不掉是与非，只是与非就尽了万事万变。尽管万事万变，只把"是非"两字，全包括了。但什么是万事万变中的是与非之分界呢？守仁说：那分界便在人心之"好恶"上。人心所好便为是，人心所恶便为非。若使人心根本无好恶，则一切万事万变亦将不见有所谓是与非。这一说好像是大胆而奇突，但细思实是有至理。让我们再逐层讲下去。

要讲这一问题，便牵涉到守仁所谓的"知行合一"上。

> 徐爱因未会先生知行合一之训，与宗贤、惟贤往复辩论未能决，以问。先生曰："试举看。"爱曰："如今人，尽有知得父当孝，兄当弟，却不能孝，不能弟，知与行分明是两件。"先生曰："此已被私欲隔断，不是知行本体了。未有知而不行者，知而不行，只是未知。圣贤教人知行，正是要复那本体。故《大学》指个真知行与人看，说：'如好好色，如恶恶臭。'见好色属知，好好色属行，只见那好色时已自好了，不是见了后又立个心去好。闻恶臭属知，恶恶臭属行，只闻那恶臭时已自恶了，不是闻了后别立个心去恶。如鼻塞人见恶臭在前，鼻中不曾闻得，便亦不甚恶，亦只是不曾知臭。就

如称某人知孝知弟，必是其人已曾行孝行弟，方可
称他知孝知弟。不成只是晓得说些孝弟的话，便可
称为知孝弟。又如知痛，必已自痛了才知痛。知寒，
必已自寒了；知饥，必已自饥了。知行如何分得
开？此便是知行本体，不曾有私意隔断的。圣人教
人必要是如此，方可谓之知。不然，只是不曾知。"

守仁所谓"知行合一"，他说是指的知行本体。他认为知
行本体原是合一，所以不合一者，则只缘私意隔断。而他
所举知行本体原是合一的实例，则为人心之好恶。如好好
色，如恶恶臭，那是知行合一不可分的。因其好之，所以
说这色是好色。因其恶之，所以说这臭是恶臭。若我心根
本无好恶，则外面只应有色臭，亦根本无好色与恶臭之存
在。那岂不是是非和好恶合一的明证吗？好恶属行，是非
属知，知行本体原是合一，所以好恶与是非也是合一。好
恶与是非合一，那才是天理。若使人心所好，天理转为非，
人心所恶，天理转为是，则人心与天理正相反，试问又何
从于人心上体贴出天理来？所以他要说："良知即天理，
天理即良知。"他又说：

> 至善只是此心纯乎天理之极便是。

"此心纯乎天理之极"者，便是此心没有丝毫私意把此知
行本体分开着。知行本体原来合一，原来不分开，所以说
它是良知。"良"是本来义，说良知便已包有行，说良知
便已包有天理了。他又说：

知是心之本体，心自然会知的。见父自然知孝，见兄自然知弟，见孺子入井自然知恻隐，此便是良知，不假外求。若良知之发，更无私意障碍，即所谓充其恻隐之心而仁不可胜用矣。然在常人不能无私意障碍，所以须用致知格物之功，胜私复理，即心之良知更无障碍，得以充塞流行，便是致其知。致知则意诚。

知行合一，便是意之诚，知行不合一，便见是意不诚。而意不诚则因有私意在障碍着。若无私意障碍，则我们自会见父知孝，见兄知弟，也如好好色、恶恶臭般。圣人只指点出那些人心的真好真恶，即真知真行而认为是天理，并不是在人心之真好真恶真知真行外来另寻一天理。所以他又说：

尔那一点良知，是尔自家准则。尔意念着处，他是便知是，非便知非，更瞒它一些不得。尔只不要欺他，实实落落依着它做去，善便存，恶便去。它这里何等稳当快乐。

实实落落依着它做去，这即是他之所谓"致良知"。现在我们若问：什么是天理？将叫人无从回答出。程颢、朱熹所以要下格物穷理的工夫，便要教人如何去明天理。但守仁意见则很简单，只要知与行到真实合一处，便即是天理。那各人可以反问自知，不待外求了。你喜欢的是否真实在喜欢，你厌恶的是否真实在厌恶。换言之，你意究竟诚不诚，那岂不各人反问自知吗？所以他又说：

> 诚意之说，自是圣人教人用功第一义。

他又说：

> 仆近时与朋友论学，惟说"立诚"二字。杀人
> 须就咽喉上着刀，吾人为学，当从心髓入微处用力，
> 自然笃实光辉。虽私欲之萌，真是红炉点雪。天下
> 之大本立矣。

天下之大本即立于人之"心"，即立于人之心之"诚"。除却人之心，除却人心之诚，一切道理都会失掉了本原。所以他又说：

> 诚无为，便是心髓入微处，良知即从此发窍者。
>
> 故谓之立天下之大本。看来良知犹是第二义。

如你好好色，只是你心诚好之，并不是为着其他目的而始好。换言之，不是把好好色之心作手段。作手段是有所为而为，有所为而为者总是虚是假。你心里并不真好此好色，换言之，你心里也并不觉得此色之真可好。因此非真知非真行，那决不是知行之本体。换言之，只是你意不诚。诚是无为的，是无所为而诚觉其可好的。这诚觉其可好之心，是真知，即便是真行。一切天理，则建立在此心之真知真行上，便是建立在诚上。"诚"即是心体，即是良知。意不诚，则因私欲障隔，私欲是另有所为而把此来作手段。然意之诚不诚，自己心下仍明白，这便是良知之体仍然是存在，只你没有自依了自己的良知。你心中并不真诚好此

色，你自己岂不明白吗？自己明白自己的不诚，总会自己感到不稳当，不快乐。不稳当，不快乐，实际还是不可好。世间哪有不稳当，不快乐，实际上并不是这会事的天理呢？所以他又说：

> 人但得好善如好好色，恶恶如恶恶臭，便是圣人。

圣人也只是"此心纯乎天理"。换言之，圣人也只是"诚"，只是好善则真好善，恶恶则真恶恶，如此而已。此种真好真恶，你则不须向圣人求，只向自己求。汝之好恶之真不真，别人尽不知，你自己却尽是知。此之谓"独知"。所以他又说：

> 人若不知于此独知之地用力，只在人所共知处用功，便是作伪。此独知处，便是诚的萌芽。此处不论善念恶念，更无虚假。一是百是，一错百错，正是王霸、义利、诚伪、善恶界头。于此一立定，便是端本澄源，便是立诚。

可见守仁所讲，还是两宋诸儒传下天理、人欲、王霸、义利分界的问题，只在他手里，更讲得鞭辟近里了。

但守仁这些话，必然会引起人误会。徐爱问："至善只求诸心，恐于天下事理有不能尽。"这是初闻守仁良知之学必然要发生的疑问。

> 爱又说："闻先生说，已觉有省悟处。但旧说缠于胸中，尚有未脱然者。如事父，其间温清定省

之类有许多节目，不知亦须讲求否？"先生曰："如何不讲求？只是有个头脑，就此心去人欲存天理上讲求。如讲求冬温，也只是要尽此心之孝。讲求夏清，也是要尽此心之孝。只是讲求得此心若无人欲，纯是天理，是个诚于孝亲的心，冬时自然思量父母的寒，夏时自然思量父母的热，便自要去求个温与清的道理。这都是那诚孝的心发出来的条件。譬之树木，这诚孝的心便是根，许多条件便是枝叶。须先有根，然后有枝叶。不是先寻了枝叶，然后去种根。"

他又说：

> 即如今扮戏子，扮得许多温清奉养的仪节是当，不成亦谓之至善？

可见他说"良知即天理"，并不是尽废了讲求。只俱备此良知，才始有讲求。讲求的最后归宿，也仍归宿到良知上。

> 问："圣人应变不穷，莫亦是预先讲求否？"先生曰："如何讲求得许多？圣人之心如明镜，只是一个明，则随感而应，无物不照。未有已往之形尚在，未照之形先具者。周公制礼作乐，皆圣人所能为，尧舜何不尽为之，而待于周公？孔子删述六经，周公何不先为之，而有待于孔子？是知圣人遇此时方有此事。只怕镜不明，不怕物来不能照。学者惟患此心之未能明，不患事变之不能尽。"

问：“名物度数亦须先讲求否？”先生曰：“人只要成就自家心体，则用在其中。苟无是心，虽预先讲得世上许多名物度数，与己原不相干，只是装缀，临时自行不去。亦不是将名物度数全然不理，只要知所先后则近道。”又曰：“人要随才成就。才是其所能为。如夔之乐，稷之种，是他资性合下便如此。成就之者，亦只是要他心体纯乎天理，其运用处皆从天理上发来，然后谓之才。到得纯乎天理处，亦能不器。使夔、稷易艺而为，当亦能之。”

问：“圣人可学而至，然伯夷、伊尹于孔子才力终不同，其同谓之圣者安在？”先生曰：“圣人之所以为圣，只是其心纯乎天理，而无人欲之杂。犹精金之所以为精，但以其成色足，而无铜铅之杂也。人到纯乎天理方是圣，金到足色方是精。然圣人之才力亦有大小不同，犹金之分两有轻重。分两虽不同，而足色则同。以夷、尹而厕之尧、孔之间，其纯乎天理同也。虽凡人而肯为学，使此心纯乎天理，则亦可为圣人。犹一两之金，比之万镒，分两虽悬绝，而其到足色处，可以无愧。后世不知作圣之本，却专去知识才能上求。故不务去天理上着工夫，徒弊精竭力从册子上钻研，名物上考索，形迹上比拟，知识愈广而人欲愈滋，才力愈多而天理愈蔽。正如见人有万镒精金，不务煅炼成色，求无愧于彼之精纯，而乃妄希分两，务同彼之万镒。锡铅铜铁，杂然而投，分两愈增，而成色愈下。及其梢末，无复有金矣。"时徐爱在傍，曰："先生此喻，足以破世儒支离之惑，大有功于后学。"先生又曰："吾辈用功，只求日减，不求日增。减得一分人欲，便是复得一分天理，何等轻快脱洒，何等简易！"

这几条，是他良知学发展到的最高处。良知之学发展到最高处，还是"人皆可以为尧舜"。做尧舜的条件，不在外面事业上，却在自己心性上。人之才性有不同，如稷好耕稼、夔好乐。但就其才性发展到至诚至尽处，便都是尧舜。得位为天子，治国平天下者是圣人；一技一艺，农夫乐工，同样可以为圣人。圣人论德不论才。才不同而德合，便同样是圣人。如是则不必做了大人即做大事业的人，才始是圣人；即做一小人做小事业的人，也还可以成其为圣人。这和王安石《大人论》的意见，显然不同了。佛教发展到慧能，人人都可以成佛。儒学发展到王守仁，便人人都可以作圣。这一理论，固然当溯源及于孟子与陆九渊，但到守仁手里，却说得更透辟。必待要到人人作了圣人的人生，才是理想的人生。这样的社会，也才是理想的社会。人人分工而合德，人人平等自由，各还他一个天赋的才性之真，与本心的好恶之诚，而各成为一圆满无缺之圣。这又是何等地美满的社会和人生呀！这一意义，又和张载《西铭》说法不同了。《西铭》仅就一人言，此一人则与天地万物为一体。守仁的良知之学，则就人人言，这一社会，便成了中国一人、天下一家的社会。所以良知之学是心学，而推扩到社会大群与技艺专业上，实可有其甚深甚远之到达。一样的社会，一样的艺业，只不从功利看，而从德性看，便会发展出异样的光彩。守仁这一说法最详细的发挥，在他的所谓《拔本塞源论》。见《与顾东桥书》末一节，收入《传习录》第二卷。这一说法，朱熹的《中庸章句序》上也曾说到了，但没有守仁说得那么明白而圆密。

我们细看上引诸条，也可明白守仁的良知学，并不忽略了外面事理之讲求。程颐、朱熹格物穷理的教法，守仁良知学里仍还是重要，所争只在先有一头脑，先有一根柢，此即陆九渊所争的所谓"先立乎其大"。如此看来，守仁学说，还是逃不开朱陆异同的问题。在守仁自然是偏主陆的一边多，所以后世称程朱与陆王，这是宋明理学一大分野，一大对垒。后人又称程朱为"理学"，陆王为"心学"，谓程、朱主"性即理"，陆、王主"心即理"。在此分歧下，王门从学自不免要訾议及朱熹。但守仁却说：

> 是有心求异，即不是。吾说与晦庵时有不同，为入门下手处，有毫厘千里之分，不得不辨。然吾之心与晦庵之心，未尝异也。若其余文义解得明当处，如何动得他一字？

别人又问：

> "格物之说，如先生所教，明白简易，人人见

得。文公聪明绝世，于此反有未审，何也？"先生曰："文公精神气魄大，是他早年合下便要继往开来，故一向只就考索著述上用功。若先切己自修，自然不暇及此。到得德盛时，果忧道之不明，如孔子退修六籍，删繁就简，开示来学，亦大段不费甚考索。文公早岁便著许多书，晚年方悔，是倒做了。"

他又说：

> 文公不可及，他力量大，一悔便转。可惜不久即去世。

因此守仁又有《朱子晚年定论》之纂辑。大意谓：

> 洙泗之传，至孟子而息。千五百余年，濂溪、明道始复追寻其绪。自后辨析日详，然亦日就支离决裂，旋复湮晦。吾尝深求其故，大抵皆世儒之多言有以乱之。守仁蚤岁业举，溺志辞章之习，既乃稍知从事正学，而苦于众说之纷挠疲痈，茫无可入。因求诸老、释，欣然有会于心，以为圣人之学在此矣。然于孔子之教，间相出入，而措之日用，往往缺漏无归。其后谪官龙场，居夷处困，动心忍性之余，恍若有悟。体验探求，再更寒暑，证诸六经、四子，沛然若决江河而放之海也。然后叹圣人之道坦如大路，而世之儒者，妄开窦径，陷荆棘，堕坑堑；究其为说，反出二氏下。宜乎世之高明之士，

厌此而趋彼。此岂二氏之罪哉？尝以此语同志，而闻者竞相非议。虽每痛反深抑，而愈益精明的确。独于朱子之说有相牴牾，恒疚于心。及官留都，复取朱子书而检求之，然后知其晚岁，固已大悟旧说之非。世之所传《集注》《或问》之类，乃其中年未定之说。而其诸《语类》之属，又其门人挟胜心以附己见，固于朱子平日之说犹有大相谬戾者。予既自幸其说之不谬于朱子，又喜朱子之先得我心之同然。且慨夫世之学者，徒守朱子中年未定之说，而不复知其晚岁既悟之论。辄采录而裒集之。庶几无疑于吾说，而圣学之明可冀矣。

他这《朱子晚年定论》的裒集，亦可谓始终未能摆脱尽朱熹的牢笼。同时罗钦顺即已指出其极易觉察的几条错误。稍后陈建特著《学蔀通辨》，详加指摘，几于体无完肤。从来以一代大儒、一代宗师来写一本书，总没有像此书般的粗疏的。这里自应有一套学问思辨工夫，却非守仁所提致良知，知行合一，立诚，事上磨练这几句话所能包括。守仁之学究近陆九渊。朱熹说："九渊之学有首无尾。"正指这等处。所以后来王学流弊，也正在有首无尾，空疏不读书。

四三　湛若水

湛若水字元明，广东增城人，学者称甘泉先生。他从学于陈献章，与王守仁讲学相倡和，而各立宗旨。从游者遍天下。年九十五而卒。守仁讲学主"致良知"，若水则主"随处体认天理"，亦并不尽守其师说。尝谓：

> 古之论学，未有以静为言者。以静为言，皆禅也。静不可以致力，才致力即已非静，故《论语》曰"执事敬"。《中庸》戒慎恐惧、慎独，皆动以致其力之方也。故善学者，必令动静一于敬，敬立而动静混矣，此合内外之道也。

又曰：

> 静坐，程门有此传授。伊川见人静坐，便叹其善学。然此不是常理。日往月来，一寒一暑，都是自然，岂分动静难易？若不察见天理，随他入关入定，三年九年，与天理何干？若见得天理，则耕田凿井，百官万物金革百万之众，也只是自然天理流行。孔门之教，"居处恭，执事敬，与人忠。"即随处体认之功，连静坐亦在内。

若水之教，专在"随处体认天理"。故曰：

> 明道看喜怒哀乐未发前作何气象，延平李侗默坐澄心，体认天理，象山在人情事变上用工夫。三先生之言，各有所为而发。合而观之，合一用功，乃尽也。所谓随处体认天理者，随未发已发。随动随静。盖动静皆吾心之本体，体用一原。若谓静未发为本体，而外已发而动以为言，恐亦歧而二之。

他之所以与守仁相异处，据他说：

> 阳明谓随处体认天理是求于外。若然，则告子"义外"之说为是，孔子"执事敬"之教为欺我矣。盖阳明与吾看心不同。吾之所谓心者，体万物而不遗者也，故无内外。阳明之所谓心，指腔子里而为言者也，故以吾之说为外。

今按：《传习录》有云：

> 目无体，以万物之色为体。耳无体，以万物之声为体。鼻无体，以万物之臭为体。口无体，以万物之味为体。心无体，以天地万物感应之是非为体。

则守仁之所谓心，亦应"体万物而不遗"。抑且守仁亦言：

> 孟子谓"必有事焉"，是动静皆有事。

> 人须在事上磨练做工夫，乃有益。若止好静，遇事便乱，终无长进。那静时工夫，亦差似收敛而实放溺也。

则守仁亦不专主静上做工夫。守仁所以说"随处体认天理"

为求于外，乃根据他"良知即天理"的主张。但若水说：

> 心与事应，然后天理见。天理非在外也，特因事之来，随感而应耳。故事物之来，体之者心也。心得中正，则天理矣。人与天地万物一体，宇宙内即与人不是二物，故宇宙内无一事一物合是人少得底。

此说仍与守仁"心以天地万物感应之是非为体"，及"致良知"与"事上磨练"之说，大体甚相近。守仁说格物，也说：

> 意在于事君，即事君便是一物。意在于事亲，即事亲便是一物。意在于仁民爱物，即仁民爱物便是一物。意在于视听言动，即视听言动便是一物。

致知必兼格物言，岂不仍是"心与事应然后天理见"之说？

后儒黄宗羲批评王、湛两家异见，谓：

> 天地万物之理，实不外于腔子里，故见心之广大。若以天地万物之理即吾心之理，求之天地万物以为广大，则先生仍是为旧说所拘。

其实宗羲这番话，确是有病。哪能谓天地万物之理不外于腔子里？即专就人事论，守仁说"见父自然知孝，见兄自然知弟"，这只关修身事。岂能说见家自然知齐，见国自然知治，见天下自然知平？齐家治国平天下，皆有关天理之事，但不能说全在腔子里。这要照若水所说，"心体万物而不遗，无内外"始得，却不得谓是求于外。朱熹的

"格物穷理"说，乃是把学问的范围放大了，非守仁之"致良知"可比。陆九渊讥朱熹为支离，若水则说：

> 所谓支离者，二之之谓也。非徒逐外而忘内，谓之支离。是内而非外者，亦谓之支离。过犹不及耳。

此则若水并不认天地万物之理单为吾心之理。亦可说若水认天理较近程朱，与守仁良知即天理之说有别。他又说：

> 体认天理云者，兼知行合内外言之也。天理无内外也。所谓随处云者，随心、随意、随身、随家、随国、随天下，盖随其所寂所感时耳。所寂所感不同，而皆不离于吾心中正之本体。但人为气习所蔽，故生而蒙，长而不学则愚。故学问、思辨、笃行诸训，所以破其愚，去其蔽，警发其良知良能，非有加也。若徒守其心而无学问、思辨、笃行之功，则恐无所警发，虽似正实邪，下则为老、佛、杨、墨，上则为夷、惠、伊尹。昔曾参芸瓜，误断其根，父建大杖击之，死而复苏。曾子以为正，孔子乃曰："小杖受，大杖逃。"一事出入之间，其可不讲学乎？孔子至圣也，然必七十乃从心所欲，不逾矩，人不学则老死于愚耳矣。

这一节见若水与守仁书，可见两人异见。在若水认为守仁之说，将徒守其心而不复加学问思辨之功，故主随处体认天理以为矫救。程颢说天理二字是我自己体贴出来，朱熹则要教人向外面天地万物去穷格；若水说"天理是一头脑"，这是说格物要把天理作头脑。守仁说"良知是一头脑"，则反诸心而即获。于是学问思辨力行工夫，在守仁的良知教法里，终不免要忽略了。黄宗羲又说：

> 天理无处而心其处，心无处而寂然未发者其处。寂然不动，感即在寂之中，则体认者亦惟体认之于寂而已。今日随处体认，无乃体认未感，其言终觉有病。

宗羲这番话，又是有病。天理哪能说"无处"。朱熹说"理必挂搭在气上"，故要格物穷理。再用守仁说法，"心无体，以天地万物感应之是非为体"，却亦并不曾说以寂然不动处为体。无怪守仁生平从不提到陈献章。但守仁大弟子王畿，便已盛推献章了。而宗羲《明儒学案》便说："作圣之功，到献章而始明，到守仁而始大。"若我们从另一见地看，则与其从献章识途到守仁，似不如从守仁建基而补充以若水。这两种意见，便形成了后来王学本身内部之分歧。

若水又有《求放心篇》，颇不以孟子求放心之说为是。他谓：

> 孟子之言求放心，吾疑之。孰疑之？曰：以吾心而疑之。孰信哉？信吾心而已耳。吾常观吾心于无物之先矣，洞然而虚，昭然而灵。虚者，心之所以生也。灵者，心之所以神也。吾常观吾心于有物

之后矣，窒然而塞，愦然而昏。塞者，心之所以死也。昏者，心之所以物也。其虚焉灵焉，非由外来也，其本体也。其塞焉昏焉，非由内往也，欲蔽之也。其本体固在也。一朝而觉焉，蔽者彻，虚而灵者见矣。日月蔽于云，非无日月也。鉴蔽于尘，非无明也。人心蔽于物，非无虚与灵也。心体物而不遗，无内外，无终始，无所放处，亦无所放时，其本体也。当其放于外，何者在内？当其放于前，何者在后？放者一心，求者又一心，以心求心，只益乱耳。况能有存邪？

这一说，朱熹也早说过，惟其若水认识到这里，故他要提出"随处体认天理"的主张。但若水之学，究从献章来，摆脱不了献章之束缚，太过重视"此心只是一个虚明灵觉"，虽主随处体认天理，却力避朱熹格物穷理之说，而想会通程颢、李侗、陆九渊三家来自立宗旨，因此也不能明畅地和守仁作对垒。

四四　罗钦顺

王、湛两家讲学，虽各立宗旨，但大体路径意趣则甚相似，罗钦顺便不同了。钦顺字允升，江西泰和人，学者称整庵先生。他官至吏部尚书，年八十三而卒。他家居，平旦，正衣冠，升学古楼。群从入，叙揖毕，危坐观书，虽独处无惰容。食恒二簋，居无台榭，燕集无声乐。当时人称之，谓：

> 先生自发身词林以至八座，其行己居官，如精
> 金美玉，无得致疵。

他自叙为学云：

> 昔官京师，逢一老僧，问："何由成佛？"渠漫举禅语："佛在庭前柏树子。"意其必有所谓，为之精思达旦。揽衣将起，则恍然而悟，不觉流汗通体。既而得《证道歌》读之，若合符节。自以为至奇至妙，天下之理莫或加焉。后官南雍，圣贤之书未尝一日去手，潜玩久之，渐觉就实。始知前所见者，乃此心虚灵之妙，而非性之理也。自此研磨体认，积数十年，用心甚苦。年垂六十，始了然有见

乎心性之真，而确乎有以自信。

他是一个在躬行实践中体认真理透悟真理的人。他极崇拜朱熹，但反对朱熹的理气论。他说：

> 通天地，亘古今，无非一气。气本一也，而动静往来阖辟升降，循环无已，积微而著，由著复微。为四时之温凉寒暑，为万物之生长收藏，为斯民之日用彝伦，为人事之成败得失。千条万绪，纷纭轇轕，而卒不克乱。莫知其所以然而然，是即所谓理也。初非别有一物，依于气而立，附于气以行。

他对这一问题，认为只有程颢言之最精，程颐、朱熹皆有未合。于是推溯到周敦颐《太极图说》。他说：

> "无极之真，二五之精，妙合而凝"三语，愚不能无疑。凡物必两而后可以言合，太极与阴阳果二物乎？其为物也果二，则方其未合之先，各安在邪？朱子终身认理气为二物，其源盖出于此。

北宋理学家如周敦颐、张载皆本《周易》来创建宇宙论，但皆不肯言唯气一元。因主唯气一元即接近于唯物。程颢言天理二字是他自己体贴出来，但他亦不主张唯心。因主唯心一元，究嫌太玄，不近情实。于是归纳出朱熹的理气论。他说"理必附于气"，但又说"气必寓有理"，定要分开说，但又说理气本无先后可言，此当称之为"理气混合的一元论"。今钦顺只取朱熹言理必附于气，不再说气必寓有理，好像是把理气二元打归一路，其实是走了偏锋。

但他极反对陆九渊，因此也反对王守仁。他说：

> 以良知为天理，则易简在先，工夫居后，后则可缓。白沙所谓"得此把柄入手，更有何事"。自兹以往，但有分殊处合要理会是也。谓天理非良知，则易简居后，工夫在先，先则当急。所谓"果能此道矣，虽愚必明，虽柔必强"是也。

守仁"良知即天理"之说，其先只是把天理二字说得狭了。待到后来，则说成唯心一元的宇宙论，如云"良知生天生地，成鬼成帝，为造化的精灵"是也。此且不说，因钦顺早卒，未及知守仁的晚年思想。但即论良知即天理，把天理范围说狭了，如云见父自然知孝，见兄自然知弟，人人都可作圣人，便不须再要学问思辨工夫了。讲到工夫，则朱熹所论，实为精密圆到，守仁也自说：

> 某于良知之说，从百死千难中得来，非是容易见得到此。此本是学者究竟话头，不得已与人一口说尽。但恐学者得之容易，只把做一种光景玩弄，孤负此知。

可见守仁之悟出良知，仍是易简居后，工夫在前的。即如守仁说，亦见九渊讥朱子以支离，而自居为易简，其言也应有病。但工夫也该有个头脑。守仁又说：

> 为学须得个头脑，工夫方有着落。

又说：

> 文公格物之说，只是少头脑。

又说：

> 凡工夫只是要简易真切。愈真切，愈简易；愈
> 简易，愈真切。

此下王畿、王艮浙中泰州王门，直从良知为工夫头脑，江
右王门则认有现成良知之嫌，王门即分歧在此。愈简易，
愈真切，转成钦顺之所谓"易简在先，工夫居后"矣。朱
熹言格物穷理，也不能说他少头脑。钦顺论学，自应也有
一头脑。今且问：钦顺工夫之头脑是什么？他曾说：

> 心性至为难明，是以多误。谓之两物，又非两物。
> 谓之一物，又非一物。除却心即无性，除却性即无心。
> 惟就一物中剖分得两物出来，方可谓之知性。学未至
> 于知性，天下之言，未易知也。

则钦顺头脑在"知性"。大概钦顺之意，陆王只重明心，
未遽见性，这是他反对陆王的意见。他于"知性"工夫上，
也确有见地。他说：

> 《乐记》："人生而静，天之性也。感于物而动，
> 性之欲也。"一段，义理精粹，要非圣人不能言。
> 象山从而疑之，过矣。彼盖专以欲为恶也。夫人之
> 有欲，固出于天，盖有必然而不容已，且有当然而
> 不可易者。于其所不容已者，而皆合乎当然之则，
> 夫安往而非善乎？惟其恣情纵欲而不知反，斯为恶
> 耳。先儒多以去人欲遏人欲为言，盖所以防其流者
> 不得不严，但语意似乎偏重。夫欲与喜怒哀乐，皆

性之所有者。喜怒哀乐又可去乎?

这一节,话极剀切。其实钦顺之论心性,正犹朱熹之论理气,不谓之两物,又不谓之一物,朱熹论理欲也如此。后来戴震《孟子字义疏证》,力排宋儒,其实只发挥了钦顺这一节话,而又误解了朱熹。守仁以好恶言良知,却又力辨天理与人欲,此亦如陆九渊,言之简易,但析理未精。钦顺论理气,不守朱熹之理气两分说。但他论心性,仍侧重在心性两分上。黄宗羲批评他,说:

> 先生之论心性,颇与其论理气自相矛盾。夫在天为气者,在人为心。在天为理者,在人为性。理气如是,则心性亦如是,决无异也。人受天之气以生,只有一心而已。而一动一静,喜怒哀乐,循环无已。当恻隐处自恻隐,当羞恶处自羞恶,当恭敬处自恭敬,当是非处自是非。千条万绪,缪轕纷纭,历然不能昧者,是即所谓性也。初非别有一物,立于心之先,附于心之中也。先生以谓天性正于受生之初,明觉发于既生之后,明觉是心而非性。信如斯言,则性体也,心用也。性自人生以上,静也。心是感物而动,动也。性是天地万物之理,公也。心是一己所有,私也。明明先立一性以为此心之主,与理能生气之说无异。于先生理气之论,无乃大悖乎?

这一辨,其实只是把朱熹的"理气说"来驳钦顺的"心性说”则可。果如宗羲之说，只认心性为一，在宇宙论方面则主“唯气一元”，在人生论方面又主“唯心一元”，则天与人分成两截，如何合一起来？佛家心性不分，陆王学在此方面转与相近。而钦顺思想的造诣，最为后人推重者，厥在其辨佛书。高攀龙曾说：

> 先生于禅学，尤极探讨，发其所以不同之故。

> 自唐以来，排斥佛氏，未有若是之明且悉者。

下面试略述其大概。他辨“唯识”云：

> 以心识为本，六识为末，固其名之不可易者。然求其实，初非心识之外别有所谓六识也。又非以其本之一，分而为末之六也。凡有所视，则全体在目。有所听，则全体在耳。有所言，则全体在口。有所动，则全体在身。所谓感而遂通，便是此理。以此观之，本末明是一物，岂可分而为二？而以其半为真，半为妄哉？

晚明王夫之，即常本此说辟佛、老。他又说：

> 感物而动，有当视者，有不当视者。有当听者，有不当听者。有当言当动，有不当言不当动者。凡其当然者，即其自然之不可违者，故曰“真”。所不当然者，则往往出于情欲使然，故曰“妄”。真者存之，妄者去之，以此治其身心，以此达诸家国天下，此吾儒所以立人极之道，而内外本末，无非一贯。若如佛氏之说，则方其未悟之先，凡视听言

动，不问其当然与不当然，一切谓之妄。及其既悟，又不问其当然与不当然，一切谓之真。吾不知何者在所当存，何者在所当去？当去者不去，当存者必不能存，人欲肆而天理灭矣。

又曰：

> 程子尝言："仁者浑然与物同体。"佛家亦有"心佛众生浑然齐致"之语。究而言之，相远奚啻燕越？唐相裴休，深于禅学者也，尝序《圆觉经疏》，首两句云："夫血气之属必有知，凡有知者必同体。"此即"心佛众生浑然齐致"之谓也。盖其所谓齐，固不出乎知觉而已矣。且天地之间，万物之众，有有知者，有无知者，谓有知者为同体，则无知者非异体乎？有同有异，是二本也。盖以知觉为性，其窒碍必至于此。若吾儒所见，则凡赋形于两间者，同一阴阳之气以成形，同一阴阳之理以为性。有知无知，无非出于一本。故此身虽小，万物虽多，其血气之流通，脉络之联属，原无丝毫空阙之处，无须臾间断之时，此其所以为浑然也。

其实钦顺这一节所争辨，早已是宋代周、张、朱熹的说法。至于孟子道性善，尚不以犬牛之性混同人性，更不论无知之物了？在这上，像是禅宗论性，反和孟子相接近。其实是宋儒论性较孟子更进了一步，而陆王比较近孟子，无怪钦顺要斥之为禅。钦顺把有知、无知混同合一来说天地万物之一体，所以他仍要把心、性分成两个看。陆、王扣紧在有知上，扣紧在人的本身上，便自然要认心性为一了。现在我们把钦顺辟佛意见，扼要言之，则可以归纳为如下之两语。钦顺说：

> 彼明以知觉为性，始终不知性之为理。

此一辨，仍主程、朱"性即理"，而排斥陆、王之"心即理"。守仁以心之良知为性，良知不仅指知是非，抑且指知好恶。一切人事之理，脱不了"是非""好恶"之两端。故守仁所谓的良知，不仅指心，亦指性。所以守仁之言心即理，转言良知即天理，但其天理的范围则狭了。至其晚年，则又言"良知生天生地，成鬼成帝，为造化的精灵"，而又主张儒、释、老三教合一，则离开他自己本所主张的更远了。

四五　王门诸流

我们既把王守仁作为明学中期之代表，我们将把王门诸儒，尽归入这一期，以见王学之流极。南宋有了一朱熹，以下诸儒，或述朱，或诤朱，总之不离以熹为中心之论点。明代亦然，有了一王守仁，此下无论是述王，是诤王，要之也不离以守仁为中心之论点。王门诸儒，派别纷歧，而王门以外，还有述朱诤王的。总之，此下的思想，非述朱，即述王，而以述王为主体。我们若专就理学立场言，以思想史的客观立场言，则学朱难、学王易，因此王学后人似较朱学为发皇。但亦因此更不胜其流弊。

四六　钱德洪、王畿

　　王门弟子，普遍到全国，但浙江是王守仁本乡，故从游者亦最先。徐爱早死，于是钱德洪、王畿，遂于王门最称大弟子。守仁平宸濠归，四方来者甚众，往往由两人先疏通其大旨，而后卒业于守仁，一时称教授师。及守仁征思田，两人居守越中书院。天泉桥一夕话，两人信守各别。及守仁卒，两人讲学不辍，江、浙、宣、歙、楚、广，名区奥地，皆有讲舍。德洪卒年七十九，畿卒年八十六，王学之宣扬，两人功为大。黄宗羲有言：

　　绪山德洪龙溪畿亲炙阳明最久，习闻其过重之言。龙溪谓："寂者心之本体，寂以照为用，守其空知而遗照，是乖其用也。"绪山谓："未发竟从何处觅，离已发而求未发，必不可得。"是两先生之良知，俱以现在知觉而言，于圣贤凝聚处，尽与扫除，在师门之旨，不能无毫厘之差。龙溪从现在悟其变动不居之体，绪山只于事物上实心磨炼，故绪山之彻悟不如龙溪，龙溪之修持不如绪山。乃龙溪竟入于禅，而绪山不失儒者之矩矱。盖龙溪悬崖撒

手，非师门宗旨所可系缚。绪山则把缆放船，虽无

大得，亦无大失。

兹约略分疏两人讲学大旨如后述。

德洪字洪甫，学者称绪山先生，余姚人，与守仁为同邑。他在野三十年，无日不讲学。他曾说：

> 吾人与万物混处于天地之中，其能以宰乎天地万物者，非吾心乎？何也？天地万物有声矣，而为之辨其声者谁欤？天地万物有色矣，而为之辨其色者谁欤？天地万物有味也，而为之辨其味者谁欤？天地万物有变化也，而神明其变化者谁欤？是天地万物之声非声也，由吾心听，斯有声也。天地万物之色非色也，由吾心视，斯有色也。天地万物之味非味也，由吾心尝，斯有味也。天地万物之变化非变化也，由吾心神明之，斯有变化也。然则天地也，万物也，非吾心则弗灵矣。吾心之灵毁，则声色味变化不可得而见矣。声色味变化不可见，则天地万物亦几乎息矣。故曰：人者，天地之心，万物之灵也。所以主宰乎天地万物者也。

朱熹尝谓主宰乎天地万物者是理，由德洪此说，则主宰乎天地万物者是人之心。此亦“心即理”之主张，而更坚强。但理的范围则狭了。而德洪之言心，犹有更进一步的阐发。他说：

> 吾心为天地万物之灵者，非吾独灵之也。吾一

人之视其色若是矣，凡天下之有目者同是明也。一人之听其声若是矣，凡天下之有耳者同是聪也。一人之尝其味若是矣，凡天下之有口者同是嗜也。一人之思虑其变化若是矣，凡天下之有心知者同是神明也。非徒天下为然也。凡前乎千百世以上，其耳目同，其口同，其心知无弗同也。后乎千百世以下，其耳目同，其口同，其心知亦无弗同也。然则明非吾之目也，天视之也。聪非吾之耳也，天听之也。嗜非吾之口也，天尝之也。变化非吾之心知也，天神明之也。故目以天视，则尽乎明矣。耳以天听，则竭乎聪矣。口以天尝，则不爽乎嗜矣。思虑以天动，则通乎神明矣。天作之，天成之，不参以人，是谓天能，是之谓天理，万物之灵。

此即陆九渊"东海有圣人，此心同，此理同"之意，而说得更明白，更清彻。昔孟子指人心之同然者为性，今德洪指人心之同然者为天、为理，则岂不把心的地位，又转移到天与理上去？此即程朱所谓之"性即理"，其实还只是"心即理"。德洪在王门，立说较平正者在此。德洪又分天心与人心，其实即圣心与俗心，公心与私心，亦即天理与人欲的分别。德洪又说：

> 求之于心者，所以求心之圣。求之于圣者，所以求圣之心。圣人先得此心之同然，故尽心必证于圣人。

孟子道性善，言必称尧舜。果主张心学，必把握住这一层，始可以无弊。陆九渊尝要问朱熹："尧舜以前曾读何书来？"就心之本体言，则圣人之心还只是凡俗人之心。但就工夫言，则凡俗人之心，毕竟该以圣人之心为标指，为依归。凡主张陆王心即理之说的，往往忽略了应有工夫。但德洪之说，似乎可以少流弊。

以上德洪几段话，专注重在人之心，专注重在人心之同然处。只人心之所同然者，是天，是理，得此则便是圣。凡未得人心之所同然者，是人，是欲，是俗。如此立下宗旨，可不再添善恶的分辨来作另外一标准。因此他又畅论"无善无恶心之体"一语的含义。他说：

> 人之心体，一也。指名曰善，可也。曰至善无恶，亦可也。曰无善无恶，亦可也。曰善曰至善，人皆信而无疑，又为无善无恶者，何也？至善之体，恶固非其所有，善亦不得而有也。至善之体，虚灵也。犹目之明，耳之聪也。虚灵之体不可有乎善，犹明之不可有乎色，聪之不可有乎声也。目无色，故能尽万物之色。耳无声，故能尽万物之声。心无善，故能尽天下万事之善。今之论至善者，乃索之于事事物物之中，先求其所谓定理者，以为应事宰物之则，是虚灵之内先有乎善也。虚灵之内先有乎善，是耳未听而先有乎声，目未视而先有乎色。塞其聪明之用，而窒其虚灵之体，非至善之谓矣。今

人乍见孺子入井，皆有怵惕恻隐之心，怵惕恻隐之心是谓善矣。然未见孺子之前，先加讲求之功，预有此善以为之则邪？抑虚灵触发，其机自不容已邪？目患不能明，不患有色不能辨。耳患不能聪，不患有声不能听。心患不能虚，不患有感不能应。虚则灵，灵则因应无方。万感万应，而万应俱寂。是无应非善，而实未尝有乎善也。衡能一天下之轻重，而不可加以铢两之积。鉴能别天下之妍媸，而不可留夫一物之形。心能尽天下之善，而不可存乎一善之迹。太虚之中，日月星辰，风雨露雷，暳霾絪缊，何物不有，而未尝有一物为太虚之所有。故曰："一阖一辟谓之变，往来不穷谓之通。"又曰："天下何思何虑？天下殊涂而同归，一致而百虑。"夫既曰百虑，则所谓何思何虑者，非绝去思虑之谓也。千思万虑而一顺乎不识不知之则，则无逆吾明觉自然之体，是千思万虑谓之何思何虑也。此心不有乎善，是至善之极，谓之无善也。故先师曰："无善无恶心之体。"至善本体本来如是，未尝有所私意撰说其间也。

又曰：

　　先师"无善无恶心之体"之说，乃对后世格物穷理之学，为先有乎善者立言也。

这里是他阐述师门所主"无善无恶心之体"一语之意义与

宗旨。但循德洪之所言，气之外不能先有了一理，心之外不能先有了一性，即善不能在心之先与外。至少其说将接近乎老之自然与释之虚无。用近代语说之，这是一哲学形上学问题。由此落实到人生修养上，德洪又提出如下之意见。他说：

> 昔者吾师之立教也，揭诚意为《大学》之要，指致知格物为诚意之功。门弟子闻言之下，皆得入门用力之地。用功勤者，究极此知之体，使天则流行，纤翳无作，千感万应，而真体常寂。此诚意之极功。故诚意之功，初学用之，即得入手；圣人用之，精诣无尽。吾师既没，吾党病学者善恶之机生灭不已，乃于本体提揭过重。闻者遂谓诚意不足以尽道，必先有悟，而意自不生。格物非所以言功，必先归寂，而物自化。遂相与虚忆以求悟，而不切乎民彝物则之常。执体以求寂，而无有乎圆神活泼之机。希高凌节，影响谬戾，而吾师平易切实之旨，壅而弗宣。师云："诚意之极，止至善而已。"是止至善者，未尝离诚意而得也。言止则不必言寂，言至善则不必言悟。盖心无体，心之上不可以言功也。应感起物，而好恶形焉，于是乎有精察克治之功。诚意之功极，则体自寂而应自顺，初学以至成德，彻始彻终，无二功也。是故不事诚意而求寂与悟，是不入门而思见宗庙百官也。知寂与悟而示人

以诚意之功，是欲人见宗庙百官而闭之门也。

这一番意见，可谓是守仁重回南都后，讲"致良知"，讲"事上磨练"之真传。至于静坐归寂，只守仁初期讲学时为然，后来并不教学者多在这上面用力。从前朱熹力排陆九渊，于德洪所说"心无体，心之上不可以言功"之说，已多量透发过。但讲心学者，总喜欢在心体上求悟。要在心体上求悟，又总喜欢用归寂守静的工夫。此即程颢的说话中有时也不免。若论孔孟先秦儒，则并不见如此般用功。德洪对此点，又有一段极精辟的话。他说：

> 夫镜，物也。故斑垢驳杂得积其上，而可以先加磨去之功。吾心良知，虚灵也。虚灵，非物也。非物，则斑垢驳杂停于吾心之何所？则磨之之功又于何所乎？今所指吾心之斑垢驳杂者，非指气拘物蔽而言乎？既曰气拘，曰物蔽，则吾心之斑垢驳杂，由人情事物之感而后有也。既由人情事物之感而后有，而今之致知也，则将于未涉人情事物之感之前，而先加致之之功，则夫所谓致之之功者，又将何所施邪？

这是他与同门聂豹的一封信，豹是专主守静归寂的。守仁征思田，豹问："勿忘勿助？"守仁答书云："此间只说必有事焉，不说勿忘勿助。专言勿忘勿助，是空锅而爨也。"德洪此等处，还是未背于师传。

王畿与德洪便不同。德洪尝说：

龙溪学日平实，每于毁誉繁冗中，益见奋惕。
弟向与意见不同。虽承先师遗命，相取为益，终与
入处异路，未见能浑接一体。归来屡经多故，不肖
始能纯信本心，龙溪亦于事上肯自磨涤。

大抵德洪偏主事上磨炼，而畿则偏在直信本心。兹再约钞
畿语，以见梗概。

　　畿字汝中，山阴人，学者称龙溪先生。他曾说：

　　夫一体之谓仁，万物皆备于我，非意之也。吾
之目遇色，自能辨青黄，是万物之色备于目也。吾
之耳遇声，自能辨清浊，是万物之声备于耳也。吾
心之良知，遇父自能知孝，遇兄自能知弟，遇君上
自能知敬，遇孺子入井自能知怵惕，遇堂下之牛自
能知觳觫。推之为五常，扩之为百行，万物之变不
可胜穷，无不有以应之，是万物之变备于吾之良知
也。夫目之能备五色，耳之能备五声，良知之能备
万物之变，以其虚也。致虚则自无物欲之间，吾之
良知，自与万物相为流通而无所凝滞。后之儒者，
不明一体之义，不能自信其心，反疑良知涉虚，不
足以备万物。先取古人孝弟爱敬五常百行之迹，指
为典要，揣摩依仿，执之以为应物之则，而不复知
有变动周流之义。是疑目之不能辨五色，而先涂之
以丹膔；耳之不能辨五声，而先聒之以宫羽。岂惟
失却视听之用，而且汩其聪明之体，其不至聋且瞶

者几希！

这些话和德洪颇相似，但主要是承象山"尧舜以前曾读何书"义，太偏激了。他又说：

> 君子之学，贵于得悟。入悟有三：有从言而入者，有从静坐而入者，有从人情事变炼习而入者。得于言者谓之解悟，触发印正，未离言诠。譬之门外之宝，非己家珍。得于静坐者，谓之证悟，收摄保聚，甚有待于境。譬之浊水初澄，浊根尚在，才遇风波，易于淆动。得于炼习者，谓之彻悟，磨砻煅炼，左右逢源。譬之湛体冷然，本来晶莹，愈振愈凝寂，不可得而澄淆也。

此论工夫，读书最下，静坐较胜，事上磨炼为主；良知学近禅可证。又曰：

> 孔门教人之法，见于《礼经》。其言曰："辨志乐群，亲师取友，谓之小成。强立而不返，谓之大成。"未尝有静坐之说。静坐之说，起于二氏，学者殆相沿而不自觉耳。后世学绝教衰，自幼不知所养，薰染于功利之习，全体精神奔放在外，不知心性为何物，所谓欲反其性情而无从入，可哀也已！程门见人静坐，每叹以为善学，盖使之收摄精神，向里寻求，亦是方便法门。先师所谓因以补小学一段工夫也。

静坐起于二氏，王门则正以二氏补儒学也。又曰：

吾人未尝废静坐，若必借此为了手，未免等待，非究竟法。圣人之学，主于经世，原与世界不相离。古者教人只言藏修游息，未尝专说闭关静坐。况欲根潜藏，非对境则不易发。若以现在感应不得力，必待闭关静坐，养成无欲之体，始为了手，不惟蹉却见在工夫，未免喜静厌动，与世间已无交涉，如何复经得世？独修独行，如方外人则可。大修行人，于尘劳烦恼中作道场。吾人若欲承接尧、舜、姬、孔学脉，不得如此讨便宜。

以上言悟，言静坐，言事上磨炼，皆王门惯用语，非儒家传统语。其言经世，亦指事上磨炼，非言治平大业。要之为目标宗旨，自辟蹊径。惟静坐一事，二程兄弟亦曾以此教人，而禅宗反不主静坐，故使人易于迷其疆境所近，道途所归也。他又说：

儒者之学，以经世为用，而其实以无欲为本。

无欲者，无我也。天地万物本吾一体，莫非我也。

周敦颐说："主静立人极。"又曰："无欲故静。"他说："无欲者，无我也。"则其所向往，究与敦颐所谓"志伊尹之所志，学颜子之所学"者不同矣。他又说：

儒者之学，务于经世，然经世之术，约有二端：有主于事者，有主于道者。主于事者，以有为利，必有所待而后能寓诸庸。主于道者，以无为用，无所待而无不足。

此如程颢所谓"尧舜事业，亦只如太虚中一点浮云过目"，则何所谓经世？王守仁以黄金成色来定圣人造诣。事业在外不在内，故必有所待。道德在内不在外，故可无所待。重道德，轻事业，语若近是，而意态轻重究不同。故他又说：

> 吾之一身，不论出处潜见，当以天下为己任。最初立志，便分路径。入此路径，便是大人之学。外此，便是小成曲学。先师万物一体之论，此其胚胎也。吾人欲为天地立心，必其能以天地之心为心。欲为生民立命，必其能以生民之命为命。诚得此体，方是上下与天地同流。宇宙内事，皆己分内事，方是一体之实学。所谓大丈夫事，小根器者不足以当之。

他从"万物一体"来阐良知，以经世，以天下为己任，来说致良知与事上磨炼，对师门宗旨，不能说有差失。但主要在如何得此心体，则仍然须先一悟。王学与关、洛究有辨。他又说：

> 吾人为学之所大患者，在于包裹心深，担当力弱。

这八字，是良知学警策人之两要领。同时江西王门，更着眼"包裹心深"四字，因之偏重静坐，求见本体，然仍是"担当力弱"。龙溪派则猖狂妄行，更轮不到担当。他又说：

> 以世界论之，是千百年习染。以人身论之，是

半生依靠。见在种种行持点检，只在世情上寻得一件极好事业来做，终是看人口眼。若是超出世情汉子，必须从浑沌里立定根基，将一种要好心肠，洗涤干净。枝叶愈枯，灵根愈固。从此生天生地，生人生物，方是大生。故学问须识真性，独往独来，使真性常显，始能不落陪奉。

此处所说也不错，然龙溪认读圣贤书亦是"依靠陪奉"，则非陷于猖狂不可。他又说：

悟须实悟，修须真修。凡见解上揣摩，知识上凑泊，皆是从言而入，非实悟也。凡气魄上承当，格套上模拟，皆是泥象而求，非真修也。

这里他所谓"实悟"，显不同情于朱熹读书穷理的教法；所谓"真修"，则连北宋诸儒，也尚多在"气魄上承当，格套上模拟"。似乎愈求鞭辟近里，而在气魄上、格套上，则反而愈变愈狭小。可见心学工夫，实做来还是另一套。畿在政治上，自始便不甚热心。二十六岁试吏部，不第，叹曰："学贵自得耳！"立取京兆所给路券焚之，归始受业于守仁。二十九岁，复当会试。守仁命其往，曰："吾非以一第为子荣，顾吾之学疑信者半，子之京师，可以发明。"是年，德洪亦在选，时阁部大臣都不喜学，两人相语："此岂我辈入仕时。"遂同不就廷试而归。三十二岁又与德洪赴廷试，闻守仁讣，两人奔丧至广信，扶榇归越，筑场庐墓，心丧三年。直到三十五岁，始赴廷对，遂入仕，然不久即告病。他在林下四十余年，无日不讲学。两都、吴、楚、闽、越，皆有讲舍。年八十，犹周流不倦。这是他所谓"不论出处潜见，当以天下为己任"之实践。守仁良知学，亦可谓富于一种社会教育的精神，而德洪与畿两人，则毕生是一社会讲学家，毕生从事在社会教育上。他们与以前理学讲学态度，显有不同。但这样流动性的集会讲学，一面是讲各自的良知，反身而即得。一面是讲天地万物为一体，当下即圣人。听讲的人多而又杂，讲得又简易，又广大，自然难免有流弊。于是遂有所谓伪良知，识者讥之为狂禅。同时江西同门，则正想力矫此流弊。黄宗羲也说他"于儒者矩矱，未免有出入"。然仍谓：

> 先生亲承阳明末命，其微言往往而在。象山之后，不能无慈湖；文成之后，不能无龙溪；以为学术之盛衰因之。慈湖决象山之澜，而先生疏河导源，于文成之学，固多所发明。

上引都是他比较有矩矱规绳的话。至于所谓悬崖撒手，茫无把柄，近禅近老的一些显豁语，这里且不详引。

四七　王艮

　　王艮字汝止，泰州人，学者称心斋先生。七岁受书乡塾，贫不能竟学，从父商于山东。常在衣袖中带《孝经》《论语》《大学》，逢人质难。有一天，他父亲寒天起床，冷水盥洗。他见了，痛哭说："为子令亲如此，尚得为人乎？"于是有事必身代，因此不得专功于学。然历年默究，以经证悟，以悟证经，人莫能窥其际。时守仁巡抚江西，讲良知学，大江之南，学者翕从。艮僻处乡隅，未之知。有客，吉安人，寓泰州，闻艮说，诧曰："汝所讲，乃绝类王巡抚。"艮大喜说："真么？"他又说："王公论良知，我讲格物，若真讲得相同，是天意把王公送与天下后世。若讲得不相同，或者天意要把我送与王公。"遂立起身赴江西，求见。守仁出迎门外，肃之坐上坐，他不客气坐了。谈论良久，渐渐心折，把坐位移到侧边去。谈毕，叹曰："简易直截，我不如也。"遂下拜称弟子。退而思之，感有不合。悔曰："我轻易了。"明日再往，告以悔。守仁说："你能不轻信，好极了，我们当仍以朋友宾主礼相谈。"于是他重坐上坐，辩难久之，始大服，仍纳拜愿为弟子。

守仁向他门人说："向者吾擒宸濠，心无所动，今却为那人动了。"他在江西住了些时，忽然说："千载绝学，天启吾师，怎好使天下有听不到吾师说法的人？"于是告辞归家，特造蒲轮，直去京都，沿路招摇讲说。时京师正对守仁谤议蜂起，他冠服异常，言论耸动，群目以为怪魁。同门在京者劝之归，守仁亦移书责备。他始还会稽。守仁因其意气太高，行事太奇，存心要裁抑他。艮来三日，不获见。适守仁送客出门，艮长跪道旁，说："我知道自己错了。"守仁不理，径自返入。艮随进到庭下，厉声说："孔子不为已甚。"守仁方揖之起。守仁卒，艮回泰州，开门授徒，远近麇集。守仁门下，王畿最称辩才，然有信有不信。独艮能从眉睫间稍微表示，叫人有省觉，人尽爱戴之。他弟子王栋说：

> 自古农工商贾，业虽不同，然人人皆可共学。孔门弟子三千，身通六艺者才七十二，余皆无知鄙夫耳。至秦灭学，汉兴，惟记诵古人遗经者起为经师，更相授受。于是指此学独为经生文士之业，而千古圣人共明共成之学，遂泯没而不传。天生吾师，崛起海滨，慨然独悟。直宗孔孟，直指人心，然后愚夫俗子，不识一字之人，皆知自性自灵，自完自足。不假闻见，不烦口耳，而二千年不传之消息，一朝复明。

黄宗羲则说：

> 阳明先生之学，有泰州、龙溪而风行天下，亦
> 因泰州、龙溪而渐失其传。泰州、龙溪时时不满其
> 师说，益启瞿昙之秘而归之师，盖跻阳明而为禅矣。
> 然龙溪之后，力量无过于龙溪者，又得江右为之救
> 正，故不至十分决裂。泰州之后，其人多能以赤手
> 搏龙蛇，传至颜山农、何心隐一派，遂非复名教之
> 所能羁络矣。

守仁的良知学，本来可说是一种社会大众的哲学。但真落到社会大众手里，自然和在士大夫阶层中不同。单从这一点讲，我们却该认泰州一派为王学惟一的真传。艮主要的思想，是他的"格物说"。在他未见守仁以前，他早讲《大学》"格物"了。他说：

> 身与天下国家，一物也。

> 知得身是天下国家之本，则以天地万物依于己，
> 不以己依于天地万物。

> 身未安，本不立。本乱而末治者，否矣。本乱，
> 末愈乱。

因此，他把"格物"解成为"安身"。

> 有疑安身之说者，曰："夷、齐虽不安其身，
> 然而安其心。"曰："安其身而安其心者，上也。不
> 安其身而安其心者，次之。不安其身又不安其心，
> 斯为下矣。危其身于天地万物者，谓之失本。洁其
> 身于天地万物者，谓之遗末。"

又曰：

> 凡见人恶，只是己未尽善。己若尽善，自当转易。己一身不是小，一正百正，一了百了，此之谓天下善，此之谓通天下之故，圣人以此修己安百姓而天下平。

但他说安身非自私，他要教人把一切过恶归到自身来，这才是他安身之正法。故他又说：

> 爱人直到人亦爱，敬人直到人亦敬，信人直到人亦信，方是学无止法。
>
> 人不爱我，非特人之不仁，己之不仁可知矣。
>
> 人不信我，非特人之不信，己之不信可知矣。

他又说：

> 瞽瞍未化，舜是一样命。瞽瞍既化，舜是一样命。可见性能易命。

如是则安身便可以造命。换言之，安身便所以行道。所以他又说：

> 身与道原是一件，至尊者此道，至尊者此身。尊身不尊道，不谓之尊身。尊道不尊身，不谓之尊道。须道尊身尊，才是至善。

他又说：

> 出必为帝者师，处必为天下万世师。学也者，学为人师也。学不足以为人师，皆苟道也。故必以修身为本。身在一家，必修身立本以为一家之法。

身在一国，必修身立本以为一国之法。身在天下，
必修身立本以为天下之法。出不为帝者师，是漫然
苟出。处不为天下万世师，是独善其身，而不讲明
此学于天下。是皆非也，皆小成也。

尊身即所以尊道，而尊身之至，必求其能为帝者师，为天
下万世师。

有以伊、傅称先生者，先生曰："伊、傅之
事我不能，伊、傅之学我不由。"曰："何谓也？"
曰："伊、傅得君。设其不遇，则终身独善而已。
孔子则不然也。"

可见为帝者师，不在位上求，而在德上求。虽身处陇亩，
依然可以是帝者师，是天下万世师。使吾身可以为帝者师，
为天下万世师，即便是修其身以治国平天下之道。他格物
的大致理论是如此。但也只可说是他一人之说，从来讲格
物者不如此讲。他又著《乐学歌》，歌云：

人心本自乐，自将私欲缚。私欲一萌时，良知
还自觉。一觉便消除，人心依旧乐。乐是乐此学，
学是学此乐。不乐不是学，不学不是乐。乐便然后
学，学便然后乐。乐是学，学是乐。呜呼！天下之
乐，何如此学？天下之学，何如此乐？

这是他所寻得的孔、颜乐处呀！安身乐学，那是人人所该
追求的，但毕竟与传统儒学有不同。

王襞字宗顺，艮仲子，学者称东厓先生。九岁随父至

会稽。每遇讲会，襞以童子歌诗，声中金石。守仁令其师钱德洪、王畿，先后留越中近二十年。艮开讲淮南，襞襄助其事。艮卒，襞继讲席，往来各郡，主其教事。归则扁舟于村落间，歌声振乎林木，悦然有舞雩气象。他曾说：

> 鸟啼花落，山峙川流，饥食渴饮，夏葛冬裘，
> 至道无余蕴矣。充拓得开，则天地变化，草木蕃。
> 充拓不去，则天地闭，贤人隐。今人才提学字，便
> 起几层意思。将议论讲说之间，规矩戒严之际，工
> 焉而心日劳，勤焉而动日拙。忍欲希名而夸好善，
> 持念藏机而谓改过，心神震动，血气靡宁。不知原
> 无一物，原自见成。但不碍其流行之体，真乐自见。

这些话，虽本其父《乐学歌》，也还有王畿精神的传授。

朱恕，泰州人，樵薪养母。一日过王艮讲堂，歌曰："离山十里，薪在家里，离山一里，薪在山里。"艮听得，便对他学生说："小子听之。道病不求耳！求则不难，不求无易。"恕听艮讲，浸浸有味，自是每樵必造阶下旁听。饿则向都养乞浆解裹饭以食，听毕则浩歌负薪而去。有宗姓招他说："我贷汝数十金，别寻活计，庶免作苦，且可日夕与吾辈游。"恕得金，俯而思，继而恚，曰："汝非爱我，我自憧憧然，经营念起，断送一生矣。"遂掷还之。胡直亦守仁门人，为学使，召之，不往。以事役之，短衣徒跣入见。直与之成礼而退。

韩贞，兴化人，业陶瓦。慕朱樵而从之学，后乃卒业

于王襞。有茅屋三间，以之偿债，遂处窑中。自咏曰："三间茅屋归新主，一片烟霞是故人。"年近四十未娶，襞门人醵金为之完姻。嗣觉有得，以化俗自任，农工商贾从游者千余。秋成农隙，聚徒谈学，一村既毕，复之一村，前歌后答，弦诵之声洋洋然。县令闻而嘉之，遗米二石，金一锾。贞受米反金。令问之，对曰："某窭人，无补于左右。第凡与某居者，幸无讼牒烦公府，此即某所以报也。"

这里略举樵夫、陶匠两人，以见泰州讲学风声播染之一斑。又泰州学派中有王栋论格物，别见于刘宗周一章。

四八　罗洪先、聂豹、邹守益、
欧阳德、刘文敏

王学流衍，最盛大有力量者，除浙中与泰州外，还有江西一派，当时称江右王门，却与浙中、泰州显然有不同。这是在士大夫阶层的，读书闲居人中的王学。黄宗羲说：

> 姚江之学，惟江右为得其传。东廓邹守益念庵罗洪先两峰刘文敏双江聂豹其选也，再传而为塘南王时槐思默万廷言，皆能推原阳明未尽之意。当时越中流弊错出，挟师说以杜学者之口，而江右独能破之。阳明之道，赖以不坠。盖阳明一生精神，俱在江右，亦其感应之理宜也。

以下特就江右王门择要简述其大概。

罗洪先，字达夫，学者称念庵先生，江西吉水人。父循，山东按察副使。洪先自己是状元。幼闻守仁讲学，心即向慕，及《传习录》出，读之至忘寝食。时聂豹倡归寂之说。豹字文蔚，永丰人，学者称双江先生。守仁在越，豹以御史按闽，渡江一见，谓："思、孟、周、程，无意相遭于千载之下。"然是时特以宾礼见。后六年，豹出守苏州，守仁已卒四年，豹语钱德洪、王畿曰："吾学诚得先生开发，冀再见执贽，不及矣。"以二君为证，设位，北面再拜，称门人。后因得罪辅臣，系诏狱。经岁，闲久静极，忽见此心真体，光明莹彻，万物皆备。乃喜曰："此未发之中也。守是不失，天下之理皆从此出矣。"及出狱，乃与来学立静坐法，使之归寂以通感，执体以应用。时同门为良知之学者，多谓未发即在已发中，故未发之功亦在发上用，先天之功在后天用。道不可须臾离。若谓动处无功，是即离了。心体事而无不在，若脱略事为，则类于禅悟。以此群起质难。惟洪先深契豹旨，谓："双江所言真是霹雳手段，许多英雄瞒昧，被他一口道着。如康庄大道，更无可疑。"自辟石莲洞，默坐半榻间，不出户者三年。事能前知。人或讶之，曰："是偶然，不足道。"洪先于静坐外，经年出游，求师问友，不择方内外。尝阅《楞严》，得返闻之旨，觉此身如在太虚，视听若寄世外。见者惊其神采，自省曰："误入禅定矣。"其功遂辍。有黄陂山人方与时，自负得息心诀，洪先偕王畿访之。畿先返，洪先独留，夜坐，自谓"已入深山更深处，家书休遣雁来过"。先世田宅，尽推与庶弟。将卒，问疾者入室，见如悬磬，嗟曰："何一贫至此！"洪先夷然，曰："贫固自好。"洪先生平未及守仁门，曾与钱德洪编定《守仁年谱》，自称后学。德洪曰："子年十四时，欲见师于赣，父母不听，则及门乃素志。今学其学数十年，非徒得其门，升堂入室矣。"遂未得洪先同意，于谱中改称门人。邓以赞尝说：

阳明必为圣学无疑。然及门之士，概多矛盾，
其私淑有得者，莫如念庵。

黄宗羲谓邓说可以作定论。

以下略引洪先的说话。他说：

不肖三四年间，曾以主静一言为谈良知者告。
以为良知固出于禀受之自然而未尝泯灭。然欲得流
行发见，常如孩提之时，必有致之之功。非经枯槁
寂寞之后，一切退听，而天理炯然，未易及此。阳
明之龙场是也。学者舍龙场之惩创，而第谈晚年之
熟化，譬之趋万里者，不能蹈险出幽，而欲从容于
九达之逵，岂止躐等而已？

又曰：

孟子所言良知，指不学不虑，当之自知，乃
所以良也。知者感也，而所以为良者非感也。而今
之言良知者，一切以知觉簸弄终日，精神随知流
转，无复有凝聚纯一之时，此岂所谓不失赤子之心
者乎？

又曰：

但取足于知，而不原其所以良，故失养其端，
而惟任其所以发。遂以见存之知，为事物之则，而
不察理欲之混淆。以外交之物，为知觉之体，而不
知物我之倒置。岂先生之本旨也？

因此他对守仁门下，都有极严厉的批评，而尤其侧重在王

畿。他说：

> 龙溪之学，谓之以良知致良知，如道家先天制后天之意。其说实出阳明口授，大抵本之佛氏，翻《传灯》诸书，其旨洞然。直是与吾儒兢兢业业，必有事一段，绝不相蒙。分明两人_{指守仁与畿}属两家风气。今比而同之，是乱天下也。

他认可了守仁的良知学，但不取王畿直信本心的说法。主要在于吾人所认为本心者，其实非真本心。他又说：

> 往年喜书象山"小心翼翼，昭事上帝，上帝临汝，毋贰尔心，战战兢兢，那有闲言时候"一段。龙溪在旁，辄欲更书他语，心颇疑之。六经言学，必先兢业戒惧，乃知必有事焉，自是孔门家法。

是"必有事焉"，在洪先当知戒惧，在龙溪则成簸弄矣。

他又说：

> 予问龙溪曰："凡去私欲，须于发根处破除始得。私欲之起，必有由来。皆缘自己原有贪好，原有计算。此处漫过，一时洁净，不但潜伏，且恐阴为之培植矣。"钱绪山曰："此等工夫零碎，但依良知运用，安事破除？"龙溪曰："不然。此捣巢搜贼之法，勿谓尽无益也。"

这些处，王畿却还欣赏他的意见，只不赞成他太专重静坐。

他又批评钱德洪，说：

> 执事只欲主张良知常发，便于圣贤几多凝聚处，

尽与扫除解脱。夫心固常发，亦常不发，可倒一边立说否？至谓："未发之中，竟从何处觅？"则立言亦太易矣。

他于同时王门，最欣赏聂豹《困辨录》提倡的"归寂说"，但他亦有所诤议。他说：

余始手笺是录，以为字字句句无一弗当于心。自今观之，亦稍有辨矣。公指豹之言曰："心主乎内，应于外而后有外，外其影也。"心果有内外乎？又曰："未发非体也，于未发之时而见吾之寂体。"（此豹语，以下又洪先语。）未发非时也，寂无体，不可见也。余洪先自指惧见寂之非寂也。自其发而不出位者言之，谓之寂；自其常寂而通微者言之，谓之发。盖原其能戒惧而无思为，非实有所指，得以示之人也。故收摄敛聚，可以言静，而不可谓为寂然之体。喜怒哀乐可以言时，而不可谓无未发之中。何也？心无时，亦无体，执见而后有可指也。《易》曰："圣人立象以尽意，系辞以尽言。"言固不尽意也。坤之震，剥之复，得之于言外，以证吾之学焉可也。必也时而静，时而动，截然内外，如卦爻然，果圣人意哉？

当时反对豹说者，本说心不该分寂感，不该分内外。则洪先之说，到底仍还赞成了反对者的这一面。实则豹与洪先，后人虽同称之为王门，豹与守仁仅一面，洪先则并一面而无之，自与钱德洪、王畿与守仁常日相亲者不同。

同时有邹守益，字谦之，安福人，学者称东廓先生。他也是官家子，会试第一，廷试第三，也是科第中得意人。他有《答聂豹书》，谓：

> 越中之论，诚有过高者。忘言绝意之辨，向亦骇之。及卧病江上，获从绪山、龙溪切磋，渐以平实。其明透警发处，受教甚多。夫乾乾不息于诚，所以致良知也。惩忿窒欲，迁善改过，皆致良知之条目也。若以惩窒之功为第二义，则所谓如好好色，如恶恶臭，己百己千者，皆为剩语矣。源泉混混以放乎四海，性之本体也。有所壅蔽，则决而排之，未尝以人力加损，故曰：行所无事。若忿欲之壅，不皆惩窒，而日本体原自流行，是不决不排而望放乎海也。苟认定惩窒为治性之功，而不察流行之体原不可以人力加损，则亦非行所无事之旨矣。

可见当时江西王门，对于浙中钱、王诸人所谓"除却已发何处觅未发"，以及"即流行即本体"那一套理论，并不能正面提出反对意见，只是存心补偏救弊，在侧面时时提出戒惧立诚等说法，因此终亦不能真有补救的力量。即同属江右，亦自有诤辨。守益又说：

> 天性与气质，更无二件。人此身都是气质用事，目之能视，耳之能听，口之能言，手足之能持行，皆是气质，天性从此处流行。先师有曰："恻隐之

心，气质之性也。"正与孟子形色天性同旨。其谓浩然之气，塞天地，配道义，气质与天性一滚出来，如何说得论性不论气。后儒说两件，反更不明，除却气质，何处求天地之性？

又说：

> 良知虚灵，昼夜不息，与天同运。故必有事焉，无分于动静。若分动静而学，则交换时须有接续，虽妙手不能措巧。

这些话极谛当，都近浙中钱、王。但说到下手切实做工夫，并不能给人另指示一门路。只是江右王门在心体的探究上，更深入些，致知工夫更谨慎些，如是而已。

同时又有欧阳德，字崇一，泰和人，学者称南野先生。曾与罗钦顺辨良知。钦顺谓："佛氏有见于心，无见于性，故以知觉为性。今言吾心之良知即是天理，亦是以知觉为性矣。"德申之曰：

> 知觉与良知，名同而实异。凡知视、知听、知言、知动皆知觉，而未必其皆善。知恻隐、知羞恶、知恭敬、知是非，所谓本然之善。本然之善以知为体，不能离知而别有体。盖天性之真，明觉自然，随感而通，自有条理，是以谓之良知，亦谓之天理。天理者，良知之条理。良知者，天理之灵明。知觉不足以言之。

这一说为"良知"规定一范围，确立一界说，可纠正守仁晚年言良知泛滥无准之病。《传习录》：

> 先生游南镇，一友指岩中花树，问曰："天下
> 无心外之物，如此花树，在深山中，自开自落，于
> 我心亦何相关？"先生曰："尔未看此花时，此花
> 与尔心同归于寂。尔来看此花时，则此花颜色一时
> 明白起来。便知此花不在尔的心外。"

其实说天理不在良知外，还只是把天理范围狭窄了。与一
切物不在心外，两说相差甚远。守仁良知之学，最先所讲，
本重发挥第一说，但后来转入第二说，便截然不同。《传
习录》又有一条云：

> 或问："人有虚灵，方有良知，若草木瓦石之
> 类，亦有良知否？"先生曰："人的良知，就是草
> 木瓦石的良知。若草木瓦石无人的良知，不可以为
> 草木瓦石矣。岂惟草木瓦石，天地无人的良知，亦
> 不可以为天地。盖天地万物与人原是一体，其发窍
> 之最精处，是人心一点灵明。风雨露雷，日月星辰，
> 禽兽草木，山川土石，与人原只一体。故五谷禽兽
> 之类，皆可以养人。药石之类，皆可以疗疾。只为
> 同此一气，故能相通耳。"

此说较似近朱熹，只把"良知"二字换了朱熹的"理"字。
照此说法，朱熹主张格物穷理，岂不成为要穷格草木瓦石
之良知？显见与其说物物有良知，不如说物物有性有理之
妥当。宜乎罗钦顺要以"知觉为性"责守仁。大抵王学末

流种种毛病，都从此等说法所致。陆九渊则从不说此等话，此是陆、王之相异处。而德之辨"知觉"与"良知"，则实是师门干城，也是师门净臣。

罗钦顺又辨，人之知识不容有二。孟子但以不虑而知者名之曰"良"，非谓别有一知也。今以知恻隐、羞恶、恭敬、是非为良知，知视、听、言、动为知觉，殆如《楞伽》所谓之"真识"及"分别事识"。德申之曰：

> 非谓知识有二也。恻隐羞恶恭敬是非之知，不离乎视听言动。而视听言动未必皆得其恻隐羞恶之本然者。故就视听言动言，统谓之知觉，就其恻隐羞恶言，乃见其所谓良者。知觉未可谓之性，未可谓之理，知之良者，乃所谓天之理也。犹之道心人心，非有二心，天命气质，非有二性也。

就《大学》原书言，自以钦顺之说为正。若如德之言良知，则决非孟子所言之良知。此在守仁说《大学》早有此弊。钦顺再致辨难，谓："认良知为天理，乃欲致吾心之良知于事物，则道理全是人安排出，事物无复本然之则矣。抑且于天地万物之理，一切置之度外，更不复讲，无以达夫一贯之妙。"德又申之曰：

> 良知必发于视听思虑，视听思虑必交于天地人物。天地人物无穷，视听思虑亦无穷，故良知亦无穷。离却天地人物，亦无所谓良知。故有耳目则有聪明之德，有父子则有慈孝之心。所谓良知，天然

自有之则也。视听而不以私意蔽其聪明，父子而不
以私意蔽其慈孝，是谓致良知，是乃循其天然之则
也。舍此则无所据，而不免于安排布置，远人以为
道矣。

这一说，和守仁晚年说良知显不同，和聂豹归寂主张又不
同。良知既是知是知非之独知，其体无时而不发。非在未
感以前别有未发之时。所谓未发者，乃指喜怒哀乐之发而
有其未发者在。故致和即所以致中。当时钱德洪、王畿、
邹守益，都同此主张。罗洪先最拥护豹，但在理论辨析上，
最后仍折入这一边。但此与守仁晚年说良知又不同。王学
都用此良知，但说法有种种不同，亦与孟子之说良知不同，
此事不可不知。

同时又有刘文敏，字宜充，安福人，学者称两峰先生。
时称聂双江得刘两峰，而不伤其孤零。然在最后的理论辨
析上，文敏仍还和众见不能有大异。他说：

吾性本自常生，本自常止。往来起伏，非常生
也。专寂凝固，非常止也。生而不逐，自为常止。
止而不住，是谓常生。

又说：

主宰即流行之主宰，流行即主宰之流行。

又说：

喜怒哀乐，情也。情之得其正者，性也。
发与未发，本无二致。先师云："心体上着不

得一念留滞。"能悟本体，即是功夫。人己内外，

一齐俱透。

如是则即流行即本体，以及即本体即工夫，如文敏所言，还可说无大语病。虽在轻重缓急间，尽可微有所区别，而要如聂豹之明划两分，专主静坐来教人"归寂以通感，执体以应用"，到底转不免更偏了。因此江右王门也遂无法与浙中显然割席。

四九　王时槐

江右王门之再传，却别有一番新意见，我们在此将略述王时槐。时槐字子植，安福人，学者称塘南先生。弱冠，师刘文敏。出仕后，求质于四方学者，终不以为自得。五十罢官，屏绝外务，反躬密体。如是三年，有见于空寂之体。又十年，渐悟生生真机，遂自创己说。年八十四而卒。高攀龙称之，谓：

> 塘南之学，八十年磨勘至此，可谓洞彻心境。

他也曾究心禅学，于当时儒家所谓"弥近理而大乱真"处，更能有深挚的剖判。他很有些像罗钦顺，但钦顺专守程朱，严斥陆王。而他则承统陆王，想来融会程朱。他曾说：

> 孔门以求仁为宗，而姚江特揭致知。盖当其时，皆以博闻广见求知于外为学，故先生以其根于性而本良者救之。观其言曰："良知即是未发之中。"既云未发之中，仁知岂有二哉？今末学往往以分别照了为良知，昧其本矣。

他又说：

> 致良知一语，惜阳明发此于晚年，未及与学者

深究其旨。先生没后，学者大率以情识为良知，是以见诸行事，殊不得力。罗念庵乃举未发以究其弊，然似未免于头上安头。夫所谓良知者，即本心不虑之真明，原自寂然，不属分别，此外岂更有未发邪？

他指出同时言良知者，只是"情识"，只是"分别照了"，因此要在良知之外再来求未发。他认为：

知者，先天之发窍也。谓之发窍，则已属后天矣。虽属后天，而形气不足以干之。故"知"之一字，内不倚于空寂，外不堕于形气，此孔门之所谓"中"也。末世学者，往往以堕于形气之灵识为知，此圣学所以晦。

如何说有一个"内不倚于空寂，外不堕于形气"的知呢？他说：

澄然无念，是谓一念。非无念也，乃念之至微至微者也。此正所谓生生之真机，所谓动之微，吉之先见者。此几更无一息之停，正所谓发也。若至于念头断续，转换不一，则又是发之标末矣。譬之澄潭之水，非不流也，乃流之至平至细者。若至于急滩迅波，则又是流之奔放者矣。澄潭之水固发也，山下源泉亦发也。水之性乃未发也。离水而求水性口支，即水以为性口混，以水与性为二物口歧。

这里他主张心无有不发，正如水无有不流。又提出"性"

与"生机"两观点。心之发，正是心之生机，而此生机中
却有一性，性则永如是，故称曰未发。

心之发，便见事。所以他说：

> 事之体，强名曰心。心之用，强名曰事。其实
> 只是一件，无内外彼此之分。故未有有心而无事，
> 未有有事而无心。故曰："必有事焉。"又曰："万
> 物皆备于我。"故充塞宇宙皆心也，事也，物也。
> 吾心之大，包罗天地，贯彻古今，故但言尽心，则
> 天地万物皆举之矣。学者误认区区之心，渺焉在胸
> 膈之内，而纷纷之事，杂焉在形骸之外。故逐外专
> 内，两不相入，终不足以入道。

守仁说知行合一，此刻则改成"心事合一"。其实还是一
义。所以他说：

> 舍发而求未发，恐无是理。既曰戒慎恐惧，非
> 发而何？但今人将发字看得粗了，故以澄然无念时
> 为未发，不知澄然无念正是发也。

我们若说知行合一，应该说除却行，更无知。若说心事合
一，应该说除却事，更无心。这即是除却已发，更不见未
发。所以他又说：

> 未发之中固是性，然天下无性外之物，则视听
> 言动百行万事皆性矣，皆中矣。若谓中只是性，性
> 无过不及，则此性反为枯寂之物，只可谓之偏，不
> 可谓之中。如佛、老自谓悟性，而遗弃伦理，正是

不知性。

若知心事合一，便知视听言动百行万事中皆见性。除却视听言动百行万事，亦更无性可见。于是他来发挥守仁的致知格物说：

> 问："致知焉尽矣，何必格物？"曰："知无体，不可执也。物者，知之显迹也。舍物则何以达此知之用？如窒水之流，非所以尽水之性也。故致知必在格物。阳明以意之所在为物，此意最精。盖一念未萌，则万境俱寂，念之所涉，境则随生。且如念不注于目前，则虽泰山觌面而不睹。念苟注于世外，则虽蓬壶遥隔而成象。故意之所在为物，此物非内非外，是本心之影也。"

又曰：

> 盈天地间皆物也，何以格之？惟以意之所在为物，则格物之性，非逐物，亦非离物也。至博而至约矣。

此处所谓格物之性，其实还是不离于人之心意，与朱熹《格物补传》之心物两分说其实相似。

他又分别知与意，说：

> 知包罗宇宙，以统体言，故曰大。意裁成万务，以应用言，故曰广。

他又分别意与念，说：

> 断续可以言念，不可以言意。生机可以言意，

不可以言心。虚明可以言心，不可以言性。至于性
则不容言矣。

此处分别念、意、心、性四字，甚为恰当。王门言良心极
少能如此分别者。他又说：

意不可以动静言，动静者念也，非意也。意者，
生生之密机。有性则常生而为意，有意则渐著而为
念。未有性而不意者，性而不意则为顽空。亦未有
意而不念者，意而不念则为滞机。

生几者，天地万物所从出，不属有无，不分体
用。若谓生几以前，更有无生之本体，便落二见。
阳明曰："《大学》之要，诚意而已矣。"格物致知
者，诚意之功也。知者意之体，非意之外有知也。
物者意之用，非意之外有物也。但举意之一字，则
寂感体用悉具。意非念虑起灭之谓也，是生几之动，
而未形有无之间也。独即意之入微，非有二也。意
本生生，惟造化之机不充则不能生，故学贵收敛入。
收敛即为慎独，此凝道之枢要也。

于是他本此试作程朱与陆王之调和。他说：

朱子格物之说，本于程子。程子以穷至物理为
格物。性即理也。性无内外，理无内外，即我之知
识念虑与天地日月山河草木鸟兽皆物也，皆理也。
天下无性外之物，无理外之物，故穷此理至于物物
皆一理之贯彻，则充塞宇宙，绵亘古今，总之一

理而已矣。此之谓穷理尽性之学，与阳明致良知之旨又何异乎？盖自此理之昭明而言，谓之良知，良知非情识之谓，即程门所谓理也，性也。良知贯彻于天地万物，不可以内外言也。通乎此，则朱子之格物非逐外，而阳明之良知非专内，明矣。但朱子之说，欲人究彻弥宇宙亘古今之一理，在初学遽难下手。教以姑从读书而入，即事察理，以渐而融会之。后学不悟，遂不免寻枝摘叶，零碎支离，则是徒逐物而不达理，其失程朱之本旨远矣。阳明以学为求诸心而救正之，大有功于后学。而后学复以心为在内，物为在外。且谓理在心，不在物。殊不知心无内外，物无内外。徒执内而遗外，又失阳明之本旨也。

如此调和朱、王，则朱、王后学流弊皆可免。他又说：

禅家之学，与孔门正脉绝不相侔。今人谓孔、释之见性本同，但其作用始异，非也。心迹犹形影，影分曲直，则形之欹正可知。孔门真见盈天地间只一生生之理，是之谓性。学者默识而敬存之，则亲亲仁民爱物，自不容已。何也？此性原是生生，由本之末，万古生生，孰能遏之？故明物察伦，非强为也，以尽性也。释氏以空寂为性，以生生为幻妄，则自其萌芽处，便已斩断，安得不弃君亲、离事物哉？

这是他所剖别的儒、释疆界。他以"此理之昭明"释"良知",以"生生之理"释"性",皆极切实,极剖明。因此他说:

> 本心,常生者也。自其生生而言,即谓之事。故心无一刻不生,即无一刻无事。事即本心,故视听言动,子臣弟友,辞受取予,皆心也。洒扫应对,便是形而上者。学者终日乾乾,只是默识此心之生理而已。时时默识,内不落空,外不逐物,一了百了,无有零碎本领之分。

他又说:

> 此理至大而至约,惟"虚而生"三字尽之。其虚也,包六合以无外,而无虚之相。其生也,彻万古以不息,而无生之迹。只此谓之本心,时时刻刻还他本来,即谓之学。

会合上两条,时槐仍主"心即理"之说。若无人心,岂更无天地自然乎?他又说:

> 圣学失传,自紫阳以后,为学者往往守定一个天理在方寸间。阳明特揭无善无恶,提出心体,令人知本心善亦著不得。第宗其说者致有流弊,不若说无声无臭字样,直捷稳当。

无声无臭,岂如说"天理"二字更为妥帖乎?他又说:

> 本性中涵生理曰仁,本性中涵灵通曰知。仁、知皆无声臭,故曰性之德。若恻隐是非,乃仁、知

之端倪，发用于外者是情，所谓性之用也。后儒以
爱言仁，以照言知，遂执此以为学，是徒认情之流
行，不达性之蕴奥。

这些处，他又分析得很细密。他又于当时伪良知流弊，指
出许多件，如云：

学者以任情为率性，以媚世为与物同体，以破
戒为不好名，以不事检束为孔、颜乐地，以虚见为
超悟，以无所用耻为不动心，以放其心者不求为未
尝致纤毫之力者，多矣，可叹哉！

以上略述了时槐论学大旨。盖是深有会于程朱，而未脱陆
王之牢笼者。下面再提及他的不朽论。

问："人之死也，形即朽灭，神亦飘散，故舜、
跖同归于必朽，所仅存者，惟留善恶之名于后世
耳。"予曰："不然。"又问："君子之修身力学，义
当然也，非为生死而为也。傥为生死而为善，则是
有所为而为矣。"予亦曰："不然。夫学以全生全
归为准的。既云全归，安得谓与形而俱朽乎？全归
者，天地合德，日月合明，至诚之所以悠久而无疆
也。孰谓舜、跖之同朽乎？以全归为学，安得谓有
为而为乎？"曰："天地合德，日月合明，悠久无
疆，特言其理耳！岂真有精神灵爽长存而不泯乎？
是反为沉滞不化之物矣。"予曰："理果有乎？有即
沉滞矣。理果无乎？无即断灭矣。沉滞则非德，非

明，非至诚也。断灭则无合，无悠久也。此等见解，
一切透过，乃可以语知生之学。"

若我们再把时槐自己说法来加以阐明。人之生，俱带此有
生理灵通之性而生。全生全归，便该全此生理之仁与灵通
之知。而此仁与知，即所谓性之德，形气不足以干。虽属
无声无臭，而可悠久不息。仁道与知理之不朽，即是人生
之不朽。圣人仁知兼尽，故圣人虽死而不朽。其性之德，
则常与天地合德，日月合明而常在。他又说：

> 古人有所谓不朽者。夫身外之物固必朽，文章、
> 勋业、名誉皆必朽也，精气、体魄、灵识亦必朽也。
> 然则不朽者何事，非深于道者孰能知之？

至此他乃不得不反对守仁之"无善无恶说"。

> 因看大乘《止观》，谓性空如镜，妍来妍见，
> 媸来媸见。因省曰："然则性亦空寂，随物善恶乎？
> 此说大害道。乃知孟子性善之说，终是稳当。向使
> 性中本无仁义，则恻隐羞恶从何处来？吾人应事处
> 人，如此则安，不如此则不安，此非善而何？"

然则时槐立说之精卓处，正为其于心外又言性。性则有善
无恶。因又说：

> 善由性生，恶由外染。程子所谓性固善，恶
> 亦不可不谓之性者，犹言清固水，浊亦不可不谓之
> 水耳。然水之本性岂有浊乎？其流之浊，乃染于外
> 物耳。

故全生全归而不朽，正为全得此至善。他又说：

> 彻古今，弥宇宙，皆后天也。先天无体，舍
> 后天亦无所谓先天。故必修于后天，正所以完先天
> 之性。

这一个先天之性，正是无声无臭的至善。正当于"生理之仁""灵通之知"上认。这始是彻古今，弥宇宙而不朽之所在。陆王讲心学皆少言性，时槐直从性体上透悟，因此补充了陆王许多未说到的话。

五○ 罗汝芳、赵贞吉

罗汝芳字惟德，南城人，学者称近溪先生。少时读薛瑄书，谓："万起万灭之私，乱吾心久矣，今当一切决去，以全吾湛然之体。"决志行之。闭关临田寺，置水镜几上，对之默坐，使心与水镜无二。久之，病心火。偶过僧寺，见有榜"急救心火"者，以为名医，访之，则聚徒而讲学者。汝芳从众中听，良久，喜曰："此真能救吾心火。"问之，为颜山农，名钧，吉安人，得泰州王艮之传。汝芳自述其不动心于生死得失，钧曰："是制欲，非体仁也。"汝芳曰："克去己私，回复天理，非制欲安能体仁？"钧曰："子不观孟子之讲四端乎？知皆扩而充之，若火之始然，泉之始达。如此体仁，何等直捷？"汝芳闻语，如梦得醒。明日五鼓，往纳拜称弟子。后钧以事系狱，汝芳侍养狱中，六年不赴廷试。卒尽鬻田产脱之。汝芳尝仕吴，以讲学见恶于张居正，勒令致仕。归田，身已老。钧至，汝芳不离左右，一著一果必亲进。诸孙以为劳，汝芳曰："吾师非汝辈所能事。"常与门人往来金陵、两浙、闽、广，益张皇讲学，所至弟子满座，而未尝以师席自居。论者谓："王畿笔胜舌，罗汝芳舌胜笔。"微谈剧论，所触若春行雷动。虽素不识学者，俄顷间能令其心地开明，道在眼前。一洗当时理学家肤浅套括之气，使人当下有受用。王时槐尝说：

> 汝芳蚤岁，于释典玄宗，无不探讨。缁流羽客，延纳弗拒。人所共知。而不知其取长弃短，迨有定裁。《会语》出晚年者，一本诸《大学》孝弟慈之旨，绝口不及二氏。

他尝说：

> 向从《大学》至善推演到孝弟慈，尝由一身之孝弟慈而观之一家，未尝有一人而不孝弟慈者。由一家之孝弟慈而观之一国，未尝有一人而不孝弟慈者。由一国之孝弟慈而观之天下，亦未尝有一人而不孝弟慈者。又由搢绅士大夫以推之群黎百姓，又由孩提少长以推之壮盛衰老，皆是爱亲敬长，以能知能行此孝弟慈也。又时乘闲暇，纵步街衢，肆览大众，何啻亿兆，窥觑其中，总是父母妻子之念固结维系，所以勤谨生涯，保护躯体，而自有不能已者。故某自三十登第，六十归山，中间侍养二亲，敦睦九族，入朝而遍友贤良，远仕而躬御魑魅，以至年载多深，经历久远，乃叹孔门《学》《庸》，全从《周易》"生生"一语化出。盖天命不已，方是生而又生，了是父母而己身，己身而了，了而又孙，以至曾且元。故父母兄弟子孙，是替天命生生不已

显现个皮肤。天命生生不已，是替孝父母、弟兄长、慈子孙通透个骨髓。直竖起来，便成上下今古。横亘将去，便作家国天下。孔子谓"仁者人也"，"亲亲为大"，将《中庸》《大学》已是一句道尽。孟氏谓"人性皆善"，"尧舜之道孝弟而已矣"，将《中庸》《大学》亦是一句道尽。

从来理学家，都把阴阳来讲天地，把理欲来讲心性，愈讲愈玄深，愈说愈微妙。现在汝芳则专把生生之道与孝弟慈之心来把宇宙人生世道统体绾结为一了。而这道理，却又是人人所能知，所能行。他的学统，显自泰州学派王艮格物之说转出来。但王艮到底要出必为帝者师，处必为天下万世师，而又仍然只限在人生与世道之一边。若如汝芳说，则只须孝弟慈，便直竖起来成为上下古今，横亘将去便作家国天下，而并与天命之生生不已，如皮肤骨髓相互通透，成为一体。这真是陆王易简之学，到达了最易简的阶层了。

> 问："吾侪或言观心，或言行己，或言博学，或言守静，先生皆未见许，然则谁人方可以言道邪？"曰："此捧茶童子却是道也。"一友率尔曰："岂童子亦能戒慎恐惧邪？"罗子曰："茶房到此，几层厅事？"众曰："三层。"曰："童子过许多门限阶级，不曾打破一个茶瓯。"其友省悟，曰："如此，童子果知戒惧，只是日用不知。"罗子难之曰："他若是不知，如何会捧茶？捧茶又会戒惧？"其

友语塞。

　　一广文自叙平生为学，童子捧茶方至。罗子指谓一友曰："君自视与童子何如？"曰："信得更无两样。"顷之，复问曰："不知君此时何所用工？"曰："此时觉心中光明，无有沾滞。"曰："君前云与捧茶童子一般，说得尽是。今云心中光明，又自己翻帐也。"友遽然曰："并无翻帐。"曰："童子见在，请君问他心中有此光景否？若无此光景，则分明与君两样。"广文曰："不识先生心中工夫却是如何？"曰："我的心也无个中，也无个外。所用工夫，也不在心中，也不在心外。只是童子献茶来时，随众起而受，从容啜毕。童子来接时，随众付而与。君必以心相求，则此无非是心。以工夫相求，则此无非是工夫。若以圣贤格言相求，则此亦可说动静不失其时，其道光明也。"广文怃然自失。

从来理学家总爱讲大圣贤，讲修齐治平大道理，现在汝芳则常喜讲那捧茶童子，这也有道理。以前王守仁困居龙场驿，尝沉思："圣人处此，更有何道？"因而中夜大彻大悟。始知圣人之道，吾性自足。孔子讲学杏坛，行道列国，若使那捧茶童子去讲学行道，自不及孔子。但我们应知，人世界不能专有讲学行道人，没有捧茶人。若使孔子来当此捧茶之役，试问孔子尚有何道，比此捧茶童子捧得更好更合理？这样讲来，岂不眼前那个捧茶童子便是孔子，便是圣人了。若叫圣人来处龙场驿，也只有如守仁般。叫圣人来捧茶，也只有如这童子般。我们不能说，龙场驿不是圣人该处的环境，捧茶不是圣人该当的职役。如是则天地间岂不要专为圣人安排一个特殊的环境，又安排一种特殊的职役。而把在此环境职役以外之一切人，都摈之于圣人之外。则圣人便为天地间特待的人物，而圣道亦为天地间特设的道理，这又与其他人有何相关呢？我们若这样想，便知人皆可以为尧舜，并不要人都做成尧舜般，而是若叫尧舜来做我，也只能如我般，那我便已是尧舜。但我与尧舜究不是无别。那童子捧茶与孔子杏坛讲学，列国行道，王守仁龙场驿处困，究不是同等。但这分别，则只在分量上，不在性质上。守仁说："有一钱一分的黄金，有十两百两的黄金，而其为成色十足之黄金，则无不同。"这一说法，汝芳尽情发挥了。

　　问因戒谨恐惧，不免为吾心宁静之累。罗子曰："戒谨恐惧姑置之，今且请言子之心之宁静作何状？"其生谩应以："天命本然，原是太虚无物。"罗子谓："此说汝原来事，与今时心体不切。"生又历引孟子言夜气清明，程子教观喜怒哀乐未发以前气象，皆是此心体宁静处。曰："此皆钞书常套，与今时心体恐亦不切。"诸士子沉默半晌，适郡邑命执事供茶，循序周旋，略无差僭。罗子目以告生曰："谛观群胥此际供事，心则宁静否？"诸生欣然起曰："群胥进退恭肃，内固不出，而外亦不入，虽欲不谓其心宁静，不可得也。"曰："如是宁静，正与戒惧相合，而又何相妨邪？"曰："戒谨恐惧相似，用功之意，或不应如是现成也。"曰："诸生可言适才童冠歌诗之时，与吏胥进茶之时，全不戒谨邪？其戒谨又全不用功邪？盖说做工夫，是指道体之精详处。说个道体，是指工夫之贯彻处。道体人人具足，则岂有全无功夫之人？道体既时时不离，则岂有全无功夫之时？故孟子云：'行矣而不著，习矣而不察。'所以终身在于道体工夫之中，尽是宁静而不自知其为宁静，尽是戒惧而不自知其为戒惧。不肯体认承当，以混混沌沌枉过一生。"

这里汝芳又在指点着进茶的事。而有一大堪注意处，即是他不喜人钞书，不喜人引经据典，把格言套语来当讲学事。他只就眼前亲切实生活，具体讲究。本来程颢早就说："天理二字是他自家心上体贴出来。"他又说："某写字时一心在字上，并非要字好，只此是学。"此刻群胥进茶，一心在进茶上，这也即是群胥当时心体之敬之自然流露，此亦即天理。故说："洒扫应对即是形而上。"这些话认真讲，便要讲到汝芳的一套。然而一到认真如此讲，便是黄宗羲所谓"以赤手搏龙蛇"，可以什么也不要。不说我该如何做圣人，却说圣人来做我，看该如何做。于是佛菩萨不得不让位给祖师们。此种精神，正即是佛教中禅宗的精神。

佛教有了禅，佛教便快垮台了。理学中有了陆王心学，陆王心学中有了泰州学派，乃至于罗汝芳，易简笃实到极处，那也真成为圣学中之禅学了。

汝芳曾自序他的为学经过说：

某初日夜想做个好人，而科名宦业皆不足了平生，却把《近思录》《性理大全》所说工夫，信受奉行，也到忘食忘寝忘死生地位。病得无奈，却看见《传习录》，说诸儒工夫未是。始去寻求象山、慈湖等书。然于三先生所谓工夫，每有罣碍。病虽小愈，终沉滞不安。时年已弱冠，先君极为忧苦。幸自幼蒙父母怜爱甚，而自心于父母及弟妹，亦互相怜爱。真比世人十分切至。因此每读《论》《孟》孝弟之言，则必感动，或长要涕泪。以先只把当做寻常人情，不为紧要。不想后来诸家之书，做得着紧吃苦。在省中逢着大会，师友发挥，却翻然悟得，只此就是做好人的路径。奈何不把当数，却去东奔西走，而几至忘身也哉！从此回头，将《论语》再来细读，真觉字字句句重于至宝。又看《孟子》，又看《大学》，又看《中庸》，更无一字一句不相照映。由是却想孔、孟极口称颂尧、舜，而说其道"孝弟而已矣"，岂非也是学得没奈何，然后遇此机窍？故曰："我非生而知之者，好古敏以求之者也。"又曰："规矩，方圆之至；圣人，人伦之至也。"其时孔、孟一段精神，似觉浑融在中，一切宗旨，一切工夫，横穿直贯，处处自相凑合。但有《易经》一书，却贯串不来。天幸楚中一友胡宗正，他谈《易经》，与诸家甚是不同，来从某改举业，殊悔当面错过。及告病归侍老亲，因遣人请至山中，细细叩问。始言渠得异传，不敢轻授。某复以师事之，闭户三月，亦几忘生，方蒙见许。反而求之，又不外前时孝弟之良，究极本原而已。从此一切经书，皆必归会孔孟，孔孟之言，皆必归会孝弟。以之而学，学果不厌。以之而教，教果不倦。以之而仁，仁果万物一体而万世一心也。

这虽是汝芳一人之自述，却可透露出当时学术思想演变进趋之大消息。宋、明学讲到王守仁门下，实已发挥得最易简，最切近，义无余蕴了。然而种种歧见，种种争辨，还是愈歧而愈狭，愈辨而愈细，使人入而不能出。真用功人，不由得你不深感到这里的苦处。汝芳说："学得没奈何，然后遇此机窍。"当知唐代禅宗，也正是在这一局面下迸爆而出的。从此却把宋、明几百年各家各派争辨歧见，只把孔孟"孝弟"两字来统括净尽了。但孝弟只是尽人事，如何把来通天道？于是古经籍中《易经》一书，便成为汝芳最难打通的一关。直从周、邵、张诸家，到朱熹之格物穷理而求一旦之豁然贯通，是一条路。又从程颢之"学者先须识仁"，到王守仁的"人心一点灵明是天地万物发窍最精处"，又是一段路。此刻汝芳则只把捉到天地生生之德，来和斯人孝弟之心绾合成一了，又可省却许多葛藤与缴绕。如是说来，真是愚夫愚妇，当下便知便能了。却不料正为如是，也把古圣人古经典地位，都让世间愚夫愚妇日常心情代替占尽了。试问：这一种精神，如何不说它是佛门中禅的精神呢？

> 问："仁者以天地万物为一体，又曰仁者浑然与物同体，意果何如？"罗子曰："天地之大德曰生，夫盈天地间，只是一个大生，则浑然亦只是一个仁。中间又何有纤毫间隔？故孔门宗旨，惟是一个'仁'字。孔门为仁，惟一个'恕'字。如云'己欲立而立人，己欲达而达人'。分明说己欲立，不须在己上去立，只立人即所以立己也。己欲达，不须在己上去达，只达人即所以达己也。是以平生功课，'学之不厌，诲人不倦'。其不厌处，即其所以不倦处。其不倦处，即其所以不厌处。即今人说好官相似，说官之廉，即其不取民者是也。而不取于民，方见是廉。说官之慈，即其不虐民者是也。而不虐乎民，方见是慈。统天彻地，胶固圆融，自内及外，更无分别，此方是浑然之仁，亦方是孔门宗旨。"

汝芳讲学之着精神处，正在他不讲理，只讲事，而正在事上显出了理。所以禅宗兴起，同时便会有华严。华严讲

"事理圆融"，却要讲到"事事圆融"。必待讲到这里，才如行人到了家。但行人到家了，也便无路可走了。佛学如此，宋、明理学也如此。

> 问："孔门恕以求仁，先生如何致力？"曰："方自知学，即泛观虫鱼，爱其群队恋如，以及禽鸟之上下，牛羊之出入，形影相依，悲鸣相应，浑融无少间隔。辄恻然思曰：'何独于人而异之！'后偶因远行路途，客旅相见，即忻忻谈笑终日，疲倦俱忘，竟亦不知其姓名。别去，又辄恻然思曰：'何独于亲戚骨肉而异之！'噫！是动于利害，私于有我焉耳。从此痛自刻责，善则归人，过则归己，益则归人，损则归己。久渐纯熟，不惟有我之私不作间隔，而家国天下，翕然孚通。甚至肤发不欲自爱，而念念以利济为急焉。三十年来，觉恕之一字，得力独多也。"

这些处，全不是在讲学，只是在讲生活，讲日常。程颢说："观雏鸡可以识仁。"但这话仍像在讲学讲义理。必待一切落实到具体日常生活上，此种义理与此种学，才如行人到了家。但行人到家了，便不再有路了。因此王学传统，实也不必再要有何心隐、李卓吾，自会衰歇了。

> 汝芳孙怀智，尝阅《中峰广录》，汝芳辄命屏去，曰：
> 禅家之说，最令人躲闪，一入其中，如落陷阱。更能转出头来，复归圣学者，百无一二。

可见汝芳不愿讲禅学。但一种思想，只要真能鞭辟近里，真能笃实易简，到真人人易知易能的阶段，反身当下而即是，用不着对古圣贤古经籍传统再追求。这样的思想，便早是佛教中的禅学了。汝芳决不只如禅宗祖师们，仅说运水搬柴是神通。他还要说孝弟慈，要说仁恕一体。但所说内容尽相异，而我们则仍不妨说他是理学中的禅。许多人说陆王心学是禅，正为其早带有这样的精神。再追溯上去，程颢早带有这种精神了，甚至可说连孟子也有这一种精神。禅宗本是佛教传入中国后由中国人自己开创的新宗派。我们也可说，中国思想里，本带有这一种禅的意味呀！因此中国思想不易在宗教与哲学上演进。这却是中国思想一个特殊点。但许多人不了解此意，如陈建《学蔀通辨》，把陆九渊主张教人静坐，收拾精神，认为是禅学。其实禅宗祖师们正反对静坐。陈建又说王守仁是禅，但如江右王门罗洪先，尽教人静坐，并不能说他是禅学。而汝芳则正从静坐中解放逃出的。他尝说：

> 尝过临清，剧病，怳忽见老人语之曰："君自有生以来，触而气每不动，倦而目辄不瞑，扰攘而意自不分，梦寐而境悉不忘，此皆心之痼疾也。"愕然曰："是则予之心得，岂病乎？"老人曰："人之心体，出自天常，随物感通，原无定执。君以夙生操持，强力太甚，一念耿光，遂成结习。不悟天体渐失，岂惟心病，而身亦随之矣。"惊起叩首，

流汗如雨。从此执念渐消，血脉循轨。

这一节话，可与他临田寺闭关遇颜钧指点一节合看。汝芳近禅的精神，正在其跳出静坐的一关。而浅者遂认静坐为禅学，这不该不辨析。

但朱熹早说程门如谢良佐、杨时后梢皆没入禅去。又明明说陆九渊近禅。陈建《学蔀通辨》，都引朱熹话证陆王是禅学。即王学后人亦说罗汝芳是禅。可见在中国学术传统中，自不免有此禅的一条路，故佛门禅宗，实亦由中国僧人自创。但儒学正统，则必辨之此为"弥近理而大乱真"。此当通观儒学大体，与其思想之彼此异同，乃可以知之，固不得只以儒、释疆界一语而轻忽视之也。

或者又以不读书为禅。此近似而不全是。汝芳同时有赵贞吉，字孟静，号大洲，四川内江人。六岁诵书，日尽数卷。官至大学士，以与高拱不合，罢官归。杜门著述，拟作《二通》，以括古今之书。内篇曰《经世通》，外篇曰《出世通》。内篇又分二门：曰史，曰业。史之为部四：曰统，曰传，曰制，曰志。业之为部四：曰典，曰行，曰艺，曰术。外篇亦分二门：曰说，曰宗。说之为部三：曰经，曰律，曰论。宗之为部一：曰单传直指。书未成。他讲学即不讳言禅，其《答友人书》曰：

仆之为禅，自弱冠以来，敢欺人哉？试观仆之行事立身，于名教有悖谬者乎？则禅之不足以害人，明矣。仆盖以身证之，非世儒徒以口说诤论比也。

宋明理学大传统在辟佛，尤其在辟佛学中之禅。纵有喜近禅学的，但以儒学正统而公开自认为禅者，则似乎贞吉以前还没有过。但他讲学，也只讲忠恕。他说：

> 曾子曰："夫子之道，忠恕而已矣。"不欺其心为忠，能度人之心为恕。夫不欺自心与能度他心者，岂今之人尽不能哉？循是义也，堂堂平平，以入夫子之门，是千载而昕夕也。

当知这种精神，便是佛学中禅学的精神。宋明儒所公认儒、释疆界者，以为释氏"以觉为性"，只尊知觉，而吾儒则"以理为性"，要在知觉中发明出义理。运水搬柴即是神通，这是佛学中之禅。必知运水搬柴有运水搬柴之理，这才是儒。但儒中有一派，认一切理不必向外求，即我本心便会自懂得，而且只我心懂得的始是理，此即陆王一派所谓的心学。心学发展到极点，便成为儒学中之禅。贞吉则坦率自己承认了。他又说：

> 学术之历古今，譬之有国者：三代以前，如玉帛俱会之日，通天下之物，济天下之用，而不必以地限也。孟、荀以后，如加关讯焉，稍察阻矣。至宋南北之儒，殆遏汆曲防，独守溪域，而不令相往来矣。陈公甫尝叹宋儒之太严。夫物不通方则用穷，学不通方则见陋。且诸子如董、扬以下，苏、陆以上，姑不论。晦翁法程、张矣，而不信程、张；尊杨、谢矣，而力辟杨、谢。凡诸灵觉明悟通解妙达

之论，尽以委于禅，目为异端，而惧其一言之污也。顾自日看案上六经、《论》《孟》及程氏文字，于一切事物，理会以为极致。至太极、无极、阴、阳、仁义、动静、神化之训，必破碎支离之谓善。稍涉易简疏畅，则动色不忍言，恐堕异端矣。夫谓灵觉明妙，禅者所有，而儒者所无。非灵觉明妙，则滞室昏愚，岂谓儒者必滞室昏愚而后为正学耶？

从前佛学中禅学所争，也争这一点。他们不认为成佛成菩萨只限一条路，人人可以各就自己方便成佛成菩萨。四面八方，都通到佛地，条条路可以去佛国。所以最简单却是最广大，最径直却是最曲折。邵雍诫程颐，面前路子应放令宽。后来反对宋明儒理学的，也都在这上面反对。但把这一条路真放宽了，条条是路便成没有路。于是上路的便易猖狂妄行，而流弊不胜了。黄宗羲批评说：

先生谓禅不足以害人者，亦是有说。朱子云："佛学至禅学而大坏。"盖至于今，禅学至棒喝而又大坏，棒喝因嘱付源流而又大坏。就禅教中分之为两：曰如来禅，曰祖师禅。如来禅者，先儒所谓语上而遗下，弥近理而大乱真者是也。祖师禅者，纵横捭阖，纯以机巧小慧，牢笼出没其间，不啻远理而失真矣。今之为释氏者，中分天下之人，非祖师禅勿贵。递相嘱付，聚群不逞之徒，教之以机械变诈，皇皇求利，其害岂止于洪水猛兽哉？故吾见今

之学禅而有得者，求一朴实自好之士而无有。假使
达摩复来，必当折棒噤口，涂抹源流，而后佛道可
兴。先生之所谓不足以害人者，亦从弥近理而大乱
真者学之。古来如大年杨忆东坡苏轼无垢张九成了翁陈
瓘一辈，皆出于此。若其远理而失真者，则断断无
一好人也。

这一批评，可谓沉痛。宗羲正亦见于晚明狂禅伪良知流弊，
而不得不发此沉痛之纠弹。禅宗精神，本在放宽路，让人
走。但循至条条是路，尽人可走了，则实际会变成没有路。
六祖不传衣钵是对的，但后来的禅学，却宗派纷起，明处
没有路，暗里另有路，公开无衣钵，暗里仍还有衣钵。这
便是宗羲所谓的嘱付源流了。于是路隐入了暗处，自然会
有机械变诈，有棒喝机锋。流弊所及，明里是佛菩萨人人
可做，暗里是祖师叫人难当。学术思想的流弊，到了这一
步，其势非变不可了。势须另开道路，另定规辙，这是晚
明思想界的事。

五一　晚期明学

　　若我们把中期宋学，认为宋、明学里的正统，则程颢该是中期宋学之正统。由他转出程颐，再由程颐转进到朱熹，那是一条路，却由中期会合到初期。其次由颢到陆九渊，再到王守仁，转出泰州学派而至罗汝芳，那另是一条路。这路到此而尽，如远行人到了家，到了家就无路可跑了。若你不安于家，尽要向外跑，那须得再出门。晚期明学是承接那一条走尽头路，到了家，又想另起身，另具一计划再出门，既不肯随便安居家中，也非无目的出门作闲逛。这不是件简单事，惜乎晚明儒出门行走得不远，扑面遇着暴风雨，阻着路，迷失了，那是明、清之际的大激变。只有临时找一安躲处，但一躲下来又便耽搁了，而且把出门时原兴趣原计划打消了，放弃了，那才有清代乾嘉盛时之古经学考据。我们此刻且把晚明儒初出门时，那一条路向约略指点出，这便是当时东林学派之大概。

　　东林学派与以前王学，显然不同。守仁殁后，浙中、泰州，所在设教，鼓动流俗，意气猖狂，迹近标榜。但东林诸贤却不然。他们虽有一学会，但暗然仅作朋友私人的讲习。后来东林两字扩大到全国，一切忠义气节全归到东林，好像东林成为当时一大党派，甚至后来把明代亡国也说成东林党祸所召致，那该由讨论史学的人来替他们作昭雪。此刻则只就思想学术方面，把几位东林学者作代表来叙述。

五二　顾宪成、允成

　　顾宪成字叔时，无锡人，学者称泾阳先生。幼擅殊慧。年十五六，从学于张原洛。原洛曰："举子业不足以竟子学，盍问道于方山薛先生！"薛方山名应旂，武进人，尝从学于欧阳德。然为考功时，尝置王畿于察典，以是一时学者不许其名王氏学。方山见宪成而大喜，授以朱熹《伊洛渊源录》，曰："洙泗以下，姚江以上，萃是矣。"这是后来东林诸贤，越过王学再寻程朱旧辙的发端。宪成以解元中进士，时张居正当国，病，百官为之斋醮，同官署宪成名，宪成闻之，驰往削去。曾罪谪桂阳州判官，又获罪，削籍归田里。遂会同志创东林书院，一依朱熹白鹿洞旧规。旁邑闻风四起，皆推宪成为祭酒。他论学主与世为体，尝言：

　　官辇毂，念头不在君父上；官封疆，念头不在百姓上；至于水间林下，三三两两，相与讲求性命，切磨德义，念头不在世道上：即有他美，君子不齿。

这一意态，却直返到初期的宋儒，近似范仲淹、石介之流风。因此会中多裁量人物，訾议国政。清议和讲学，併成为一事，这才从书院直接影响到朝廷，一时也很有人想根据东林意见改革朝政，于是东林成为誉府，亦成为谤窟。宪成又曾一度起用，卒不赴。

当其时，王学已臻于极弊，学者乐趋便易，冒认自然。常称："不思不勉，当下即是。"他则说：

> 查其源头，果是性命上透得来否？勘其关头，果是境界上打得过否？

而于王守仁自己所说，也极多严厉的纠驳。他曾说：

> 阳明先生曰："求诸心而得。虽其言之非出于孔子者，亦不敢以为非也。求诸心而不得，虽其言之出于孔子者，亦不敢以为是也。"此两言者，某窃疑之。夫人之一心，浑然天理。其是，天下之真是也。其非，天下之真非也。然而能全之者几何？惟圣人而已矣。自此以下，或偏或驳。遂乃各是其是，各非其非，欲一一而得其真，吾见其难也。故此两言者，其为圣人设乎？则圣人之心，虽千百载而上下，冥合符契，可以考不谬，俟不惑，无有求之而不得者。其为学者设乎？则学者之去圣人远矣，其求之或得或不得，宜也。于此正应沉潜玩味，虚衷以俟，更为质诸先觉，考诸古训，退而益加培养，洗心宥密，俾其浑然者果无愧于圣人。如是而犹不得，然后徐断其是非，不晚也。苟不能然，而徒以两言横于胸中，得则是，不得则非，其势必至自专

自用，凭恃聪明，轻侮先圣，脚注六经，无复忌惮，

不亦误乎？

孟子道性善，言必称尧舜，孟子也只把尧舜来作为性善之实证。陆九渊也说："东海、西海有圣人出，此心同，此理同。"九渊也只把圣人来作为他主张"心即理"的理论之实证。王守仁也说，良知二字，是他从千辛万苦中得来，并不曾教人先横一自知得一切是非的良知在胸中。但流弊所极，则宪成这番话，虽平常，实重要。当知禅学精神，正在教人求之心，更不重于质先觉，考古训。宪成的意思，也就在排这禅。他又说：

阳明尝曰："心即理也。"某何敢非之，然而谈

何容易？

他不反对守仁的所谓"心即理"，但他不许人轻易说这句话。所以他又说：

朱子云："佛学至禅学而大坏。"只此一语，五

宗俱应下拜。

他又说：

余弱冠时好言禅，久之，意颇厌而不言。又久

之，耻而不言。至于今，乃畏而不言。

正因王学末流很近禅，于是晚明禅学又大兴。他说他厌言禅，耻言禅，终至怕言禅，我们再参合上引黄宗羲的一节话在赵贞吉篇中，便可想象那时学术思想上颓波靡风之大概。

或问："佛氏大意。"曰："三藏十二部五千四

百八十卷，一言以蔽之，曰：无善无恶。"

他对王守仁"无善无恶心之体"一语，排斥得尤厉害。他说：

> 管东溟曰："凡说之不正，而久流于世者，必其投小之私心，而又可以附于君子之大道者也。"愚窃谓"无善无恶"四字当之。何者？见以为心之本体原是无善无恶也，合下便成一个空。见以无善无恶只是心之不着于有也，究竟且成一个混。空则一切解脱，无复挂碍，高明者入而悦之。于是将有如所云，以仁义为桎梏，以礼法为土苴，以日用为缘尘，以操持为把捉，以随事省察为逐境，以讼悔改过为轮回，以下学上达为落阶级，以砥节励行独立不惧为意气用事者矣。混则一切含糊，无复拣择，圆融者便而趋之。于是将有如所云，以任情为率性，以随俗袭非为中庸，以阉然媚世为万物一体，以枉寻直尺为舍其身济天下，以委曲迁就为无可无不可，以猖狂无忌为不好名，以临难苟安为圣人无死地，以顽钝无耻为不动心者矣。由前之说，何善非恶？由后之说，何恶非善？是故欲就而诘之，彼其所占之地步甚高，上之可以附君子之大道。欲置而不问，彼其所握之机缄甚活，下之可以投小人之私心。即孔孟复作，其奈之何哉？

这真描绘出了当时学术界一幅十八层地狱图，而直从那些地狱中人的心坎深微处下笔。所以他又说：

> 程叔子曰："圣人本天，释氏本心。"季时其弟
> 允成谓添一语："众人本形。"史际时曰："宋之道学，
> 在节义之中；今之道学，在节义之外。"予曰："宋
> 之道学，在功名富贵之外；今之道学，在功名富贵
> 之中。在节义之外，则其据弥巧；在功名富贵之中，
> 则其就弥下。无惑乎学之为世诟也！"

他并不在讲学，只在讲世道，讲人心。若人心早在节义外，而又同时在富贵利达中，则世道可想，哪还有学术之可讲？讲来讲去，还是附于君子之大道，而投于小人之私心。故他说：

> 平居无事，不见可喜，不见可嗔，不见可疑，
> 不见可骇。行则行，住则住，坐则坐，卧则卧。即
> 众人与圣人何异？至遇富贵，鲜不为之充诎矣。遇
> 贫贱，鲜不为之陨获矣。遇造次，鲜不为之扰乱矣。
> 遇颠沛，鲜不为之屈挠矣。然则富贵一关也，贫贱
> 一关也，造次一关也，颠沛一关也。到此真令人肝
> 肺具呈，手足尽露，有非声音笑貌所能勉强支吾者。

他依然不像在讲学，还是在讲世道，讲人心。陆王所讲是历史人心之光明面，他则在指点出时代人心之黑暗面。我们若说周、邵、张、朱是外向宇宙万物求真理，陆王是内向人心求真理，则宪成眼光，只针对在现实的世道时风上求真理。这可说是东林讲学的新方向。

顾允成字季时，宪成弟，学者称泾凡先生。兄弟同师薛应旂。廷对，指切时事，以万历宠郑贵妃任奄寺为言，读卷官见之，曰："此生作何语，真堪锁榜矣。"御史房寰劾海瑞，允成疏寰七罪，奉旨削籍。嗣起复，仍以抗疏犯政府谪外任。尝谓：

> 平生左见，怕言中字。以为我辈学问，须从狂狷起脚，然后从中行歇脚。凡近世之好为中行，而每每堕入乡愿窠臼者，只因起脚时便要做歇脚事。

又曰：

> 三代而下，只是乡愿一班人，名利兼收，便宜受用。虽不犯乎弑君弑父，而自为忒重，实埋下弑父弑君种子。

又曰：

> 南皋邹元标最不喜人以气节相目，仆问其故，似以节义为血气也。夫假节义乃血气，真节义即理义也。血气之忍不可有，理义之忍不可无。理义之气节，不可亢之而使骄，亦不可抑之而使馁。以义理而误认为血气，则浩然之气且无事养矣。近世乡愿道学，往往借此等议论，以消铄吾人之真元，而遂其同流合污之志。其言最高，其害最远。

> 一日，喟然而叹。泾阳曰："何叹也？"曰："吾叹夫今之讲学者，怎是天崩地陷，他也不管，只管讲学耳。"泾阳曰："然则所讲何事？"曰：

"在搢绅只'明哲保身'一句，在布衣只'传食诸
侯'一句。"

他又说：

> 昔之为小人者，口尧舜而身盗跖。今之为小人
> 者，身盗跖而骂尧舜。

骂尧舜好像不复是乡愿。但当时学风却奖励人发高论，致
于骂尧舜。这依然在对时风作阿谀，实为乡愿之尤巧而尤
诈者。但允成也并不反对讲心学。他说：

> 心学之弊，固莫甚于今日。然以《大学》而论，
> 所谓如见其肺肝然，何尝欺得人？却是小人自欺其
> 心耳。此心蠹也，非心学也。若因此便讳言心学，
> 是轻以心学与小人也。

又曰：

> 道心难明，人心易惑。近来只信得六经义理亲
> 切，句句是开发我道心，句句是唤醒我人心。学问
> 不从此入，断非真学问。经济不从此出，断非真经
> 济。
>
> 泾阳尝问先生工夫，先生曰："上不从玄妙门
> 讨入路，下不从方便门讨出路。"

正因为讲得太玄妙，遂使做来有方便。二顾兄弟讲来似平
常，却使人感有一种凛然不可犯之色，截然不可逾之气。
时人评允成，说他是"义理中之镇恶，文章中之辟邪"，
洵为的评。

五三　高攀龙

　　高攀龙字存之，无锡人，学者称景逸先生。以疏弹执政谪揭阳，半载而归，遂与宪成复兴东林书院，讲学其中。每月三日，远近集者数百人。以为纪纲世界，全要是非明白，小人闻而恶之。在林下二十八年而复出，坐移宫案，削籍为民，并毁其书院。翌年，又以东林邪党逮，夜半投水自尽。攀龙自序为学次第云：

　　吾年二十有五，闻李元冲与顾泾阳先生讲学，始有志，以为圣人必有做处，未知其方。看《大学或问》，见朱子说"入道之要莫如敬"，故专用力于肃恭收敛，持心方寸间。但觉气郁身拘，大不自在。及放下，又散漫如故，无可奈何。久之，忽思程子谓"心要在腔子里"，不知腔子何所指，果在方寸间否邪？觅注释不得。忽在《小学》中见其解，腔子犹言身子耳。大喜，以为心不专在方寸，浑身是心也，顿自轻松快活。是时只作知本工夫，使身心相得，言动无谬。己丑第后，益觉此意津津。癸巳，以言事谪官，颇不为念。归尝世态，便多动心。甲午秋，赴揭阳，自省胸中理欲交战，殊不宁帖。在武林，与陆古樵、吴子往谈论数日，古樵忽问："本体何如？"余言下茫然，虽答曰"无声无臭"，实出口耳，非由真见。将过江头，是夜，明月如洗，坐六和塔畔，江山明媚，知己劝酬，然余忽忽不乐，如有所束。勉自鼓兴，而神不偕来。夜阑别去，登舟猛省曰："今日风景如彼，而余情景如此，何也？"穷自根究，乃知于道全未有见，身心总无受用，遂大发愤，曰："此行不彻此事，此生真负此心矣。"明日，于舟中厚设蓐席，严立规程，半日静坐，半日读书。静坐中不帖处，只将程朱所示法门参求。于凡诚敬主静，观喜怒哀乐未发，默坐澄心，体认天理等，一一行之。立坐食息，念念不舍。夜不解衣，倦极而睡，睡觉复坐。于前诸法，反复更互。心气澄清时，便有塞乎天地气象，第不能常。在路二月，幸无人事，而山水清美，主仆相依，寂寂静静。晚间命酒数行，停舟青山，徘徊碧涧。时坐磐石，溪声鸟韵，茂树修篁，种种悦心，而心不着境。过汀州，陆行至一旅舍，舍有小楼，前对山，后临涧，登之甚乐。偶见明道先生曰："百官万务兵革百万之众，饮水曲肱，乐在其中。万变俱在人，其实无一事。"猛省曰："原来如此。"一念缠绵，斩然遂绝。忽如百斤担子，顿尔落地。又如电光一闪，透体通明。遂与大化融合无际，更无天人内外之隔。至此见六合皆心，腔子是其区宇，方寸亦其本位。神而明之，总无方所可言。平日深鄙学者张皇说悟，此时只看作平常，自知从此方好下工夫耳。乙未春，自揭阳归，取释、老二家参之。观二氏而益知圣道之高。若无圣人之道，便无生民之类，即二氏亦饮食衣被其中而不觉也。甲辰，顾泾阳先生始作东林精舍，大得朋友讲习之功。徐而验之，终不可无端居静定之力。盖各人病痛不同，大圣贤必有大精神，其主静只在寻常日用中。学者神短气浮，须数十年静力，方得厚聚深培。而最受病处，在自幼无小学之教，浸染世俗，故俗根难拔。必埋头读书，使义理浃洽，变易其俗肠俗骨。澄神默坐，使尘妄消散，坚凝其正心正气。余以最劣之质，即有豁然之见，而缺此一大段工夫，其何济焉？丙午，方实信孟子性善之旨。丁未，方实信程子鸢飞鱼跃与必有事焉之旨。辛亥，方实信《大学》知本之旨。壬子，方实信《中庸》之旨。程子名之曰"天理"，阳明名之曰"良知"，总不若"中庸"二字为尽。中者停停当当，庸者平平常常。有一毫走作，便不停当。有一毫造作，便非平常。本体如是，工夫如是，天地圣人，不能究竟，况于吾人，毙而后已云尔！

黄宗羲云：

> 此先生甲寅以前之功如此。其后涵养愈粹，工夫愈密，到头学力，自云心如太虚，本无生死。刘先生宗周谓先生心与道一，尽其道而生，尽其道而死，是谓无生无死，非佛氏所谓无生死也。

这里钞摘他这一长篇的自序，一则宋、元、明三代已过六百年的理学，正到结穴时，我们可以把他来作这六百年理学家最后归宿的一典型。二则他为学一本程朱，我们若避开理论，专从实际工夫上来看程朱、陆王之异同，则在他身上，也可以看出许多极接近陆王的成分。

> 问：“阳明、白沙，学问如何？”曰：“不同。阳明、象山是孟子一脉，阳明才大于象山，象山心粗于孟子。自古以来，圣贤成就，俱有一个脉络。濂溪、明道，与颜子一脉。阳明、象山，与孟子一脉。横渠、伊川、朱子，与曾子一脉。白沙、康节，与曾点一脉。敬斋、康斋、尹和靖，与子夏一脉。”又问：“子贡何如？”曰：“阳明稍相似。”

> 问：“整庵、阳明，俱是儒者，何议论相反？”曰：“学问俱有一个脉络，宋之朱、陆亦然。陆子之学直捷从本心入，未免道理有疏略处。朱子却确守孔子家法，只以文行忠信为教，使人以渐而入。然而朱子大，能包得陆子；陆子粗，便包不得朱子。”

又曰：

> 除却圣人全知，一彻俱彻，以下便分两路。一者在人伦庶物，实知实践去。一者在灵明知觉，默识默成去。此两者之分，孟子于夫子微见朕兆，陆子于朱子遂成异同。本朝文清薛瑄文成王守仁便是两样。宇内之学，百年前是前一路，百年来是后一路。两者递传之后，各有所弊。

这些话，也显可看出学术思想转变之痕迹。从前都在理上争，以谓此是则彼非，彼是则此非。此刻则渐渐转换眼光，来看各家学派之脉络，侧重在学术本身之流变与异同。如是则争传统的宗教气，将转成为学术史的研究。因于如此的转变，故其论学精神，亦将不再悬空去争辨宇宙人生的大原理，而自会更注重在针对时弊上发脚。他曾说：

> 姚江之弊，始也扫闻见以明心，究而任心而废学，于是乎《诗》、《书》、礼、乐轻而士鲜实悟。始也扫善恶以空念，究且任空而废行，于是乎名节忠义鲜而士鲜实修。

故他说：

> 尝妄意以为今日之学，宁守先儒之说，拘拘为寻行数墨，而不敢谈玄说妙，自陷于不知之妄作。宁禀前哲之矩，硁硁为乡党自好，而不敢谈圆说通，自陷于无忌惮之中庸。积之之久，傥习心变革，德性坚凝，自当知大道之果不离日用常行，而步步踏

实地，与对塔说相轮者远矣。

根据上引，可见攀龙与宪成，在其讲学的外貌上，虽似有不同，而内里精神，则实有他们的一致。他们都不在凭空追寻宇宙或人生之大原理，再把此原理运用到现实，或凭此原理衡量已往的历史。他们似乎更着眼在当前时代的实际情况，和已往历史的客观经过上。因此他们的理论，更像是针对着现实，客观了已往。因此他们在思想上，似乎都没有要自己建立一完整的体系，或信守某家某派的理论和主张。这一点，显然是一种新态度。六百年来的理学，便会在这一新态度上变了质。

五四　孙慎行、钱一本

孙慎行字闻斯，武进人，学者称淇澳先生。曾力争福王之国事，后以"红丸案"论戍宁夏。崇祯改元，方大用而卒。刘宗周尝谓：

> 东林之学，泾阳导其源，景逸始入细，至先生
> 而另辟一见解。

慎行初为学，由宗门入，与天宁寺僧静峰，参究公案，无不了然，每于忧苦烦难中，觉心体忽现。然慎行不自以为得，尝谓：

> 儒者之道，不从悟入。

他对从来讨论已发未发，中与和的问题，有他独特的看法。他说：

> 昔人言中，第以为空洞无物而已，颇涉玄虚。
> 至谓人无未发之时，才思便属已发，以予观之，殊
> 不然。夫人日用间，岂必皆喜怒，皆哀乐，即发之
> 时少，未发之时多。所谓未发者，乃从喜怒哀乐看。
> 夫天地寥廓，万物众多，所以感通其间，而妙鼓舞
> 之神者，惟喜怒哀乐。如风雨露雷，造化所以鼓万

物而成岁。庆赏刑威，人主所以鼓万民而成化。造化岂必皆风雨露雷之时，人主亦岂必皆庆赏刑威之日。故说有未发之中，正见性之实存主处。今若以为空洞无物而已，将以何者为未发，又将以何者为中？而天地万物之感通，其真脉不几杳然无朕邪？

且所以致中者，又从何着力？毋乃兀坐闭目，以求玄妙，如世之学习静者乃可邪？

这一说，粗看只像在解释《中庸》这几句，实则对宋明理学传统意见，有绝大的翻新。第一，是看重了喜怒哀乐的本质和功用。喜怒哀乐发自天性，而且有感通鼓舞之大作用，正如天地之有风雨露雷般。这一意见从前理学家不爱讲。只有王守仁，以好恶说良知，与此颇相似。但守仁讲的本原，还似在讲哲学，慎行仅从事情实状讲，才始是切实在讲人生。这一个区别，仍是我上面之所指，还即是东林学风之特点。第二，他把未发扣紧在喜怒哀乐上，对所谓未发之中的性，有了平实的看法了，才不落到空洞与玄妙。他说：

《中庸》工夫，只学、问、思、辨、行。只要操此一心，时时用力，时时操心，原非空虚无实。如世说戒惧是静而不动，慎独是未动而将动，遂若学问思辨行外，另有一段静存动察工夫，方养得中和出。不知是何时节？又不知是何境界？只缘看未发与发都在心上，以为有漠然无心之时，方是未发。

一觉纤毫有心，便是发，曾不于喜怒哀乐上指着实。不知人心决未有漠然无心之时，而却有未喜怒未哀乐之时。如正当学问时，可喜怒可哀乐者未交，而吾之情未动，便可谓之发否？是则未发时多，发时少。君子戒惧慎独，惟恐学问少有差迟，便于心体大有缺失。决是未发而就业时多，发而就业于中节不中节时少。如此看君子终日学问思辨行，便是终日戒惧慎独。何得更有虚闲，求一漠然无心光景？

从前多认为戒惧慎独求未发之中，是儒者绝大的学问。此刻则说成人在学问时，便即是未发之中，是戒惧慎独了。这一番倒转，在六百年理学思想史上，却是极大的斡旋，不可轻易看。慎行在这一意见上，并举一最浅显之例。他说：

> 余尝验之，若思嗜欲，未思而中若燔矣。思词章，久之亦有忡忡动者。傥思义理，便此心肃然不摇乱。若思道理到不思而得处，转自水止渊澄，神清体泰。终日终夜，更不疲劳。不知何以故？且思到得来，又不尽思的时节，不必思的境路。尽有静坐之中，梦寐之际，游览之间，立谈之顷，忽然心目开豁。觉得率性之道，本来原是平直，自家苦向烦难搜索。是亦不思而得一实证。

此即孟子所谓"理义之悦我心，犹刍豢之悦我口"。人心能思，又能知理义。能思是人心之天性，理义也还是人心之天性。思即未发，非已发。他又说：

> 告子以生言性，执已发而遗未发。理义之说，惟人有之，而禽兽不能。但从生言性，虽性亦生；从性言生，虽生亦性。虽性亦生，必至混人性于犬牛。虽生亦性，方能别几希于禽兽。

禽兽有生命，故亦有性，此是告子的说法。人性异于禽兽，故人生亦必异于禽生与兽生，因此当从性言生，始是儒家性善论正义。

他把已发未发的争辨解决了，又说到中和。他说：

> 中和尚可分说，致中和之功必无两用。未发一致中和，已发一致中和。譬如天平，有针为中，两头轻重钧为和。当取其钧，非不时有斟酌。到得针对来，煞一时事。且钧而相对，是已发时象。如两头无物，针原无不相对，更是未发时象。看到此，孰致中？孰致和？何时是致中？何时是致和？君子只一戒惧不忘，便中和默默在我。便是致字，无两条心路。

这一看法也是极新鲜，极确切。宋儒以理释性，但人性该有倾向与追求，而理字则总像是静定着。王守仁始把好恶来说良知，但好恶指示了性的动情，却没有指示出性的静态。人性在其永远的动情中，还有它永远的静态，"中和"两字却够说明这静态。以今语释之，中和便是一种均衡的状态。因人心有好恶，有时会引起对内对外的不均衡，而人性则必在不断的动向进程中求均衡。人生复杂，远非禽兽单纯的生事可比，因其自性上之求均衡，才有种种义理的发现。换言之，人性之好恶，得达中和均衡的状态时始是理，始是人性之真体段与真要求。慎行把天平来描述内心中和的貌相，把天平两头无物来描述未发时气象，可谓罕譬而喻。所以他又说：

> 凡学问最怕拘板，必有一种活动自得处，方能上达。天地间之理，到处流行，有可见，有不可见。有所言，有所不能言。不是以心时时体会，有活动机括，焉能日进日新！专有人工，绝无天趣，即终身从事，转入拘板。

程颢说："天理二字，是我自己体贴出来。"湛若水说："随处体认天理。"王守仁则说"致良知"。这三家说法，都可和慎行此条说相通。慎行此条之紧要处，在他指点出"天趣"二字来。王学末流之弊，都喜讲本体，忽略了工夫。而程朱一派的格物穷理说，则偏在工夫上，又使人把握不到一头脑。慎行"天趣"二字，似乎极平常，极通俗，实则摆脱掉讲学家一切玄谈空理，而本体工夫早面面顾到了。正因他真切看到心体和性体，他对宋儒相传主静工夫也表示他异见。他说：

> 古来未有实言性者，中和是实言性处。后人求之不得，往往虚言性，以为无可名。独《礼记》云："人生而静，天之性也"一句，儒者多宗之。

周子作《太极图》，以为圣人主静立人极。至豫章延平每教人静坐观中，看未发气象。予用工久之，觉得求未发之中，是至诚立大本真学问要领。然将一静字替中字，恐圣贤与儒学便未免于此分别。宋儒只为讲一静字，恐偏着静，故云静固静也，动亦静也，若费分疏帮补。圣学说中，便无偏静气象，不必用动字帮补。凡学问一有帮补，则心思便有一半不满处，费了筹度。躬行便有一半不稳处，费了调停。圣贤只率性而行便为道，故云致中和。不于中处调和，亦不于和处还中，彻始彻终，要在慎独。

从这一条话，可见慎行学问还是从宋儒入，这是东林共同的脉络。但慎行这一条，更有一最堪注意点，他开始指点出圣贤与儒学之分别处。换言之，即是先秦儒与宋儒之分别处，亦即是孔、孟与程、朱之分别处。这一看法，却引起了此后思想史上一绝大的转变。所以东林诸贤，我们不该专看他们是宋、明六百年理学之结穴，而实在已是此下新思想新学术之开端了。

慎行又反对宋儒"气质之性"与"义理之性"之分别。他说：

孟子说性善，而可使为不善。宋儒说性即理，才禀于气，气有清浊，清贤而浊愚。如此则便把性来做两件。

孟子谓形色天性也，而后儒有谓气质之性，君子有弗性者焉。夫气质独非天赋乎？若天赋而可以弗性，是天命之性可得而易也。孟子谓为不善，非才之罪也，而后儒有谓论其才，则有下愚之不移。夫使才而果有下愚，是有性不善与可以为不善之说是，而孟子之言善非也。孟子谓故者以利为本，而荀子直谓逆而矫之而可以为善，此其非，人人共知。但荀子以为人尽不善，若谓清贤浊愚，亦此善彼不善也。荀子以为本来固不善，若谓形而后有气质之性，亦初善中不善者也。二说未免出入孟、荀间。荀子矫性为善，最深最辨。唐宋人虽未尝明述，而变化气质之说颇阴类之。

又曰：

如将一粒种看，生意是性，生意默默流行便是气，生意显然成像便是质。如何将一粒分作两项，曰性好、气质不好。

又曰：

伊川论性，谓恶亦性中所有，其害不浅。

于是又转移到"人心"与"道心"之辨上。他说：

人心、道心，非有两项。人之为人者心，心之为心者道。人心之道，只有这一些理义之道心，非道心之外，别有一种形气之人心也。

黄宗羲说之曰：

宋儒既主有所谓气质之性，遂以发于气质者为形气之心，于是认心之所具只是知觉，而必须以理义充实之，然后乃得为道心。于是遂主穷格天地万物之理。若是则人生仅有知觉，更无义理。只有人心，更无道心。最多亦是两心夹杂。

慎行此辨，足破历来理学成见之积蔀。他又说：

《易》曰："穷理尽性。"即穷吾性之理也。阳明说致良知，才是真穷理。

慎行又继此致辨到理义与气数上，从人生界推进到宇宙界。他说：

今人言天命，多以理义气数并言。"维天之命，于穆不已"，夫所谓不已者何也？理义立，则古今旦暮，相推相荡其间而莫之壅阏者气也。理义行，而高下长短，日乘日除其间而莫之淆混者数也。故曰："至诚无息"，谓理义之纯而无息，而气数为之用也。

又说：

世说天命者，若除理义外，别有一种气运之命杂揉不齐者然。因是则有理义之性，气质之性。又因是则有理义之心，形气之心。三者异名而同病。总之，不过为为不善者推解。以是有变化气质之说。夫气质善，人顺之使善，是以人合天，何极易简？若气质本有不善，而人欲变化之使善，是以人胜天，何极艰难？且使天而可胜，则荀子矫性为善，其言不谬矣。孟子曰："天之高也，星辰之远也，苟求其故，千岁之日至，可坐而致也。"是天之气运之行，无不齐也，而独命人于气运之际，顾有不齐乎哉？

又曰：

> 万有不齐之内，终有一定不移之天。天无不赏善，无不罚恶，人无不好善恶恶，故曰："天命之谓性。"

又曰：

> 天理之流行即气数。善降祥，不善降殃，正莫之为而为，莫之致而致者。常人不知祸福，正为见善不明。

黄宗羲说之曰：

> 一气之流行往来，必有过不及，故寒暑不能不错杂，治乱不能不循环。以人世畔援歆羡之心，当死生得丧之际，无可奈何而归之运命，宁有可齐之理？然天惟福善祸淫，其所以福善祸淫，全是一段至善。一息如是，终古如是，否则生理灭息矣。

通观慎行前后诸说，他是一位彻头彻尾主张性善论的人。宋明六百年理学，主要精神，自在排佛申儒上；但他们却摆脱不掉佛学思想里，把一切分成本体与现象作双层看法的那一点。这一种分别本体与现象的看法，即西方自希腊以至近代欧洲的哲学思想大体亦如是。只中国先秦传统则不然。但宋明理学，却永远陷在这双层看法的圈套里，周、张、程、朱都如此，王守仁晚年，也不免陷入此格套。只有陆九渊，最能避免这一点。但他论心不论性，思想体系未圆密，所以高攀龙要说他粗。慎行却把这一格套全部纠正过，义理与气数之合一，便不是理气二元了。"义理之性"与"气质之性"之合一，那便是天人合一了。道心与人心之合一，便没有心本体的麻烦了。中和已发未发的新解释，便不再要"主静立人极"，来向里寻找一本体了。到他手里，才把宋明再挽到先秦。他所用一切论题，则全是宋明的，但他的观点，却全是先秦的。因此我们可以说，他的思想体系，告诉了我们宋明理学最后的归宿，而同时却是此后新思想新体系之新开端。

钱一本字国端，武进人，学者称启新先生。他曾以敢言朝政，招致廷杖与削籍。他与顾宪成分主东林讲席，所讲有许多与孙慎行相通。他曾说：

> 告子曰"生之谓性"，全不消为，故曰："以人性为仁义，犹以杞柳为桮棬。"此即禅宗无修证之说。不知性固天生，亦由人成，故曰"成之者性"。又曰"成性存存"。世儒有专谈本体而不说工夫者，其误原于告子。

他又说：

> 有性无教，有天无人，如谷不苗，如苗不秀，如秀不实。不是有一般天道，又有一般人道。有一

般不勉而中不思而得从容中道之圣人，又有一般择
善固执之贤人。如无人道之择执，其所中所得，只
如电光石火之消息，天道且茫如，而唯圣罔念亦
狂矣。

这一说，为后来王夫之所力持。黄宗羲曾说：一本之学，
多得力于王时槐，而夫之则以之会通于张载。张载有"为
天地立心，为生民立命"的主张，似乎太偏重在人道上，
为二程所不契。一本之说，黄宗羲亦加以驳议，谓：

性为自然之生理，人力丝毫不得而与，故但有
知性，而无为性。圣不能成，愚不能亏，以成亏论
性，失之矣。

自然生理，有为而非知，故说无为，但却有"成亏"，黄
说非真能了解一本的见解。一本说：

圣贤教人下手，树艺五谷，五谷熟而民人育。
异端教人下手，芟柞荑稗，谓了妄即真，恐天下并
无荑稗去就有五谷熟之理。

所以他又说：

圣学率性，禅学除情，此毫厘千里之辨。

大概一本与宗羲两家歧见，还是一偏在本体上，一偏在工
夫上。陆、王讲学，往往说只要减，不要添，即程颢也如
此。若照一本意见，则此种说法仍会有毛病。故他又说：

把阴阳五行全抹杀，光光要寻得太极出来，天
下无如此学问。徒遏欲，非所以存理。长存理，乃

所以過欲。

他又说：

> 唯圣人然后可以践形，学不在践履处求，悉
> 空谈。

他又说：

> 周子《太极图说》，于孔子"易有太极"之旨，
> 微差一线。程、张"气质之性"之说，于孟子"性
> 善"之旨，亦差一线。韩子谓"轲之死，不得其
> 传"，亦千古眼也。

他又说：

> 朱子于《四书集注》，悔其误己误人不小，又
> 欲更定《本义》而未能。后人以信守朱说为崇事朱
> 子，此徒以小人之心事朱子耳。

这是明说周、程、张、朱没有得孔、孟之真传，这可谓是
东林诸贤中最大胆的伟论。此下明遗民都有此倾向，王夫
之、颜元，全沿这一路。惟颜元较偏激。于此一本又特提
一"才"字。他说：

> 孟子据才以论性，人所为才，既兼三才，又灵
> 万物。人无有不才，才无有不善。以体谓之才性，
> 以用谓之才情，以各尽其才，各成其才。其全谓之
> 才德、才贤、才品、才能，其偏亦谓之才质、才气、
> 才智、才技、才调，并无有不可为善之才。告子不
> 知有所谓才，故其论性，或等之梗直之杞柳，或比

之无定之湍水，或以为不过食色而夷之物欲之中，
或并欲扫除仁义而空之天理之外。但知生之为性而
不知成之为性，即同人道于犬牛而有所弗顾。孟子
辞而辟之，与孔子继善成性之旨，一线不移。宋儒
小异，或认才禀于气，又另认有一个气质之性，安
知不堕必为尧舜之志？此忧世君子不容不辨。

这里一本特提一"才"字，惟其才善，所以说性善。宋儒
言性以天理，于是有人欲与天理相对立。一本言性以才，
则人无有不才，只有大小之别，这亦如王守仁黄金成色与
分量的譬喻。但守仁不免太看重在成色上，好像把成色与
分量分开了。其实离开分量，又哪里见成色？

照一本看法，又如何分别善恶呢？他又说：

就一人言心，都唤做人心。就一人言性，都唤
做气质之性。以其只知有一己者为心为性，而不知
有天下之公共者为心性也。惟合宇宙言心，方是道
心。合宇宙言性，方是天地之性。

这一分别极明白，极深透。宋儒亦本此意，但没有说得如
此明白。而又太着眼在每一人之身上立论，于是要钻向里
面去寻找一本体的心与性，即其所谓道心与义理之性来。
现在一本则教人推扩到外面去，人人所同然的即是心之道
与性之义理之真面目与真所在。所以他说：

卦必三画，见得戴天履地者始是人，非是以一

人为人，必联合天地而后为人。

他又说：

> 心者，三才主宰之总名。天地之心，天地之主宰；人心，人之主宰。只单以人言心，一而不三。通天地人以言心，一而三，三而一，别无两心。谓人心道心，八字打开。谓道心为主，人心听命。谓性是先天太极之理，心兼后天形气。性是合虚与气，心是合性与知觉，俱要理会通透。

这里他把宋儒许多重要的话，都重新作一番解释。他认为，若照他解释法，则宋儒许多话，还都可存在。所以他又说：

> 先须开辟得一个宇宙匡廓，然后可望日月代明，四时错行于其中。

这是说，若要求真理，不该把宇宙外界暂时搁起，各自向每一人的心和性上求，却试把人之心性安放在整个宇宙匡廓里来求。但他这一番意见，也不是如周、张诸人般，暂把人之心性搁起，先从宇宙外面求，于是遂有宇宙论与人生论之分别。他说：

> 际天蟠地，皆人道也，特分幽明而谓之人与鬼神耳。

鬼神是人道之幽，除却人道无鬼神，也可说除却宇宙无心性。所以他又说：

> 开辟得一个天覆地载规模，心量方现。充拓得

一个天施地生气象，性量方现。

人之心性，必向外充拓开辟去，放进宇宙，以宇宙为量，以天地为准，才见得真心性。所以说：

> 盈天地间，皆化育流行。人试自省，化不化？

育不育？但有不化，直是顽砾。有不育，直是僵块。僵块顽砾，哪是人的心性呢？他又说：

> 孟子说求放心，求仁也。不仁则心放，仁则心存。后学忘源失委，以心为心，而不以仁为心，知所以求心，而不知所以求仁，即念念操存，顷刻不违，只存得一个虚腔子，岂所以为心邪？

这一分辨，更直捷明白，却更重要。单言求心，便不免要向渺茫中求本体。一言"求仁"，则所谓宇宙匡廓，便宛在目前了。所以他又说：

> 不见头脑之人，尽饶有静定工夫，如池沼之水，澄静无泪，岂不亦号为清泉，然终不称活水。

要使人心如活水，便该把此心安放在天地间，便该先认识此心之仁。所以他又说：

> 如不长以天下国家为一物，即此混然中处之身，皆绝头截尾之朽株，断枝残柯之末桔，安得谓之有本，而能以自立？

如是则人之本在天下国家。人要自立，便该自立于天下国家之里。离开天下国家，便无本，便不能立。所以他说：

> 面孔上常有血。

这可说是他另一种的本体论。心性离不了人之血，义理也离不了人之血。离了才，不见性，离了血，也就不见本，又从哪里见心与性。所以俗语说血心、血性。我们可以说，血是心性义理之本体。若照传统雅言说，则仁是心性义理之本体。他又说：

> 古人为宗庙以收魂气，死亡且然，矧于生存。一无所收，则放逸奔溃。释收于空，老收于虚，与博弈类。圣人本天，天覆地载，天施地生，心之所也。学以聚之，收于学也。故曰："悠久无疆。"

这我们也可说，那是他另一种的工夫论。原来义理散在天地间，却待人来收聚集合。否则便放逸奔溃了。释收于空，老收于虚，因他们看天地间本一空虚，一切义理都空虚，所以他们教人也收向空虚处。但如是般做工夫，必将教人面上不见血。换言之，则成了一不仁的人。那就更使天地闭，贤人隐。最好也只如博弈般，仅是无所用心戏玩过日子。他教人把宇宙间一应道理，将学问来收集会聚，才可使那些道理悠久而长存。试问：若没有人的心性才气即人之仁在那里做工夫，天地间哪会有这许多灿然明备悠久长存的道理会聚着？天地间道理正待人收集与会聚，才像天地面上也有血，天地也有生气和仁心了。所以说：

> 仁、人心，即本体。义、人路，即工夫。

宋、明儒长期争辩的本体与工夫，他轻轻把先秦儒"仁义"二字来代替了。再由此推上到宇宙论，他也说：

> 即气数，即义理，无气数之非义理，《中庸》
> 天命之谓性亦如此。

此说与孙慎行全相同。天地除却气数，再不见本体，再不见义理，则周敦颐所谓"无极而太极"，张载所谓之"太虚"，朱熹之所谓"理先气"，皆都可以不再深求了。他又说：

> 道之废行皆命，譬时之昼夜皆天。要有行无废，是有昼而无夜也。只昼里也是这个天，而处昼底道理不同于夜。夜里也是这个天，而处夜底道理不同于昼。今或昼里要知夜里事，夜里要做昼里事，小人不知天命者便如此。

这处所谓天命，也就是气数，义理即在气数中。不是除了气数别有义理，昼有处昼的理，夜有处夜的理，气数变，义理亦变。所以他又说：

> 生知之"生"字，人人本体。学知之"学"字，人人工夫。谓生自足而无待于学，古来无如此圣人。

如是则本体只是一个"生"，那是何等直捷而易知的本体？学也便限定在生，不再要离开生而别寻一种本体以为学，那又是何等直捷而易知的工夫？这一意见，却显然是中国思想自先秦以来之旧传统，但宋、明儒要绕了六百年长期的大圈子，到东林诸贤才再明确提出此观念，这不能不说佛学在中国思想史上影响之深刻，而东林诸贤结束宋、明下开将来之贡献，也可想见其伟大。实亦因王学流弊，人尽逃儒归释，儒学全成为禅学，人才败坏于下，政治糜烂于上，东林讲学精神，略似北宋之初期，而惜乎其终不可救药也。

五五　刘宗周

黄宗羲曾说：

今日知学者，大概以高攀龙刘两先生，并称为大儒，可以无疑矣。然当高子遗书初出，羲侍先师_{指宗周}于舟中，自禾水至省下，尽日翻阅，先师时摘其阑入释氏者以示羲。后读先师《论学书》有云："古之有朱子，今之有忠宪先生，皆半杂禅门。"忠宪固非佛学，然不能不出入其间，所谓大醇而小疵者。若我先师，则醇乎其醇矣。后世必有能辨者。

宗周是宗羲之老师，故宗羲这样说。让我们来一述宗周的思想，这可算宋明理学家最后的殿军了。

刘宗周字起东，号念台，山阴人，学者称蕺山先生。万历间，曾劾魏忠贤，嗣告病回籍，固辞不起。内批："矫情厌世，革职为民。"崇祯初复起，时思宗方综核名实，群臣救过不遑，宗周谓刑名之术不足以治天下，见目为迂阔。请告归，又召对，问人才粮饷流寇。对曰："天下未尝乏才，只因求治太急，进退天下士太轻，所以有人而无人之用。加派重而参罚严，吏治日坏，民生不得其所，胥化为盗贼，饷亦无从出。流寇本吾赤子，抚之有方，则盗贼仍为吾民。"思宗又问兵事，对曰："御外亦以治内为本。"思宗不悦，顾阁臣，曰："迂哉刘某之言！"用为工部左侍郎，反复以弊政为言。谓朝廷但下尺一诏，痛言前日所以致贼之由，与今日不忍轻弃斯民之意，招其无罪而流亡者，陈师险隘，听其穷而自归，诛渠之外，犹可不杀一人而定。思宗见之大怒，久始意解。谕以大臣论事，须体国度时，不当效小臣图占地步，尽咎朝廷。遂三疏请告，许之。途中上疏论阁臣，重获谴革职。嗣又召用，奏言："当以一心为天地神人之主，镇静以立大，安详以应变。"又言："十五年来，上处分未当，致有今日败局，乃不追原祸始，更弦易辙，欲以一切苟且之政，牵补罅漏。"思宗变色，曰："前事不可追，且问今后之图安在？"宗周对："今日第一义，在上能开诚布公，先豁疑关，公天下以为好恶。"问："国家败坏已极，如何整顿？"宗周对："近来持论者但重才望，不重操守，不知真才望出于真操守。未有操守不谨而遇事敢前者，亦未有操守不谨而军士畏威者。"思宗曰："济变当先才而后守。"宗周对："济变愈宜先守。"因言："上方下诏求言，而廷臣有以言得罪者。即有应得罪，亦当敕下法司。遽置诏狱，于国体有伤。"思宗怒，曰："朕处一二言官，如何遂伤国体？假有贪赃坏法，欺君罔上，俱可不问乎？"宗周对："仍当付法司。"思宗大怒，复革职。福王在南京，又起宗周，敦迫再三，始受命。及起用阮大铖，再请告。浙省降，宗周绝食二十日而卒。

宗周思想，大体还是沿袭王守仁。但亦甚有由王返朱之倾向。

王嗣奭问："晦庵亦从禅学勘过来，其精处未尝不采取，而不讲，故妙，所谓知者不言也。象山、王阳明不出其范围，晚年定论可见。"曰："宋儒自程门而后，游、杨之徒浸深禅趣，朱子岂能不惑其说？故其言曰：佛法煞有高处。而第谓可以治心，不可以治天下国家，遂辞而辟之。将吾道中静定虚无之说，一并归之禅，辟之惟恐一托足焉。因读《大学》有得，谓必于天下事物之理，件件格过以几一旦豁然贯通之地，而求之诚正。故一面有存心之说，一面有致知之说。"又曰："非存心无以致知，而存心者不可以不致知，两事递相君臣，迄无一手握定把柄之势，既以失之支离矣。至于存心之中，分为两条，曰：静而存养，动而省察。致知之中，又复歧为两途，曰：生而知之者义理耳，若夫礼乐名物，亦必待学而后有以验其是非之实。安往而不支离也。盖亦禅学有以误之也。象山直信本心，谓一心可以了当天下国家，庶几提纲挈领之见，而犹未知心之所以为心也，故于穷理一路，姑置第二义。虽尝议朱子之支离，而亦不非朱子之格致。格致自格致耳，惟其学不本于穷理，而骤言本心，是以知有本心，不知有习心，即古人正心、洗心皆信不过。窥其意言，屡犯朱子心行路绝，语言道断之讥。文成笃信象山，又于本心中指出良知二字，谓为千圣滴骨血，亦既知心之所以为心矣。天下无心外之理，故无心外之知。而其教人，惓惓于去人欲存天理，以为致良知之实功。凡以发明象山未尽之意。特其说得良知高妙，有妄心亦照，无照无妄等语，颇近于不思善不思恶之语。毕竟以自私自利为彼家断案，可为卓见。合而观之，朱子惑于禅而辟禅，故其失也支。陆子出入于禅而避禅，故其失也粗。文成似禅而非，故不妨用禅，其失也玄。"

这是宗周对于朱、王异同的批评。但谓朱子惑于禅，陆子出入于禅，文成似禅而非禅，其说实大可商榷。因此他对程朱之性即理说，颇有许多明快的驳论。他说：

程子曰："恶亦不可不谓之性。"如麟凤枭獍，其性之仁暴，皆生而有之。假令易枭獍而仁，易麟凤而暴，则非其性矣。水清则明，清之性也。水浊则暗，浊之性也。千古性学不明，则是将做一好题目看，故或拘于一处，或限于一时，而不能相通以类万物之情，使性善之旨反晦。

孟子道性善，本把人性与犬牛之性分别看，更说不到枭獍。程朱正要说天地万物一体，故说性即理。宗周此条，虽像阐发程说，其实寓纠正之意。宗周殆谓必把性字限定在人性上，始合孟子性善之旨也。于是又转说到理，他说：

> 古今性学不明，只是将此理另作一物看，大抵臧三耳之说。佛氏曰："性，空也。"空与色对，空一物也。老氏曰："性，玄也。"玄与白对，玄一物也。吾儒曰："性，理也。"理与气对，理一物也。佛、老叛理，而吾儒障于理，几何而胜之？

物各有性，便物各有理，有枭獍之性，也便有枭獍之理。此一"理"字，显然已超出"善"的范围了。但却不能说理与气对。程朱障于理，此乃宗周本于守仁之说，故有此辨。他又说：

> 性即理也，理无定理，理亦无理。

若要把性释理，则枭獍之理，不能不说是无理之理。程门说"理一分殊"，既是分殊，便无定理，便可有无理之理出现。朱熹亦说，"气犹相近，而理绝不同"，只为王学把此理字范围看得太狭窄了，故来宗周之疑。所以他又说：

> 性无性，道无道，理无理，何也？盖有心而后有性，有气而后有道，有事而后有理。故性者心之性，道者气之道，理者事之理也。

这一说像极透辟，却有问题。他谓有心而后有性，似把性字专指在人性上，但亦有有性才有心。至如瓦石之类无心，岂可说无性。故又说：

> 性无性也，况可以善恶言？

瓦石之类无心，由宗周言之，也可说无性，因此亦便无所谓善恶。但岂可便说成人类也是性无性，理无理，把程朱相传性即理之说，打破无遗乎？他又说：

> 心只有人心，而道心者，人之所以为心也。性只有气质之性，而义理之性者，气质之所以为性也。

这一说也极明快。把人心道心气质义理全打并归一。同时东林讲学也多持此说，宗周承之，这是晚明思想界一公同意见，后来清儒大体都从此观点来反宋儒，反程朱。其实也多失却了程朱精义。于是再转到天地万物一体之说：

> 问："万物皆备之义。"曰："才见得有个万物，便不亲切。须知盈天地间，无所谓万物者，万物皆因我而名。如父便是我之父，君便是我之君。类之五伦以往，莫不皆然。然必实有孝父之心，而后成其为我之父。实有忠君之心，而后成其为我之君。此所谓反身而诚，至此才见万物非万物，我非我，浑然一体。此身在天地间，无少欠缺，何乐如之？"

程朱说万物一体，把我亦归入。王学说万物一体，则把万物归入于我。宗周亦承守仁"意在于事亲则事亲便是一物，意在于事君则事君便是一物"之旧说。但岂可谓天地间只有麟凤其物，更无枭獍其物乎？亦岂可谓枭獍亦因我而名。宗周谓"盈天地间无所谓万物"，此语更可商，实亦从守仁说转演而来。但宗周对《大学》"格物"一训，则有与守仁不合处。他曾说：

后儒格物之说，当以淮南为本。

淮南格物说，指的泰州学派王艮的说法，已在前面叙述过。艮有弟子王栋，又把艮说进一步发挥。栋字隆吉，号一庵，亦泰州人。他说：

先师<small>指王艮</small>说物有本末，言吾身是本，天下国家为末。可见平居未与物接，只自安正其身，便是格其物之本。格其物之本，便即是未应时之良知。至于事至物来，推吾身之矩而顺事恕施，便是格其物之末。格其物之末，便即是既应时之良知。致知格物，可分拆乎？

这一说之重要处，在把王艮格物即安身说仍挽到致知上，再把来贴切上王守仁良知说的主要点。若把来与同时钱一本说心性一比较，便可见其高下得失了。王栋又把"格"字重加新义，说：

先师<small>指王艮</small>之学，主于格物。格字不单训正，格如格式，有比则推度之义，物之所取正者也。物即物有本末之物，谓吾身与天下国家之人。格物云者，以身为格，而格度天下国家之人，则所以处之之道，反诸吾身而自足矣。

栋之此说，显不合于《大学》格物之原义，且勿论。其实他说，亦像近于《中庸》"尽己之性可以尽人之性，尽人性可以尽物之性"的意见。自己的良知，便是一个矩，便是一种格式或尺度。这一个矩，可以比则推度天地万物之方。这一种格式与尺度，可以衡量规范人心事变之万殊。这似把一己成为宇宙天地之大本，此是王学末流说得太离本了。循此说下，又会从心转落到性。陆王喜言心，少言性，《大学》本文也无性字，栋因此又别出新义来讲《大学》的"意"字。他说：

> 旧谓意者心之所发，窃谓自身之主宰者而言谓之心，自心之主宰而言谓之意。心即虚灵而善应，意有定向而中涵。非谓心无主宰，赖意主之，自心虚灵之中确然有主者而名之曰意耳。大抵心之精神，无时不动，故其生机不息，妙应无方。然必有主宰乎其中而寂然不动者，是为意也。

这里他指出心虽虚灵，因应无方，而实内涵有一定的动向。此一动向，却是寂然而不动。所谓寂然不动者，正指其有一定之针向，若有一主宰。这一说，是否说对了《大学》意字之原义，我们仍然可弗论，但这已说到了人之性，他已为陆王心学补出了"性"字之重要义，而把《大学》"意"字来替代。他又说：

> 独即意之别名，以其寂然不动之处，而单单有个不虑而知之灵体，自做主张，自裁生化，故举而名之曰独。

这里说"独"字，显异旧注"人所不知，己所独知"的解释，而变成了心体的别名。宗周说"格物之说，当以淮南为本"，与其说是本之于王艮，毋宁说是本之于王栋。宗周说意字、独字，都和栋说极相似。其实此等说法，仍从守仁的良知学来，只比守仁说得更深入了。宗周说：

> 《大学》之言心，曰：忿懥、恐惧、好乐、忧患而已。此四者心之体也。其言意，即曰好好色，恶恶臭。好恶者，此心最初之机，即四者之所自来。故意蕴于心，非心之所发也。又就意中指出最初之机，则仅有知善知恶之知而已，此即意之不可欺者也。故知藏于意，非意之所起也。又就知中指出最初之机，则仅有体物不遗之物而已，此所谓独也。故物即是知，非是知之所照也。

这一节话，明本诸王栋。但栋说尚较自然，较明白，宗周因要逐字逐句解释《大学》之原文，便不免纠缠模糊了。他大体是说，意蕴于心，而知藏于意，所谓知，则是此独体，也即便是物。因若仅以虚明灵觉说心，便必然要走上朱熹索理于外的老路。现在说心自有一主宰，此主宰即是意。则一切知自然由意而发，不是由知起意了。至于说"物即是知，非知之所照"，此物字即王栋所谓的矩与格式。此矩与格式，即在知之本身，而不在外面事物上，故说非知之所照。其实宗周说意字，似乎不如王时槐认意为"生几"，比较更贴切。而且王守仁早说良知是天理，是尔自家的准则，则良知便是我心之主宰，何以宗周又要把意字换出良知二字呢？宗周说：

> 为学之要，一诚尽之矣，而主敬其功也。敬则

诚，诚则天。若良知之说，鲜有不流于禅者。

正为当时伪良知流行，守仁说："见父自然知孝，见兄自然知弟。"浙中王门由此发挥去，要致良知，便离不开外面的事物。而又着不上工夫，便成运水搬柴尽是妙道。江西一派力反此见解，要学者回向心本体上用工。宗周则偏向江西王门的路子，所以也侧重在心本体。守仁虽也竭力着重到诚意，但意字若偏在心之已发一边了，则仍无以改变浙中王门的理论。所以宗周定要说意为独体，说其内蕴于心而并不是已发。用此来解释《大学》，其用意则在纠挽浙中王门心只是个已发的说法。所以宗周不喜言良知，定要提出他的"意"字与"独"字的新见解，其用意只在此。但未免愈说愈玄远了。所以他又说：

> 静中养出端倪，端倪即意，即独，即天。

这不是显然要提出一心体来，而又故意要避免良知二字吗？若说"知"，便容易连想到"照"。说照，便离不开外面的事物。若说"意"与"独"，便挽向里面来。这是宗周的苦心。其实这独体之意何由来，则仍不免要回到宇宙论方面去，所以此处宗周又不免要牵拉上一"天"字。但又不肯说一"性"字，此见宗周始终跳不出王学之牢笼。

> 祝渊言立志之难。先生曰："人之于道犹鱼之于水。鱼终日在水，忽然念曰：吾当入水。跃起就水，势必反在水外。今人何尝不在道中，更要立志往那里求道？若便如此知得，连立志二字也是赘。"

他只说人心原自有主宰。这主宰，即是意与独。换言之，亦即是天与道。如此则只要诚意慎独，便一了百了，所以连立志二字也不要了。在此上，宗周便很不喜朱熹。他说：

> 朱子表章《大学》，于格物之说最为吃紧，而于诚意反草草，平日不知作何解，至易箦，乃定为今章句，曰："实其心之所发。"不过是就事盟心伎俩，于法已疏矣。至慎独二字，明是尽性吃紧工夫，与《中庸》无异旨，而亦以心之所发言，不更疏乎？朱子一生学问，半得力于主敬，今不从慎独二字认取，而欲掇敬于格物之前，真所谓握灯而索照也。

可见宗周学派，还是王学一路，只把"慎独"来换出"致良知"。因此对于朱熹的格物说，自要不赞成。如此则岂不只要本体，可以不问工夫了。于是遂使他又回到周敦颐之"主静立人极"。他说：

> 周子主静之静，与动静之静，迥然不同。盖动静生阴阳，两者缺一不得，若于中偏处一焉，则将何以为生生化化之本乎？然则周子何以又下个静字？曰：只为主宰处著不得脚注，只得就流行处讨消息，亦以见动静只是一理，而阴阳太极只是一事也。

他又说：

> 无极而太极，独之体也。动而生阳，即喜怒哀

乐未发谓之中。静而生阴，即发而皆中节谓之和。才动于中，即发于外，发于外则无事矣。是谓动极复静。才发于外，即止于中，止于中则有本矣。是谓静极复动。一动一静，互为其根，分阴分阳，两仪立焉。若谓有时而动，因感乃生，有时而静，与感俱灭，则性有时而生灭矣。

这番话，描写心态却深细。他说才动于中，即发于外，才发于外，即止于中，因见心体无可分内外。发了便无事，故说动极复静，而并不是发了便没有，故又说静极复动，因见心体也无可分动静。这些话，审察心体都是很精密。但若说太极只是一心体，心体便是一太极，这问题却大了。从近代西方哲学术语说，这已不是人生论上的问题，已转到形上学的本体论去了。本来王守仁的良知学，专就人生界讲心即理，这是无可非难的。但守仁晚年也有好些话侵入了形上学本体论的界域去。所以他要说："充天塞地，中间只有这个灵明。"又说："人的良知，就是草木瓦石的良知。"又说："天地无人的良知，亦不可为天地。"现在宗周显示已落进这圈套，他只把"独体"二字来换了良知，于是便说太极即独体。而此独体，又即是人心内蕴之意，愈说愈向里，这是良知学中一极大迷人的歧途。可惜守仁当年，没有详细地剖析，而宗周则把此心之独体，转成为宇宙万物之独体。如是则转成了宇宙即心，心即宇宙。宗周曾说："朱子失之支，陆子失之粗，阳明失之玄。"但宗周说到这里，岂不更是玄之又玄了。所以他要说：

> 释氏之学本心，吾儒之学亦本心，但吾儒自心而推之意与知，其工夫实地却在格物，所以心与天通。释氏言心，便言觉，合下遗却意。无意则无知，无知则无物。其所谓觉，亦只是虚空圆寂之觉，与吾儒体物之知不同。其所谓心，亦只是虚空圆寂之心，与吾儒尽物之心不同。象山言心，本未尝差，到慈湖言无意，分明是禅家机轴。

他又说：

> 心以物为体，离物无知。今欲离物以求知，是张子所谓反镜索照也。然则物有时而离心乎？曰：无时非物。心在外乎？曰：惟心无外。

这里他所说体物之知，尽物之心，心以物为体，离物无心，而物又不能在心外。这许多"物"字，似乎又是指的宇宙中之万物，与上引王栋格物说所谓矩与格式的物义大殊了。于是遂有他的"体认亲切法"。他的体认亲切法共分四项：

> 身在天地万物之中，非有我之得私。
> 心在天地万物之外，非一膜之能囿。
> 通天地万物为一心，更无中外可言。
> 体天地万物为一本，更无本心可觅。

这里第一项，比较易解释。第二项下一句，也还易解释，但上一句便不然，这显然是一个无极而太极的独体了。第三第四项，依随第二项上一句而来，这近于像西方哲学如黑格尔之所谓绝对精神了。如此般的来体认，实也不易得亲切。

王守仁的良知学，若偏主在"即知即行，事上磨练"的那一面，便成为浙中与泰州，这一派演进到罗汝芳，满街都是圣人，捧茶童子亦是良知与天理，那就发展到极点，无可再进了。若偏在"主静归寂"的一面，便成为江右派。罗洪先是其中翘楚，演进到东林高攀龙，工夫已到尽头处，宗周却要说他半杂禅门了。但若像宗周般，说成一太极之独体，在思想进展上，也就无可再说了。黄宗羲乃宗周及门弟子，他说："姚江之学，惟江右得其传。"又说："今日知学者，大概以高、刘二先生，并称为大儒。"但高攀龙与刘宗周毕竟学派有不同，此处暂不深辨，要之无论是高或是刘，他们讲王学，总得要回头牵到朱子来讲，是他们都带有由王返朱之倾向。只攀龙可说是新朱学，而宗周则仍可说是王学到了尽头了。宗周也有静坐说，他谓：

> 人生终日扰扰，一著归根复命处，乃在向晦时。即天地万物，不外此理。于此可悟学问宗旨，只是主静。此处工夫最难下手，姑为学者设方便法，且教之静坐。日用之间，除应事接物外，苟有余刻，且静坐。坐间本无一切事，即以无事付之。既无一切事，亦无一切心。无心之心，正是本心，瞥起则放下，沾滞则扫除，只与之常惺惺。此时伎俩，不合眼，不掩耳，不趺跏，不数息，不参话头，只在

寻常日用中。有时倦则起，有时感则应，行住坐卧，都作坐观。食息起居，都作静会。昔人所谓勿忘勿助间，未尝致纤毫之力，此其真消息也。故程子每见人静坐，便叹其善学。善学云者，只此是求放心亲切工夫。从此入门，却从此究竟，非徒小小方便而已。会得时，立地圣域。不会得时，终身只是狂驰了。更无别法可入，且学坐而已。学坐不成，更说怎学？坐如尸，坐时习。学者且从整齐严肃入，渐进于自然。《诗》云："相在尔室，尚不愧于屋漏。"又曰："神之格思，不可度思，矧可射思。"

这仍与高攀龙所谓静坐之法只平平常常默然静去者，一色无两样。从前王守仁在龙场驿，万苦千辛中，悟出了良知，哪里是平平常常，既无一切事，亦无一切心的静坐着？罗汝芳说：捧茶童子便即是圣人。现在说平平常常，默然静去，立地是圣域。这已是禅家味。但不甘心去做捧茶童子。于是仍只在一室中默然静去。可见宗周在工夫上，自己也不脱"半杂禅门"之四字。但在他的思想理论上，却又转变出黄宗羲。宗羲《明儒学案》序，开宗明义的说：

盈天地皆心也。变化不测，不能不万殊。心无本体，工夫所至，即其本体。故穷理者穷此心之万殊，非穷万物之万殊也。是以古之君子，宁凿五丁之间道，不假邯郸之野马，故其途亦不得不殊。奈何今之君子，必欲出于一途，使美厥灵根者，化为焦芽绝港。

宗羲这番话，若和上引宗周的体认亲切法四项目对看，便知他的思想来源。但如此说来，虽像完成了陆王之心即理，而所以穷此心之万殊的工夫，则正在穷万物之万殊，如是则格物穷理便是尽心知性。岂不又像在调和了程朱与陆王？而实际则可说是由陆王又转回到程朱来。但这里却又和程朱、陆王的理学精神，露出一绝大的不同点。无论是程朱或是陆王，都要在宇宙人生界找出一最高的指导原则，无论是心即理，或是性即理，理总是一切的准绳。他们因于针对着佛教，自身均不免染上些教主气，因此都要争传统。现在黄宗羲的观念，却把这传统观念冲淡了，把这统总一切的大原理忽视了。循此而起的新学术与新思想，如网解纲，就宋明理学言，不免要放散了。道术将为天下裂，下面显然会走上一新方向。纵使时代不变，思想也要变，何况是满清入关，又来一时代变动的大刺激？于是宋、元、明三代七百年理学传统，终于在明末诸儒手里，宣告结束了。

五六　明末诸遗老

　　思想史上划时期的大转变，这不是件易于出现的事。宋明理学发展到朱熹与王守仁，可谓已攀登上相反方面之两极峰，把宋明理学家所要窥探的全领域，早已豁露无遗了。再循着两路线前进的，自然会逐渐转成下坡路。但只要继续地向前，必然会踏上新原野，遇见新高峰。这是思想史演进的自然趋势。明末诸遗老，在北方有孙奇逢，有张尔岐，有李颙，有颜元。南方有黄宗羲，有陈确，有顾炎武，有王夫之，有张履祥，有陆世仪，有胡承诺。还有数不尽的在学术思想史上杰出的人物。较之宋初、明初一片荒凉，是天渊相隔了。这便已告诉了我们，宋明七百年理学所积累所蕴蓄的大力量。但他们面貌上虽沿袭前轨，精神上已另辟新蹊。有一部分，我已在二十年前的另一书，《中国近三百年学术史》里叙述过。但那书主要在叙述清代的经学与考据。其实有清一代，承接宋明理学的，还成一伏流，虽不能与经学考据相抗衡，依然有其相当的流量与流力，始终没有断。这又告诉我们，宋明七百年理学，在清代仍有其生命。这是下半部中国思想史里不可磨灭的一番大集业。关于这一部分的材料，我在十年前，避日寇，流寓成都，曾广为搜集，另成一部《清儒学案》，交与国立编译馆。不幸迟迟未出版，而在胜利回都时，此稿抛落在长江里。我手边并未存一底稿，只留《序目》一篇，还可约略推见此书纂编之大概。但若我们真能了解了宋明两代的理学，有清一代对此方面之造诣，其实则精华已竭，无法再超越宋明了。

跋

　　本书创稿在一九五二年之冬，迄于翌年之春。其时余在台北惊声堂受覆屋压顶之灾，死而复苏，大病新愈。又值新亚书院在极度困厄中。每夜得暇，在桂林街一小屋中，振笔草此，穷一百夜之力而成。顷已逾二十三年，版绝重排，适值酷暑，又从头重阅一遍。自问对宋、明理学，又薄有所获。惟此稿仍存往年之旧，不再追加。仅于明代王学一部分，取材虽未增减，案语阐释略有改定。读者或保有旧刻，取此对读，可知余前后见解有不同，余又有《研朱余沈》一书，[①]自宋、元之际黄震东发以下，述朱有功者，网罗不少。其间各家，与本书所叙有重复，而益加详。他日出版，可与本书互参，惟不增入本书中，幸读者谅之。

　　一九七六年八月二十三日校阅后自记。钱穆识于台北士林外双溪之素书楼，时年八十有二。

---

　　① 原编者按：钱先生撰成《朱子新学案》，即有意续撰《研朱余沈》，起自元初，迄于清末，述朱学之流衍。后决意汇编《中国学术思想史论丛》，遂并此诸篇纳入其（六）、（七）、（八）三编中，不另成书，以便观省。